認識と言語の理論

第一部

三浦つとむ

keiso shobo

まえがき

ちょっと見ると言語は自明な平凡なもののように思えるが、さて分析をはじめると、複雑な曲りくねった構造をかくし持った、手のつけられぬ存在だということを思い知らされる。会話のときの音声は、のどの声帯が動いて空気を振動させたものであって、波の音や航空機のエンジンの音と同じ物理的な現象であることは明らかである。音声そのものに何ら神秘的なところはない。だがこれを空気の振動としてではなく音声言語として扱うや否や、音声は感性的であるとともに超感性的な存在になってしまう。話し手のつくり出した空気の振動が、聞き手の頭の中にさまざまな精神的な世界をくりひろげさせることになる。手紙を書くときの文字もこれと似ている。文字はインクの描線で、インク瓶から供給されたインクがペン先から紙上へ流れ出たものである。インク瓶がひっくりかえったとき生れる汚点と同じように、何ら神秘的なところはないが、文字言語として扱うなら感性的であると同時に超感性的であって、単なる汚点とはちがっている。この言語の謎を解きほぐして理論を建設するには、具体的な言語現象を集め整理しながらその背後の構造をさぐっていく仕事ももちろん必要であるが、逆に大きな観点から言語の本質は何かを考え、仮説を立てて実証的に具体化していく仕事も怠ってはなるまい。多くの言語学者は前者に重点をおいて業績を示して来たが、後者の努力が不足しているために前者の仕事も前進が阻まれているように思われる。

私は戦前から映画・音楽等々表現全体にわたって理論的な関心を持って来たし、職業的な言語学者ではなかったから、言語のとらえかたも言語学者とはくいちがっていた。言語は映画・音楽等と同じく表現の一種類であって、言語の表現としての特殊性を理論的に明らかにしなければならぬと考えて来た。ところが私のようなとらえかたは、美学でも言語学でもどちらかといえば異端視されている。「機械芸術」を論じる美学者の中には、写真や映画を絵画とはまったく異質のものだと解釈し、写真機は「物質的視覚」を持っているから「もはや描く者の主観がなくなっている」と主張する者がある。タイプ印書や活版印刷も、同じように機械が言語をつくり出すのだと主張する者がある。これらは表現を人間の認識から切りはなすわけである。伝統的な美学では芸術を一種の認識だと説明し、また多くの言語学者は表現以前にすでに頭の中に「言語」が存在していると説明するが、これらは認識と表現とを正しく区別できず混同するわけである。創作に精進しているある写真家は、創作態度の反省の中で、講壇美学者を理論的に一蹴するつぎのことばを語った。「作品とはすなわちそれを凝視した作者の写真の目であって、目はまた作者の心でもある。心は作者の過去の経験の総和を意味するが故に、〃写心〃すなわち〃写真〃である。」(水野千香) 機械芸術も手書き芸術も本質的に同じであって、タイプで印書しようとペンで書こうと文字言語の本質に変りはない。言語表現以前に頭の中に存在しているのは、語法・文法を規定した言語規範とそれに媒介された概念であって、それら自体は言語でも何でもない。言語・映画・音楽等いずれもその作者の心の物質的な模像であるから、心(すなわち認識)に対する模像(すなわち表現)をそのむすびつきにおいて正しく区別することが必要である。切りはなすことも混同することもともにあやまっている。

われわれが言語をはじめさまざまの表現をつくり出すのは、他の人間と精神的な交通を行おうとしてである。精神を伝えるには物質的な模像をつくる以外に方法がないという事実は、われわれが矛盾に当面しその矛盾を実現して解決することを意味しているのだが、そこでは精神的と物質的、個人的と社会的などの対立した両側面がむすびつき、からみ合いながら発展していく。認識は言語にとって直接の基盤で、言語についてまわる言語規範も認識の一形態であるが、これらはまた言語の側から規定されるという、深く多面的な関係にある。あやまって従来の語法に反した表現をしても、それが社会的な習慣になるならば自然成長的に新しい規範をつくり出したことになる。したがって、科学的な認識の理論を持たずに言語の理論的な解明を志すのは、まっくらな道を手さぐりで前進しようとするようなものだといっても、いいすぎではない。手さぐりだと交錯した側面をとりちがえたり、転倒させて扱ったりしがちである。現に欧米の言語学者や文学評論家もみなつまづいたし、マルクス主義者と自称する人びとも失敗した。本書は前半を認識の理論に、後半を言語の理論にあてて、かなり異色ある構成をとったが、それは右の事情を考慮したからである。誰も成功していないなら自分がやってみようと、認識から言語表現への過程を原理的に解明する仕事に手をつけてみたのである。

認識も言語も、しばしば不可解な異常な現象を示すので、そこでわれわれも「異常なことと難解なこととを混同するという、あの大きな、しかしよくある誤謬」(ポオ『モルグ街の殺人』)におちいりやすい。これはとても手におえぬときめて避けて通ったり、観念論的な解釈を与えてしまったりする。この点は反省する必要があろう。自然科学は複雑な事物の本質を単純な命題ないし単純な数式で語っているし、科学の歴史をながめても、異常な事実こそむしろ謎を解く鍵となるものでその本質は意外に単純なのだと、くりかえしわれわれに教えて来た。認識や言語は複雑な曲りくねった構造をかくし持っていても、その本質は単純だと予想してさしつかえないし、本質が単純ならばそれについての叙述もこれまた単純なもので足りることになる。新しいわけのわからぬ術語が目まぐるしくとび出してくる複雑難解な文章にこそ、深い真理が語られているのだと思いこむ人がまだ多いけれども、それは迷信の一つである。本書ははじめて認識の理論を学ぶ読者も相当あることと考えて、認識の諸矛盾を見のがさぬようつねに強調し、また図解を使って理解しやすいように心をくばった。既成の理論に対して批判的な態度で接することを忘れず、学問の道をすすもうとする読者にとって、難解なところはすこしもないであろう。

学問は個々の人間の獲得した成果をとりいれまとめあげ、個人を超えたかたちの体系に成長していく。私の理論の展開にしても、やはり先輩の獲得した成果を遺産として受けつぎながらすすめられた。これを学問の諸系列に位置づけるならば、認識の理論は唯物論的な反映論の系列に属し、言語の理論は「言語過程説」すなわち時枝言語学の系列に属している。ただしこの二つの系列は、これまで正しくむすびついていなかっただけでなく、むしろ相いれないかたちで論じられるところへ向っていた。これらを一貫した立場で体系化するには、両者の欠けていた部分を埋めるだけでなく、歪められ切りはなされていた部分を訂正しつなぎ合せる作業を必要とした。それに、遺産として受けつぐべきものすら、必ずしも正当に評価されてはいないのである。本書では、先輩の仕事と私の仕事との境界線はどこか、誰の遺産をどう評価しどう受けついだかを示すために、多くの文献からいろいろ引用しておいた。これまで反映論が十分展開できなかったというのも、せっかく先輩が遺してくれた貴重な成果を活用しないからである、反映は対象を受動的に認識するにとどまるものではない。事態の進行を先走ってとらえて予想を描き出すとか、生活の秩序を維持し不当な欲望を押えるために規範を創造するとか、能動的な認識を多種多様につくり出している。日本の仮説実験授業とよばれる教育研究運動が提出している予想論・仮説論も、能動的な認識の発展過程を論じている点で見のがしえないものである。認識はその受動的な側面と能動的な側面とがたがいに移行し合いからみ合い矛盾を形成していて、これらの矛盾を解明することから言語表現の矛盾の解明へとたどっていかなければならない。矛盾を正しく扱うには、弁証法を意識的に適用するのがもっとも有効であるから、弁証法の歴史をふりかえってみることも決して無益ではあるまい。大哲学者ヘーゲルは、世界をできあがった事物の複合体とする従来の見かたをしりぞけて、過程の複合体としてとらえようとした。マルクス主義もまた唯物論の立場に立って、この根本的な思想を受けつぎ、世界を過程的なできごととしてとらえるべきだと主張する。このとらえかたを言語の理論的研究に適用すれば、認識の成立から表現にいたる過程的構造の解明に努力せよということになろう。ところがこの解明に努力して言語の理論に結実させたのはマルクス主義者ではなく、間接にヘーゲルの影響を受けた日本の国語学者であった。「言語過程説」が言語学のコペルニクス的転換となりえた理由も、また唯物論的な反映論の系列と正しくむすびつきえなかった理由も、ここに見出すことができる。

現在の「言語過程説」はまだ十分に理論的に仕上げられていない。機能主義的なふみはずしもあり、言語規範のとらえかたそのほか認識の構造の説明にも混乱がふくまれている。唯物論的な反映論を正しく展開していくと、それらを訂正することになり、これまで言語学者が「言語過程説」に投げかけた疑問や批判の正否も明らかになる。しかし、それらの批判と私の批判とが一致しても、「言語過程説」全体の評価が一致したことを意味するものではない。言語学者はそれらの部分的な弱点をつっついて、理論全体を破りすてる方向へ進んだのだが、私は二〇年前からこの理論を革命的な業績だと公けに主張して、弱点を訂正し前むきに発展させる方向へ進んだからである。革命はどれもこれも革命らしい見かけを示すとは限らない。革命と自称し革命らしく見せかけた逆コースないし反革命もあれば、反動的な国家がそれとは知らずに支持する静かな革命もある。国家の任命した大学教授がペンをとった官許国定の理論の中に、革命がひそんでいたというような事態は、何も一九世紀のプロイセン王国だけに限られるわけではない。

サイレント時代のチャップリン映画は、非常に単純でしかも複雑な意味を持つタイトルを使っていた。サウンド版の『街の灯』でも、盲目の花売娘が目をなおしてくれた恩人にめぐり合い、あまりにもみすぼらしいことの驚きとこの人だったかというよろこびとを、"You !"の一語で表現していた。日本語版の翻訳者三人がどう訳したらいいかと二時間も考えこんでしまい、あとでそれをチャップリンに話すと、「君たちもそうだったのか」と微笑したという。この作品は六ヵ国語版をつくったから、前にも似たことがあったとみえる。この種の事実にぶつかったとき、同じ単語が使いかたで複雑な意味になるとは奇妙なものだとここで思惟をストップするか、かたちはちがうが似た問題は絵画や映画でも起るから表現形式と表現内容は相対的に独立していると一般化してとらえるかに、学問としての別れ道があろう。ことばには「霊魂」があるとか文章には精神がこもっているとか、昔から言語表現は物神崇拝されて来た。そんなことは古くさい迷信だと嘲笑してここで思惟をストップするか、商品特に貨幣商品に対してもやはり昔から物神崇拝がなされている事実を見のがさず、かたちはちがうが労働生産物の価値と言語の意味とは論理的に共通していると一般化してとらえるかに、学問としての別れ道があろう。現象面で思惟をストップさせて、言語表現の過程的構造へ自力でふみこんでいこうとしない人びとだけが、言語をできあがったものとして固定化してとらえ、与えられた道具を使うのだというような現象的な解釈に安住できるのである。小説に挿画を入れるとか、映画やテレビに解説がつくとか、言語と他の表現とが共存している例は多い。これらをつきつめて検討していけば、表現一般のありかたにぶつからずにはすまないし、また言語と他の表現との同一性および差別を考えずにはすまないのである。

本書は言語の理論を述べた部分でも、表現一般のありかたをふくむ言語の原理的な問題の解明に重点をおいたから、言語の特殊な具体的な問題については、かなり圧縮したかたちで論じることとなった。旧著『日本語はどういう言語か』では論じたが、本書では省略した問題もいくつかある。やむをえなかったことと諒解していただきたい。長い年月の間、いつ発表できるかわからない論文を断片的に書きためて来たが、このように体系的にまとめて公けにできるのはまことにうれしいことである。勁草書房と編集部の石橋雄二氏に深く感謝する。

一九六七年五月

著者

第一部目次

目　次

第二部 目次

第一部　認識の発展

第一章　認識論と矛盾論

一　認識論と言語学との関係

科学の確立は、それまで哲学の名でよばれていた解釈学を克服し清算してしまう。自然科学の確立は、自然哲学を片づけてしまった。経済学の確立は、経済哲学を片づけてしまった。いまだに哲学と名のるものがくっついてまわっているような分野があるとすれば、それは科学と名のっていてもまだ真に科学の名に値しないことを暗示しているといっていい。法律学には法哲学なるものが、言語学には言語哲学なるものがそれぞれくっついてまわっているばかりでなく、法律学者あるいは言語学者も、この問題は法哲学に属するとか言語哲学に属するとか述べて、いわば下駄を預けている状態にある。しかも、それではいけないのだという反省さえ見られないのである。では、この哲学に下駄を預けている問題はどんな問題かというと、それは精神活動に関する問題である。法律は国家の意志という特殊な認識として成立する。言語は話し手や書き手の頭の中にまず訴えようとする思想や感情が成立し、それから音声や文字を創造する活動がはじまるのである。法律学あるいは言語学が、いまだに哲学と名のるものによりかからなければならないのは、認識についての科学的な理論を持たないためであって、この理論を持つことによって真に科学の名に値するものになるであろう。それゆえ、本書はまず言語学にとって必要な認識論を述べてから、言語についての理論に入っていくことにする。

人間の認識は社会的なものである。これは何も、認識が個々の人間の頭の中に成立することを否定しはしない。たしかに認識は、客観的に存在している現実の世界のありかたを、個々の人間が目・耳その他の感覚器官をとおしてとらえるところにはじまるのである。認識は現実の世界の**映像**であり模写であって、たとえどのような加工が行われたとしてもその本質を失うことはないし、脳のはたらきとして個々の人間の頭の中にしか存在しない。それにもかかわらず認識を社会的なものと理解しなければならぬのは、**個**々の人間の認識が交通関係に入りこむからである。人間はその物質的な生活において、交通関係をむすんでいる。他の人間の労働の対象化されたものが、場所を移動して自分のところへやってくるし、自己の労働の対象化されたものも同じように他の人間のところへ届けられている。そしてこれらを使用したり消費したりして生活を生産している。[1] そしてこの生活を生産するためには、精神的にもやはり交通関係をむすんで、他の人間の認識を自己の頭に受けとめたり自己の認識を他の人間に伝えたりしなければならない。現にわれわれは、尨大な言語にとりまかれながら生活している。音声言語の流れが渦まき、文字言語が至るところで訴えかけ積み上げられて手にされるのを待っている。地球の裏側に生活している人びととも、国際電話で精神的な交通をすることが可能になっている。われわれはこれらと関係をむすび、また自己の側からも音声や文字を創造して関係をつくり出していく。人間はこのようにして**精神的に相互につくり合っている**。別のいいかたをすれば、他の人間の認識を自己の頭に受けとめることによって認識がさらに広く深くなるのであるから、**自己の認識は他人的になることによって自己として成長して**いくのである。これが社会的という意味である。他人の認識は精神的な交通によって自己に統一され、正しく調和し融合していくのであるから、ここに矛盾が正しく調和したものとして形成され発展していくとも見なければならない。

　尨大で多種多様の言語のありかたを大別すると、実用的な言語と鑑賞用の言語の二つになる。[2] 駅のスピーカーから流れ出るアナウンスは実用的な言語で、ラジオのスピーカーから流れ出る落語や漫才は鑑賞用の言語である。多くの数式をふくんだ抽象論を展開して、目に見ることのできぬ極微の世界についての理論的な認識をのべた自然科学の論文は、実用的な言語の一つのありかたであり、作家の奔放な空想の世界を展開して、さまざまな事件のからみ合いを目の前に見るように語りながら複雑微妙な登場人物の心の動きを追っていく長篇小説は、鑑賞用の言語の一つのありかたである。鑑賞用の言語は、言語の持つ長所を十分に発揮できるように、その内容となるべき作家の世界を設定しうるが、実用的な言語は、物質的な生活を維持し発展させるために欠くことのできない存在であるばかりでなく、認識をえりごのみすることが許されない。どのような認識でも、直接あるいは間接にとりあげ、時には身ぶりや表情などの協力をも求めて、何とかして交通関係に置かなければならない。一方、これを受けとめる側としても、音声言語は空気の振動として耳の鼓膜を動かし、文字言語は紙の上のインクの描線として目に映ってくるのだが、それらは単なる自然物ではない。それぞれの背後には話したり書いたりした人間の認識がひそんでおり、それを通じてさらに現実の世界のありかたへとつながっているのであるから、言語を理解するにはこの過程的構造を正しくとらえなければならないことになる。言語の理論的な研究の重点は、とりもなおさずこの過程的構造の理論的な研究だということになる。[3] それゆえ、言語学の確立にはどうしても認識論の援助を必要とするし、もし認識論があやまっているにもかかわらずそれに依存した場合には、言語の直接の基礎となっている存在をあやまって解釈するのであるから、言語学もまたあやまった方向をとることになろう。それゆえ、言語の理論的な研究に志す者は、自己の認識論が正しいか否か、意識することなしにあやまった認識論へとふみすべらしていないかどうか、つねに吟味を怠ってはならない。

　現在の言語学はまだ蒐集と分類の学問の段階をあまり出ていない。現象をとらえて説明すればそれでいいのだと信じている学者もすくなくない。けれども語彙を蒐集し、それらの音韻・形態・意味を分類して記述し、さらに歴史的な変動・変遷の調査へと進んで、なぜ・いかにして・言語の意味が変動変遷するのかという問題にとりくむと、それが人間の認識のありかたと深くかかわり合っているだけに、それらの「心理的理由」について検討しなければならなくなってくる。また、言語の表現は多くの単語をならべるというかたちをとるから、なぜ・いかにして・単語を構成していくのかという問題にとりくむと、それが人間の認識構造と深くかかわり合っているだけに、認識の構造をどう解釈するかによって文法の解釈が変り、文法論の性格も異って、いろいろな文法論が対立することになった。それゆえ、現在の文法論の対立を検討しようとするときにも、やはり正しい認識論の援助を必要とするのである。

そこで考えなければならぬのは、認識論の現状である。認識論は哲学の一分野と見なされて、古くから哲学者によって研究されて来た。ところが一九世紀に至って、実証的な個別科学がつぎつぎと確立し、哲学も哲学者ももはや歴史的な役割を終って退場すべき運命をたどることとなった。科学は哲学者が机に向ってあれこれと空想を展開しながら体系化していくものではなく、あくまでも対象ととりくんで対象からつかみとりたぐっていくものである。認識の科学も、科学者の手によって一つの個別科学として体系化されなければならないのであり、認識の具体的なありかたとをとりくんで研究しなければならないのである。もちろんこのことは、従来の哲学の遺産を無視してよいということを意味するわけでもなければ、哲学でとりあげて来た世界観を無視してよいということを意味しているわけでもない。観念論の立場に立つのと唯物論の立場に立つのとでは、認識のよって立つ基礎のとりあげかたがまったく異ってくる。唯物論の立場を堅持することによって科学的な認識論の確立も可能なのであり、観念論にふみはずしたのでは混乱と誤謬からのがれることはできない。しかしこの世界観的な立場だけを抽象的に論じていたのでは、哲学者の態度にしがみつくわけであって、個別科学としての認識論の確立を放棄することになってしまう。それにもかかわらず、マルクス主義者と自称する人びとさえ、いまもって認識論を哲学にとじこめておこうとしている。

「弁証法的唯物論の認識論は、諸科学にとって、それ自身の前提とを吟味し批判するための手段である。そして、これは、科学の問題や仕事を定式化し解決するために役立つところの、本質的な、あるものである。」（コーンフォース『哲学の擁護』）

「知ること（認識作用）およびその結果獲得された知識（認識）についての何らかの哲学的反省のすべてを、認識論とよぶ。」（寺沢恒信『認識論史』）

「資本制段階をとおして確立したとくていの認識論という、哲学の存在形態を整序し、その基本的性格とことなるあたらしい哲学の存在形態が、出現し、現代認識論という理論形態をとった、というのが本書の見解である。」（山田宗睦『現代認識論』）

なぜこれらの人びとが、個別科学の建設を主張しないで、「批判するための手段」や「哲学的反省」や「哲学の存在形態」にしてしまうのか？　それはマルクス主義の創始者たちが「哲学一般はヘーゲルとともに終結する」(4)ことを指摘しているにもかかわらず、哲学者なるものは一個の職業として相も変らず社会的に維持されて来たからであり、マルクス主義者の中にも資本主義国はもちろんのこと社会主義国においてさえ哲学を説くことを職業とする人びとが現われたからである。そのちがいは「ブルジョア哲学」を説くかそれとも「プロレタリアートの哲学」なるものを説くかにあって、個別科学の建設に努力しない点では同様である。哲学なるものを説いて生計を立てることになれば、自分の存在理由を合理化するためにどうしても哲学とよばれるものの分野を確保しなければならない。認識論が哲学からぬけ出して個別科学として確立したのでは、存在理由が減少してしまう。そんな努力は自殺行為でもあるし、それに机の前で哲学的なエッセイを綴るのとちがい、着実な研究のつみかさねを必要とする苦労の多い仕事であるから、哲学の文献について解説しながら生活して来たような人びとには耐えられないことでもある。そこで認識の理論としての認識論ではなくて、認識の評論としての認識論が作文されることにもなるのである。けれども科学的な認識論を実践的に必要とし、また自分が具体的な認識ととりくんでいるところからその経験を理論化しようとする人びとが、哲学者とは別のところから現れて来る。教育者たちの中や医師たちの中から現れて来る。物理学者たちの中や数学者たちの中から現れて来る。そしてこれらの認識論も、これまた唯物論の立場から説明したものもあれば、観念論の立場から説明したものもあり、認識の構造を機械的に説明したものもあれば、有機的に説明したものもある。具体的な認識のありかたを論じて、一応学問らしいかたちをとったものに心理学があるけれども、これもまだ認識のいろいろな側面を断片的に説明するにとどまって、真に体系化されているとはいいがたい。心理学の中にもいろいろな主張が対立しているし、心理学者もいろいろな学派にわかれている。

この点に関して触れておかねばならぬのは、ソ連における認識論のありかたである。ソ連では生理学者パヴロフが「心理学は生理学におおわれ、主観的なものは純粋に客観的に理解される」といい、認識論を生理学に解消させようとする立場から「第二信号系」についての解釈を提出し、この解釈は認識および言語についての正しい理論と認められて、哲学の教科書その他権威ある書物に採用されている。そして認識論ないし認識学と名のる体系的な個別科学は見当らないで、認識についての具体的な理論は欧米と同じく心理学の名の下に公けにされている。これには一つの特殊な事情を考えてみる必要があると思われる。革命の偉大な指導者でありすぐれた理論家であったレーニンは、哲学研究のノートを遺したが、これが一九三〇年代のはじめに哲学のレーニン的段階とよばれて、マルクス＝エンゲルスをさらに発展させたものとして聖書化された。その中にある、「論理学、弁証法、認識論（三つのことばは必要でない、それらは同一のものだ）」とか、「弁証法こそはマルクス主義（およびヘーゲル）の認識論である。」とかいう叙述が、疑うべからざる原理として君臨することとなった。当時の論文の一節を見よう。

「マルクスおよびエンゲルスの仕事を継承しつつ、彼は哲学をすべての先行段階の上に立つ新段階に高めた。」「マルクス主義は弁証法の外に、または弁証法と相ならんで、いかなる特殊な認識論をも要しないということ、弁証法はまさに現代唯物論の認識論であるということの確定、プレハーノフによって過小評価された、この第一次的意義を有する原理の確定は、――哲学へのレーニンの貢献の本質的な要素のひとつである。」（ブイホフスキー『レーニンと哲学史の若干の問題』）（強調は原文）

こうなってはもう手の施しようがない。この「原理」を仕事の上で否定すれば、反マルクス主義的＝反レーニン主義的としてふくろだたきにされるから、認識論ということばは弁証法の別名だということにきめて哲学者の専用にまかせるほかしかたがない。個別科学としての認識論を、弁証法とは別に認識論とよんだのでは身の破滅であるから、心理学とよんでおけということにもなる。レーニンのこの認識論についての規定は、ヘーゲルにひきずられて足をふみすべらしたものである。唯物論では現実の世界をそれ自体として存在するものと見なしているし、この世界の論理構造すなわち物質的な論理構造とその反映について論理学がとりあげるものと考えている。ところがヘーゲルにとっては、現実の世界がそれ自体として存在するのではなく、まず絶対的なイデーすなわち認識がさきに存在して、これがすがたを変えて自然になったのだと解釈されていた。つまり、現実の世界も認識のありかたなのである。それで、現実の世界の論理構造も認識の論理構造だということになり、現実の世界の論理構造とその反映をとりあげる論理学も実はすべて認識の論理構造をとりあげるゆえに認識論だということになる。そして弁証法は一つの論理学であるから、当然に弁証法も実は認識論だということになる。ヘーゲル観念論ならば、たしかに論理学も弁証法も認識論も同一のものなのであるが、マルクス主義は唯物論であるから、決して同一にはならない(5)。レーニンはヘーゲルの『大論理学』を読んで、そこから多くのことを学んだまではよかったのだが、ヘーゲルにとって弁証法が認識論ならばマルクス主義にとっても同じはずだと思いこんでしまったのである。スターリンの神聖化を止めたあとのソ連が、レーニン的段階をどう扱って来たかは、つぎの文章からも大体想像できることと思う。

「そして一九五五年には、『論理学と認識論と弁証法との統一』というレーニンの指示がとくに重要視され、この指示にもとづいて今後数年間の研究テーマを組織的に整理し、この研究計画にもとづく研究が開始された。この計画どおりに研究が遂行されれば、ソ同盟の哲学界は面目を一新し、近い将来に弁証法的論理学の体系的叙述が完成されるであろう。しかし現在までのところでは、弁証法的論理学の（したがってまた認識論の）仕上げという仕事は、はがゆいほど遅々としたあゆみをつづけている。」（寺沢恒信『認識論史』）

これは五六年に書かれたものだが、それから一〇年後の今日も事情はほとんど同じであろう。

認識が成立してから言語に表現されるという過程をとる以上、認識は言語の直接よって立つ基盤であるにちがいないけれども、言語のほうからもまた認識のありかたを規定してくるのであって、ここに相互関係が存在している。それで認識について論ずるときには言語について触れないわけにはいかなくなる。ギリシア以来、認識について論じた哲学者は、多少のちがいこそあるがいずれも言語について触れているし、近くは論理実証主義者たちも、認識論すなわち言語論ないし記号論というかたちのとりあげかたをしている。また言語について論じた言語学者にしても、「心理的理由」を検討するところにふみこむや否や、唯物論の立場なり観念論の立場なりをとって認識のありかたを論じないわけにはいかなくなる。ヨーロッパ言語学において現在支配的な地位を占めているのは、フェルディナン・ド・ソシュールの流れをくむ学派であるが、これに属する人びとは不可知論ないし観念論の立場から認識をとりあげているし、またその立場を自覚している。これに対して、デンマークの言語学者イェスペルセンにしても、イギリスの心理学者であり文芸理論家であるオグデン＝リチャーズにしても、国語学者の時枝誠記にしても、自然成長的であるとはいえ唯物論の立場から批判を加えたのであった。日本にソシュール理論を紹介しその学派の著作の多くを翻訳している小林英夫は、イェスペルセンのソシュール批判に反駁して、「氏はパウルと同じく、余りにも唯物論的な見方をしてゐる」といい、メイエの「ある言語の実在に何らか物質的なものがないとしても、それは依然として存在する」ということばを引用して強く抗弁した。[6]

言語表現は前に述べたように認識をえりごのみすることが許されない。どんな幻想でもそれなりに表現しなければならない。SFに出てくる火星人の住居も、ベトナムで戦火に焼かれている農民の小屋も、われわれは同じく家という概念でとらえ、同じ言語規範に従って「家」と表現している。現実に存在する対象も空想的な対象も、言語表現に際して同一視されるということから、対象が現実に存在するかしないかを論じることは意味がないと主張するのは、いわば、**認識のありかたをそのまま対象のありかたに押しつけようとする観念論的なやりかたであるが**、これは論理実証主義者が言語ないし記号について論じるときの基本的なやりかたであって[7]、別にソシュール学派独自の発想ではない。日常の会話を反省してみれば、一つの文の中で現実の世界から想像の世界へ往復するくらいなことは絶えず行われている。「このお菓子を食べてください」というときにも、お菓子は現実の世界に存在するのだが、食べるということは話し手が想像しているだけのことであって、聞き手がそれを現実化してくれるよう求めているわけである。一つの文の中にさえ現実の世界と想像の世界と異った世界が二重にとりあげられていることが理解できなければ、言語表現を正しく理解したことにはならないのである。この世界の二重化を否定する哲学的な立場では、文の正しい説明すら不可能である。言語学は個別科学であって、唯物論とか観念論とか哲学的な議論だけをたたかわせることは強く戒められなければならないが、哲学的な議論を無視するわけにはいかない。哲学的な議論をするのは言語を哲学的に解釈して言語哲学を打ち立てるためではなく、反対に、言語を哲学的に解釈する言語哲学を片づけてしまって、言語学を真に科学として確立するためである。従来のソシュール言語学批判を検討するに際しても、そこに観念論と唯物論の対立が存在したことを理解し、自然成長的な俗流唯物論ではそれに制約されて批判が不徹底に終ってしまうことを反省し、自ら俗流唯物論をのりこえることによってソシュール言語学批判をさらに押しすすめ、言語学の建設へとすすむのである。そしてそのためには、まず認識論を哲学から脱皮させることが先決問題なのである。

(1)「もろもろの個人は、たしかに肉体的にも精神的にも相互につくり合う」（マルクス＝エンゲルス『ドイツ・イデオロギー』）のであるが、生活の生産とはこの人間自身の生産をふくむ概念である。これは「活動を相互に交換し合う」（マルクス『賃労働と資本』）ことによって行われ、対象化された労働の場所の移動すなわち交通関係もまた広い意味で生活の生産関係の一部を構成することになる。ただし、精神的な活動を相互に交換し合いつくり合うのは、物質的な活動のそれと区別しなければならない。精神が一個の実体として頭からぬけ出し、場所を移動して他の人間の頭へ入りこむのではないからである。

(2) ここでいう言語は、ソシュールの「言語」（ラング）のような頭の中にある規範をさすのではなく、表現をさすのである。表現ならこの二つの系列が大別できるけれども、ソシュール的な発想では表現としての特徴が捨象されてしまい、この区別も無視されることになる。

(3) 時枝誠記がこのことを強調したのは正当であった。

(4) エンゲルス『フォイエルバッハ論』第一章。

(5) この点の詳細については、三浦つとむ『弁証法とは何か』（論文集『レーニンから疑え』所収）を参照。なおヘーゲルは、客観的論理学に対する主観的論理学、客観的弁証法に対する主観的弁証法という区別を与えているのだが、これも客観と主観とがともに絶対的なイデーのありかたであり本質的に同一だと見ているからである。これらのことばをそのまま受け入れると、やはりヘーゲル的偏向にすべりこむことになる。

(6) 小林英夫『ランガージュの疑義解釈』（『国語と国文学』昭和七年七月号）。小林は言語規範をとりあげて、「この規範が言語を統一するところの隠然たる力」であると主張するが、この点は俗流唯物論の立場での言語論にまさっている。だが彼が「この規範は動かすべからざる心理的実在である。抽象物であるならば、如何にして我々を統制し言語の統一を保守する力となり得ようか。」というとき、抽象についての無理解が示されている。憲法は法律にくらべてヨリ抽象的でありながら、国民に対してヨリ高度の統制力を持つのであって、抽象と統制力とは両立する。なお小林の『言語学通論』は、「本質的なものと偶有的なものとの区別」が「研究者の研究目的」にもとづくとか、「科学が客観性を持つ」のは「研究者の予想」によるとか、客観性を主観からひき出す観念論的な立場に立って論じている。

(7) 本書第二部第一章八を参照。

二　認識における矛盾

認識論をそして言語学を個別科学として確立するために、どのような研究方法が必要かといえば、それは**対象の考察に際してつねに矛盾の存在に心をくばり、矛盾の発展を忠実にたぐっていくという態度**である。しかしこういわれても、読者特に言語学の書物だけに親しんで来た人びとには納得がいかないかも知れない。かつては言語を、それ自体として成長し変遷する存在と考え有機体と解釈する、言語有機体説がひろく説かれていたこともある。この説はあやまりであるが、それにはそれだけの根拠が存在したのであって、有機体の持つ論理と共通するものが言語にも存在することに気づいたからである。有機体の持つ論理が言語の研究にも役立つと考えるのではなく、同じ論理を持っているから言語も有機体だと結論したところに、あやまりが生まれたのである。それでは有機体の持つ論理とは何かといえば、これがほかならぬ矛盾なのである。それゆえ、まず矛盾についてすこし語ることにしよう。

矛盾は常識的には、変則的な・異常な・存在することののぞましくないものだと思われている。中国の故事にある、矛と盾との説明のような、不合理な認識のありかたをさすものと考えられている。しかしどんな矛盾にしても、それが生れるだけの合理性があるからこそ存在できるのであるし、またのぞましくない消滅させることが必要な矛盾だけではなく、反対にのぞましいものとして維持したり創造したりすることが必要な矛盾もあることは、すでに古代から哲学者たちによってとりあげられている。(1) マルクス主義の創始者たちは、この矛盾論の遺産を唯物論の立場で受けつぎ、科学的な矛盾論を確立したのである。現にわれわれ人間をもふくめたあらゆる生物は、どの瞬間においても、同一のものでありかつ同一のものではない。個体として同一でありながらそのありかたは異っている。どの瞬間においても、それは外からもたらされた物質をとりいれ、別の物質を排泄している。これは絶えず自己を定立しかつ解決しつつある一つの矛盾であって、この矛盾がやめば直ちに生命もやみ死がはじまるから、生きていくためにはこの矛盾を維持していく必要があり、とりいれる面と排泄する面との調和に努力する必要がある。この種の矛盾は非敵対的矛盾とよばれている。(2)これは肉体の成長において見られるばかりでなく、精神の成長すなわち認識の発展においても見られるのであって、認識におけるもろもろの非敵対的矛盾をそのありのままにとらえなければ、認識論を体系化していくことができなくなってしまう。たとえマルクス主義者と名のっていても、非敵対的矛盾についてのあやまった解釈を信じているのでは、認識論を個別科学として確立することはできない。

認識の基礎となっているのは現実の世界であるが、この現実の世界を反映し模写するという認識の本質的なありかたがすでに一つの非敵対的矛盾を形成している。現実の世界は時間的にも空間的にもまたその多様性においても無限であるにかかわらず、その現実の世界の一部分であるわれわれの頭脳への現実の世界の反映は、われわれの歴史的なありかたと個人の肉体的・精神的なありかたから規定されて、時間的にも空間的にもまたその多様性においても有限でしかありえない、という矛盾である。この矛盾は人間の認識にとって本質的なものであって、人類が消滅しないかぎり消滅しないのである。それゆえつぎの叙述は、認識論を建設するに際しての出発点を教えるものとして、きわめて重要になる。

「人間の思惟は至上的なものであろうか。そうであるかないかを答える前に、われわれはまず人間の思惟とは何であるかを調べなければならない。それは一個人の思惟であろうか。そうではない。だが、それは過去、現在および未来の幾十億の人間の個々の思惟というかたちでしか存在しないものである。いまもし私が、この私の観念のうちに総括されている、未来の人間をもふくめてのこれら一切の人間の思惟は、人類が十分長く存続しさえするならば、そしてまた認識器官についても認識対象に関してもこうした認識作用に制限が加えられるようなことがないかぎり、至上的なものであって、現存の世界を認識することができるのだ、といったとしたら、私はかなり平凡な、そしてしかもかなり無益なことをいったことになる。というのは、そこから出て来るもっとも価値ある成果というのは、今日われわれの持つ認識に対してわれわれに極度の不信を起させるぐらいなものであろうからである。

「各個々の思惟にもとづく認識の至上的な妥当性はどうかといえば、われわれがみな知っているとおり、そんなことはとうてい問題にならないし、またこれまでの一切の経験からいって、そうした認識には、例外なくいつも、これ以上修正の余地のないもの、すなわち正しいものよりも、修正の余地のあるものの方がずっと多くふくまれているのである。

いいかえれば、思惟の至上性はきわめて非至上的に思惟する人間の系列を通じて実現され、真理性を主張する無条件的な権利をもつところの認識は相対的誤謬の系列を通じて実現されるのであって、前者も後者も人類の生命の無限な存続を通じてでなければ、完全に実現されることはできないのである。

ここでもまた、どうしても絶対的なものとしか考えられなかった、人間の思惟の性格と、もっぱら制限のうちでしか思惟することのできぬ個々人の現実との間の、上述のような矛盾にぶっつかる。それは無限の前進を通じなければ、すなわちわれわれにとっては少くとも実際上限りなく継続してゆく人間世代を通じなければ、解決のできない矛盾である。この意味において人間の思惟は至上的であるとともに至上的でなく、またその認識能力は無制限であるとともに制限を持っている。素質、使命、可能性、歴史的終局目標から見れば、至上的であり無制限である。

個々人の実行とそのつどつどの現実とから見れば、至上的ではなく制限を持つものである。」（エンゲルス『反デューリング論』）

人間の認識が変化し発展していくものであることは、誰もが認めている動かし難い事実である。科学は事実を認めるだけでなく、なぜ・いかにして・この変化と発展が起るのかを説明しなければならない。たとえ観念論哲学が、人間の生れつき与えられている能力によるものだと解釈しても、われわれは認識の本質的な矛盾をとらえて、それがどのように発展していくのかをたぐって考えてみなければならない。現実の世界が無限であるのに対して、われわれ個人の認識に限界があるとしても、われわれは他の人間の認識を受けついでそれを補う方法を現に実践している。これは実際上限りなく継続していく人間の世代の認識を系列化することであり、個人が他の人間とむすびついてつぎからつぎへと認識を受けついでいく認識それ自体の交通・運動形態を創造することである。この無限の継続が、現実の世界の無限のありかたと正しく照応し調和するように定立させられるのであるから、これは非敵対的矛盾を実現しかつ解決することとなのである。この本質的な矛盾はさらに個人の認識の構造として具体化されていく。

まず第一に、対象から与えられたという意味での、受動的な反映としての認識に、われわれは甘んじていることができない。他の人間が頭の中で何を考えているか、直接に見ることはできないし、質問しても正直に語ってくれるとは限らないが、それではは生活にさしつかえるために、われわれは他の人間の「顔色を読んで」何を考えているか能動的に想像していく。未来のありかたを直接に見ることはできないし、「一寸さきは闇」の状態にあるとはいえ、それでは生活にさしつかえるために、われわれは明日の、明後日の、一年さきの、十年さきのありかたを想像しながら、生活を設計していく。**認識が受動的であり限界づけられていると同時に、能動的に現実に向って問いかけその限界を超えていく**というのも、一つの矛盾であって、ここに**予想**とよばれる認識の形態も成立するばかりでなく、単純なものから複雑なものへと発展していく。これは本質的には、認識の側から現実の世界のありかたへ近づこうとする、一致を目ざしての運動でありながら、現象的に見ると、現実にまだ存在していないもののイメエジを頭の中につくり出していくのであるから、不一致というかたちをとっている。そのために、この本質と現象との矛盾を正しく扱えない俗流唯物論者が、現象的な不一致に目を奪われて予想を反映論から切りすててしまったり、夢を持つことはすべて現実ばなれすることだから意味がないのだと結論づけたりする。そこに夢想をダイナミックにその過程的構造においてとりあげた、つぎのようなロシアの一評論家からの反駁もつきつけられることになる。

「一概に不一致といってもいろいろのものがある。私の夢想が事態の自然の歩みを追いこすこともありうるし、あるいはまた事態のどんな自然の歩みもそこまでは決して到達できないような、まったくちがった道に入りこむこともありうる。前者の場合には、夢想はどんな害悪をももたらすものでなく、勤労する者のエネルギーを維持し増進することさえできる。……このような夢想にあっては、働く力をゆがめたり麻痺させたりするものは何もないばかりでなく、まったくその逆でさえもある。もし人間がこのように夢想する能力を完全に奪われているとしたら、もし人間が時には先走ったことを考え、その想像力によってようやく彼の手で形のつきかけたばかりの創作物を完全な完成したありかたでながめることができないならば、芸術、科学および実際生活の領域においてそもそもどんな動機が人間をして広大な精魂をすりへらす仕事を企てさせ、かつこれを最後までやりとげさせるのか、私はまったく想像することができない。……夢想と現実との間の不一致は、もし夢想する人間が自分の夢想をまじめに信じ、生活を注意深く観察しながら、自分の観察と自分の空中楼閣とを比較研究し、概して自分の空想の実現のために誠実に努力するならば、何らの害悪ももたらさないのである。夢想と現実の生活との間に何らかの接触が存在するときこそ、万事が好調にはこんでいるときなのである。」（ピーサレフ『未熟な思想の失敗』）

この主張は、夢想の積極的な役割について論じているだけでなく、夢想に対立する二つの性格を持つものがあることをとりあげている。現実に近づいていく先走りと、現実から遠ざかっていく幻想と、この二つの矛盾について問題にしているのである(3)。これもまた認識の矛盾の一つの発展した形態として検討しなければならぬ存在である。

第二に、認識の本質的な矛盾から、**誤謬**とよばれるものが必然的に生れてくる。**真理に対立するものとしての誤謬、およびその相互転化ということも、認識の矛盾のありかた**にほかならない。平凡な庶民が日常生活でさまざまな誤謬をおかしたり、競輪でもうけて家を新築しようという幻想を持ったりするのは、当然のことだと思いながら、それと同時に、レーニンや毛沢東など偉大な革命家の著作には何の誤謬も存在しなかったし、その革命運動において何の幻想も持たなかったと信じている、マルクス主義者もすくなくないのである。マルクスはその若かりしころヘーゲル主義者で、観念論的な考えかたを持っていたと認めながら、レーニンや毛沢東は生れながらマルクス主義者であり無謬であったと信じているのは、誤謬を無能なるがゆえの失敗であるかのように思いこんで、認識を矛盾として理解しないからである。誤謬をおかさぬ人間などというものは、実在しないことを知らないのである。認識の矛盾が不可避的に真理とその対立物である誤謬との統一を生み出すのであり、誤謬は認識にとって本質的なものであることを知らねばならない。

これは個人の認識においていえるだけでなく、集団である組織の認識においてもいえることである。マルクス主義を指導理論とする革命政党のつくり出す、理論や方針や決定などもその例外ではありえない。それゆえ、革命政党における思想闘争や理論闘争も、その根源をさぐるならこれまた認識の本質としての矛盾に根ざしているといわなければならない。ただし、個人の利害関係や思想条件が、さらには階級的な社会的諸条件が、この矛盾の発展にからみ合って具体的なかたちをとっているために、これらの諸条件が根源であるかのように解釈されやすいのである。毛沢東もこの矛盾を理解できないで、階級的・社会的条件から説明した。

「党内の異った思想の対立と闘争はつねに生じるものであり、これは社会の階級的矛盾と新しいものと古いものとの矛盾の党内における反映である。」（毛沢東『矛盾論』）

人間の頭はテープレコーダーではない。外部から与えられる主張を何であろうとそのまま忠実に受けとめて、機械的にくりかえすわけではない。あるものは受け入れあるものは拒否し、またあるものは正しいにもかかわらずそれを歪めたかたちで受け入れるのである。自分で考えようとする、真理に忠実でありたいとのぞんでいる人間は、その主張を正しいと認めるだけの理由があり、受け入れるだけの根拠があって、はじめて受け入れるであろう。そこには個人的・社会的条件がからみ合ってくるにはちがいないが、それらを超えた認識の本質もまた物をいうのである。ブルジョア階級の一員として生れ、父親の財産や地位を相続すべき身にありながら、それを嫌って革命運動に生涯をささげる人間が出て来るのも、真理が彼をしてそうさせたのである。これとは逆に、労働者階級の出身で革命運動の指導者となり革命を成功にみちびいた偉大な革命家であっても、誤謬をおかしたり観念論につながる主張をのこしたりする可能性からのがれることはできないのであって、努力してそれを最小限にくいとめるしか方法はないのである。人間の出身階級とその主張の真理か誤謬かとは、直接の関係はない。マルクス主義も、ほかならぬブルジョア・インテリゲンチァによってつくり出されたのである。

資本主義体制は、奴隷制の一種であるから、この体制を維持していくことを利益としている人びとは、たとえきわめて賢明であってもその利害関係の影響を受けて、体制を合理化し永遠化するような思想や理論に心をひかれたり、体制に対する科学的な批判に耳をおおったりしがちである。さらに進んでは、非科学的な理論をつくり出し普及することに努力する。このような意味で、階級的矛盾の科学に対する制約・規定を理解することは重要である。しかしこれは、体制側の主張ないし理論はすべて非科学的であるとか、大衆を偽瞞するための宣伝には一片の真理もないとかいうことを意味するものではない。主張も理論も頭の中だけで創造されるものではなく、現実の反映および先走りとして成立するものであるから、どんなに歪められたどんなに空想的な主張や理論でもそこには現実が何らかのかたちでとりあげられており、真理をふくんでいるわけである。またそれだからこそ、説得力を持ち相手に正しいと認めさせることができるのである。天動説は非科学的ではあるが、われわれの目には大地は不動で天体が回転しているように見えるのであって、視覚上の真理ということに限るならこれを認めなければならない。(4) ここから天動説が正しいもののように思われてくるのである。われわれはサンルームを設計するときに、地球と太陽との関係を問題にするけれども、このときは視覚的な真理で十分なのであって、天動説でも地動説でも別に設計に影響するわけではない。だがサンルームの設計においてすぐれた仕事をのこしたことを評価するあまり、彼が信じていた天動説までもそのまま信じこんでいいということにはならない。天動説では海王星を理論的に発見するという、科学的な先走りの仕事はできないのである。同じように、中国革命においてすぐれた仕事をしたことを評価するあまり、毛沢東が信じていた矛盾論までもそのまま信じこんでいいということにはならない。認識論や組織論を科学として確立するのには使えないのである。あやまった理論でもその一面的な正しさにおいて有効性を持つことを理解しないところに、有効性から直ちに理論の正しさを結論づけるプラグマティズムへの道が開けてくる。マルクス主義者と自称しながら本質的にはプラグマティストでしかない人びとが、つぎからつぎへと出現してくることにもなる。

第三に、人間は社会の一員であり、子どももまた社会の細胞である家族の一員として毎日生活しているという、人間の本質的なありかたから認識が規定されてつくり出す特殊な矛盾がある。それは**意志の持つ矛盾としての規範の成立**である。個人はどんな意志を持ちどんな行動をしようと勝手だ、ということにはならない。それぞれの生活集団としての、共同利害を考慮しなければならない。それゆえ、認識の内部に意志に対立する意志として、いわばフィードバック的な構造を持つ矛盾がつくり出されることになる。この対立する意志は、ネガティヴ・フィードバックとして意志の成立を押えつけたり、あるいはポジティヴ・フィードバックとして意志の成立を促したり、その機能においてもこれまた一つの矛盾を持つところの存在である。規律・掟・道徳・規約・法律など、さまざまな種類の規範が存在している。

以上三つの矛盾は、人間の認識においてきわめて重要なものであるにもかかわらず、従来の哲学者の認識論も、心理学も、正当にそして体系化して扱ってはいない。それゆえ、これらについては詳細にとりあげることにする。

(1)　三浦つとむ『矛盾論の歴史と毛沢東の矛盾論』(季刊『社会科学』第九号、一九六六年五月)参照。たとえばヘラクレイトスは、「自分自身と分裂しながら自分と一致する」いわゆる「一分為二」の形態をとった矛盾のありかたに、調和するものを認めて、弓をその例の一つにあげている。弓は竹であれ木材や金属であれ、弾性のある材料を必要とするが、一方の弦には非弾性的なものを用いなければならないし、弦の長さ・太さ・強さも調和したものを用いなければならない。それゆえ弓の持つ矛盾は、矢を飛ばす原動力であり、調和するものとして成立した矛盾であると理解したのである。

(2)　マルクス主義者と自称する人びとは、いずれも敵対的および非敵対的の二種類の矛盾を認めるのであるが、その区別のしかたは必ずしも同じではない。二種類の矛盾は本質的に異るのだ(ソ連)という主張と、どちらも闘争的だという点で異っておらず、「闘争の形態」が異るだけだ(中国)という主張との対立が、現に中ソ論争の中で火花を散らしている。前者は矛盾の調和を認め、後者は矛盾調和論に「修正主義」のレッテルをはっている。

(3)　レーニンは、革命運動は夢想を持つべきだと主張して、このピーサレフのことばを『何をなすべきか』に引用した。けれども、ここで二種類の矛盾がとりあげられ、その対立した性格が明かに語られているにもかかわらず、レーニンはここから二種類の矛盾の理論をくみとりえなかったようである。先走りにおける矛盾は、現実の観察と空中楼閣との調和を、すすんでは空中楼閣が現実化することによっての矛盾の融和を、問題にしているにもかかわらず、のちの『哲学ノート』ではそれらの問題が忘れられているからである。

（4）「太陽は一日に一回、地球の周囲をまわることにはじめて気がついた人は、誤謬におちいってはいたが、それでも真実の知覚をしたものである。太陽が二四時間かかって地球の周囲をまわることは、太陽と地球との運動の関係を明かにする理解のかくべからざる一部をなすものである。」（ディーツゲン『哲学の実果』）

三　人間の観念的な自己分裂

われわれ人間は現実的には地球の上に生活していて、地球から脱出することはできない。宇宙飛行士さえ、現在の段階では地上へ帰って来なければならないが、われわれは宇宙飛行士が何を見たかを、彼らの撮影したフィルムや彼らの報告から知ることができる。われわれの**感覚**は、精神的な交通で彼らの感覚を受けとって、現実の世界についての認識を拡大している。感覚器官は現実の世界との交渉によって感覚をつくり出すのであって、塩をなめてからいと感じるのは、舌にからいと感じさせるものが外界に存在したからである。われわれの感覚の源泉は、この客観的に存在する外界である。現実の世界は無限であるから、われわれの感覚にとらえられた部分はその一部でしかないわけであり、現実の世界それ自体は感覚でとらえられた部分にくらべて無限にゆたかであり多様である。感覚の限界は何ら現実の世界の限界ではない。目に見えない電磁波もあれば、耳にきこえない超音波もある。われわれは自分の住んでいる家の床下さえ見たことがない。たとえその地下一メートルのところに殺人事件の犠牲者が埋められていても、あるいは三百年の昔に小判一万両が埋められていても、一生それと知らずにすごすこともありうるのである。

地球の上に生活しているわれわれに対して、感覚は地球が動かないものであり太陽や月が動いていると、教えてくれる。もし月の上に人間が到着できたならば、彼の感覚はこれとちがって、月が動かないものとなり地球のほうが動いていると、教えてくれるであろう。人間の感覚はとりもなおさず感覚器官のその現実的な位置におけるところの現実の世界の反映として、いいかえるならば現実的な位置に束縛されているところの世界のとらえかたとして、成立する。

視覚は光が目の網膜に像をむすぶことによって生れるものであって、人間の眼球は左右一対あるけれども、両眼に映じた像から一つの視野が合成されている。それぞれの眼球は眼窩の中におかれ、瞼で覆われるようになっているから、一つの眼球の視野は下部を鼻でさえぎられた楕円形をしているし、二つの視野の合成もほぼ三対四の比率を持つ楕円形になっている。映画の画面でスタンダードといわれるサイズが、三対四の比率になっているのは、当初多くの絵画の画面のサイズから平均値をとって決定したといわれているけれども、視野から自由にトリミングしたりあるいは視野をつないでパノラマにしたり自由に画面のサイズを決定できる絵画にあっても、究極的には視野の形態によって規定されているのだということが、平均値をとってみれば明らかになるわけである。映画の画面のサイズは、表現としては作家の視覚に規定されるからこのような比率を採用したが、光学的には対象からの光を受けとるのであるから、この比率には何の合理性もないように見える。エイゼンシュテインは視野からの規定を無視して、「何のセンスもない鈍重な比例」で「水平主義」だと罵倒を加えた[1]。

人間の視野

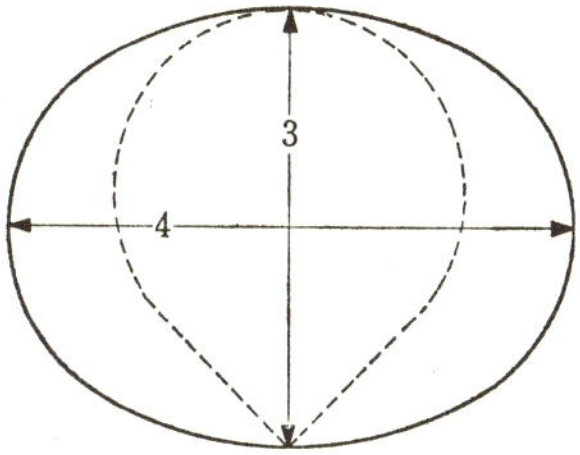

映画のフィルム

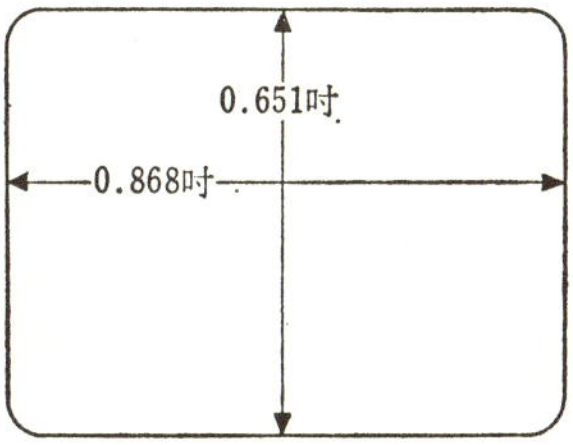

われわれはまず現実的な位置でこの視野を通して現実の世界をとらえていく。われわれが動けば位置が変化し視野も変化していく。時には地上をはなれて、海上や空中に自分を位置づけることもある。だが、この現実的な位置に束縛されて

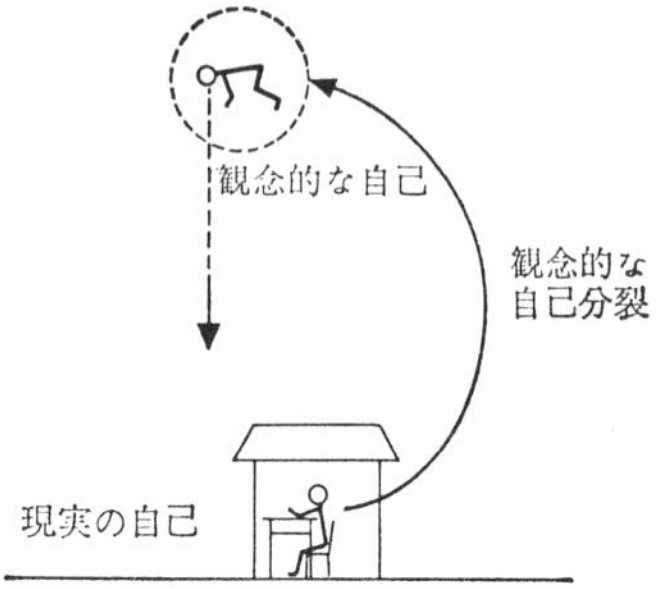

限界づけられていたのでは、日常生活さえいとなめないのである。われわれはこの**限界を超えたりまたもどったりする活動**をくりかえしながら生活しているが、この限界を超える活動は、観念的になされている。たとえば、たづねて来る友人のために、自分の家のありかを教えようとするときには、簡単なものではあっても地図を書くのがつねである。これは、現実的な位置で動きながらえたところのいろいろな認識を頭の中で綜合してつくりあげたものであって、地図を書くときの自己もわが家の机に向って現実的な位置で目の前の白紙をながめながら書くのである。ところが、この地図としてのわが家は、現実に自己の位置づけられているわが家ではない。現実的には自己はわが家の中にいるにもかかわらず、地図を書いているときには自己はわが家の外にいてわが家を外部からながめ、わが家を空中から見おろすところに位置づけられている。それゆえこの場合には、現実的な自己から、**観念的な自己が分裂して**、観念的に空中の一点に自己を位置づけていることになる。地図を書き終えて、目をそらすとき、空中からわが家を見おろす必要はもはやなくなっているから、観念的な自己も現実的な自己に復帰してしまう。必要に応じて分裂したり復帰したりするのである。

このわが家を空中から見おろす位置は、観念的でありその意味で非現実的であるけれども、現実の世界の認識としては綜合的でありさらに広汎なものとなっているから、その意味では現実にさらに近づいたことになるのである。現実的な自己では認識できない限界を、観念的な自己において超えたのである。そしてこの観念的な自己は、さらに高く高く空中にのぼっていって、太陽系の中での地球のありかたを客観的にながめることもできる。空間的な旅行ばかりでなく時間的な旅行もできるのであって、人類の祖先がようやく地球の上に姿を現したところをながめたり、人類の存在しない時代の地球のありかたをながめたりすることも、科学者は行っているのである。

　写真・絵画・地図のように、感覚を忠実に表現する場合は、その作者がどんな位置にいるかを読みとることも容易である。写真で表現する「わが家」は、カメラの背後にいる現実的な自己がファインダーを通して見たところの位置

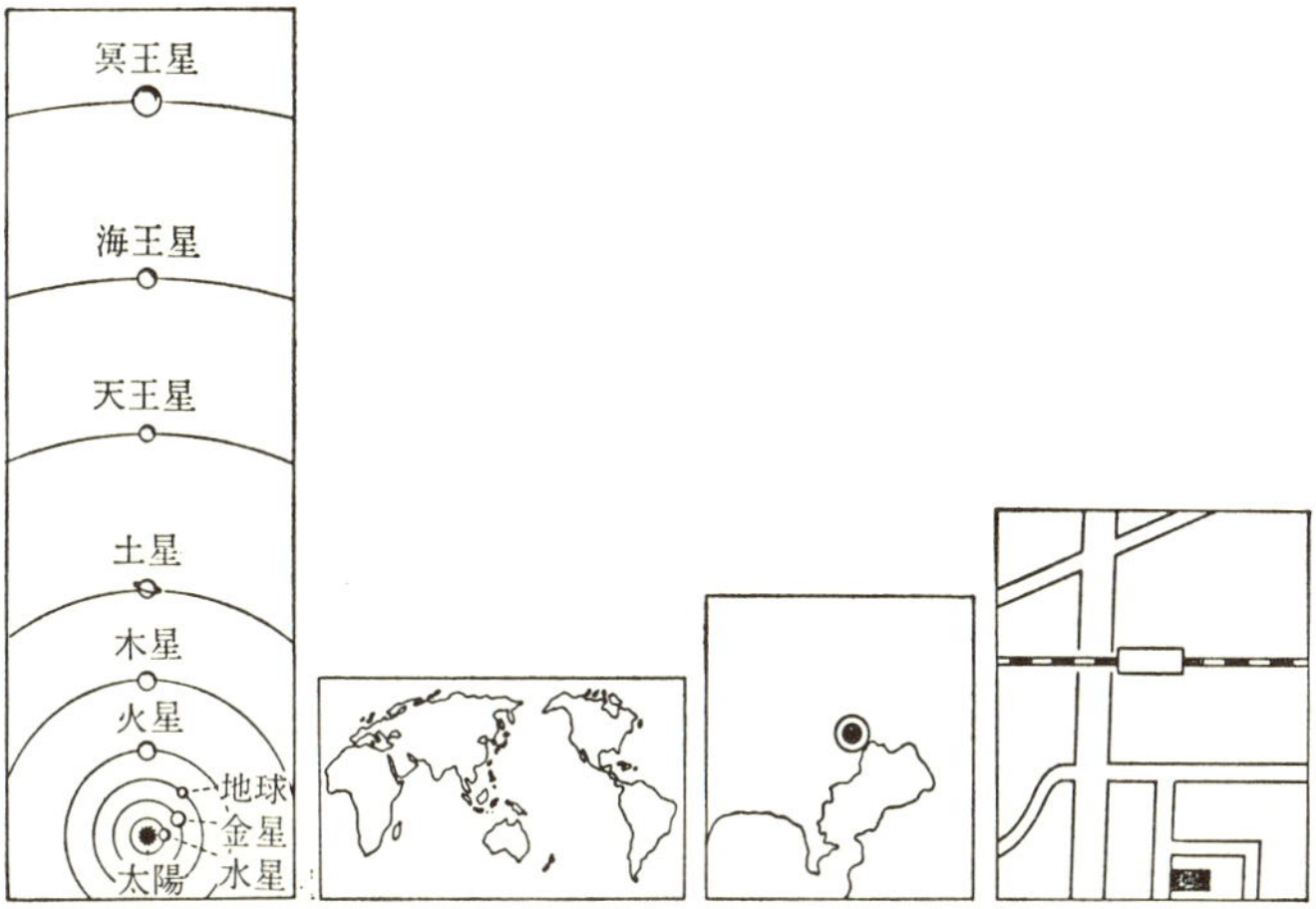

（地球）　（日本）　（東京）　（わが家）

を示し、地図の「わが家」の観念的な自己の位置と異っていることは一見して明らかである。宇宙飛行士の撮影した写真を見れば、自己も宇宙に飛び出してながめている思いがする。ところが言語表現にあっては、作者がどんな位置にいようと、「わが家」という音声や文字からそれを直接読みとることはできない。認識の過程におけるちがいが、表現にあらわれて来ない。これは後に述べるけれども、実用的な表現と鑑賞用の表現とでは形式としては同じでもその過程的構造がちがっていることが多く、それは内容のちがいを意味することになるのである。「春の海」と書かれていても、科学者の文章と俳人の文章とでは、内容に大きなちがいがあり、読者の読みとりかたもちがってくるのである。

　この観念的な自己分裂は、誰でも日常生活の中で毎日くりかえしているのであるから、哲学者たちもこれに気づいたことは気づいたのだが、観念論の立場をとる哲学者はこれを逆立ちさせて解釈したのであった。唯物論の立場からすれば、まず現実的な自己が存在し

てそれから観念的な自己が分裂していく。ところが**観念論哲学者は分裂の結果をとらえて現実的な自己と観念的な自己とをいっしょくたに扱ったり、さらにはまず観念的な自己が存在してそれから現実的な自己がつくり出されるかのように解釈したりした。**ここに彼らのいう「我」(Ich) なるものが論じられた。現実的な自己は自然の産物であり、それが存在しないときにも地球は存在していた。そして現実的な自己から分裂した観念的な自己は、まだ人間の存在していない赤熱の地球を見ていることにもなる。いまこの過程を無視してしまい、観念的な自己を「我」とよんで、これを現実的な自己といっしょくたにすると、「我」とその見ているものすなわち「環境」とは不可分であって、「つねにいっしょに見出されるもの」であり、地球がまだ冷えていない時代にもすでに「我」は存在していたという結論になる。観念的な自己のありかたがそのまま現実の世界のありかたになり、「主観的＝客観的なものあるいは客観的＝主観的なものより以外のもの」は認められないことになる。こうして「我」と「環境」が、あるいは「自我」と「他我」が、不可分的な同格において説明されるのである。これがフィヒテ的観念論であって、ここからさらに観念的な自己のほうを客観的な存在に移しかえ、この客観的な存在としての主観から客観的だとわれわれがとらえている世界がうみ出されたのだと解釈するならば、絶対的なイデーから現実の世界がうみ出されたというヘーゲル的観念論が成立する。ドイツ古典哲学の発展は、観念的な自己分裂のありかたについての解釈の発展という面からも、検討されなければならない(2)。

ジェームズの心理学でも、自己分裂がはじめから別の存在として解釈されている。自己を「純粋自我」すなわち観念的な自己と、「経験的自我」すなわち現実的な自己にまず区別し、心理学が対象とするのは「経験的自我」であって、「純粋自我」はア・プリオリに前提されているところの、自己を対象として意識するときその意識する自己であると述べている。これもまた自己分裂の過程をとらええないために、アプリオリズムにいかれた観念論的解釈である。

自己すなわち一者が、現実的な自己と観念的な自己という対立した二者に観念的な自己分裂を起すのは、中国でいうところの「一分為二」の一形態であって、ここに新しい矛盾が発生したわけである。では現実的な自己は観念的な自己によってまったく排除されているかといえば、そうではない。わが家の地図を書いたとき、地図の上では黒い矩形で示されているその家の中に、現実の自己もそれなりに正しく位置づけられている。これはさらにすすんで、東京を、日本を、地球を示す場合にあっても、変りがない。われわれは、東京の地図を見る場合に、東京の各地を現実にあるきまわりながめまわったときの認識を正しくむすびつけ、日本の地図を見る場合に、各地へ旅行して現実にながめまわったときの認識を正しくむすびつけるというように、現実の自己での認識と観念的な自己での認識とを正しく**調和させて統一する**よう努力しながら認識を豊富にし拡大していく。すなわち、観念的な自己分裂は実践上の必要からつくり出され、正しい調和において維持していくことが要求されるのであるから、この矛盾は非敵対的矛盾とよばれるものの一種として理解すべきである。矛盾はすべて闘争的でありぶちこわして解決すべきものであって、調和すべき矛盾を論じるのは「修正主義」[3]だというような、歪曲された矛盾論では認識論建設の方法論として役立たないばかりでなく、建設の妨害となるのである。

　人間は観念的な自己分裂のために必要な道具をつくり出している。その中で、どこの家庭にも存在するもの・われわれが毎日使用しているもの・は、**鏡**とよばれている。いま、鏡面からlの距離をおいて現実の人間mが立つならば、鏡面からさらにl'の距離をへだてたかなたに、映像としてm'が立っているように見える。lを短くするとl'が短くなり、m'がこちらに近づいてくるように見える。この場合のm'は像でしかないのだが、われわれはm'を現実の人間として、自己から$l+l'$の距離に他の人間が実在しているものとして、扱うことができる。ところが、m'は自己の像であり、自己が左右反転して映っているのであるから、これを現実の人間として扱うのは自己が向う側に実在しているとして

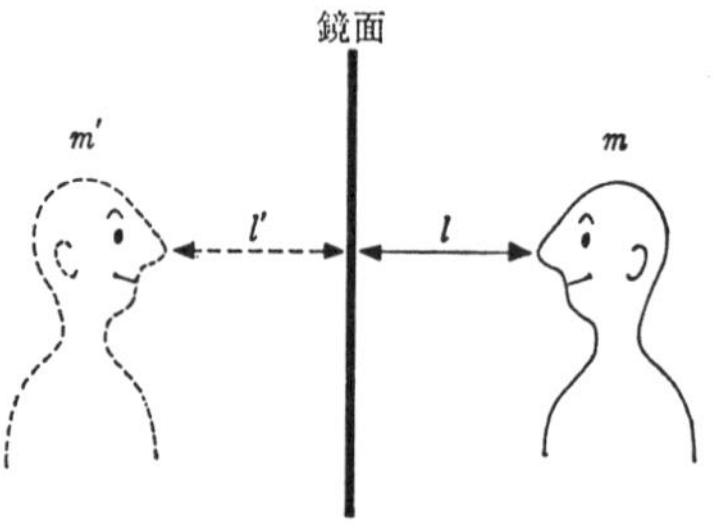

扱うことになる。それゆえ、このm'の自己を見ているmは、自己以外の存在だということにならないわけにはいかない。これは自己の映像と現実的な自己とを観念的に置き換えたのであるが、このことによって現実的な自己は鏡の中にいる現実的な自己を見ているところの他の自己、すなわち観念的な自己としての性格を獲得する。

　鏡を使って行われるこの観念的な自己分裂は、単に自己の姿を客観的な位置において見るにとどまらない。鏡のこちら側に位置づけられている観念的な自己は、さらに恋人や入社試験の試験官などに**観念的に転換する**ことができる。われわれが「彼女にきらわれないように」と思いながら鏡の前に立って、「彼女の目に自分はどううつるだろうか」と気にしたり、「試験官が見て好青年だという印象を持つように」と思いながら鏡の前に立って、「試験官の目に自分はどううつるだろうか」と表情を吟味したりするときには、現実的な自己から分裂した観念的な自己は恋人や試験官に転換しているわけであり、鏡から目をそらすときはまたもや分裂から復帰しているわけである。この種の実践が自己についての認識の発展であり、実践的に大きな意味を持つことからいっても、認識を理論的にとりあげる場合見おとしてはならぬ問題である。けれども反映論を力説する人びとは、人間の認識は外界を反映するのだと認識が像であることだけを一面的に強調するにとどまり、向う側に存在する像についての理論的な検討がほとんど見られない。認識が精神的な鏡であるだけでなく、物質的な鏡との間に相互に関係をむすんでいることをとりあげない。**物質的な鏡と精神的な鏡との対立の統一および相互浸透**[4]という事実も、これまた矛盾の一つのありかたである。認識の形態は感性的認識から理性的認識へ発展するとか、人間は直接的だけではなく間接的経験も行っているとか、いうだけでは、認識の持つ弁証法的な性格を十分につかんでいるとはいいえない。調和すべき矛盾を否定したり、相互浸透を「同一性」に解消させたりした、毛沢東矛盾論からはなれてマルクス＝エンゲルスの矛盾論に立ちかえることが、弁証法的反映論を建設するために不可欠である。

観念的な自己分裂に使われる物質的な鏡は、何もガラスの鏡に限られるわけではない。すでにマルクスは物質的な鏡の一つとして、「他の人間という鏡」の存在することを指摘している。

「人間は、鏡をもって生れてくるのでもなく、また我は我なりというフィヒテ的哲学者として生れてくるのでもないから、人間はまず、他の人間という鏡に自分を映してみる。人間たるペーテルは、自分と同等なものとしての人間たるパウルに連関することによって、初めて、人間としての自分自身に連関する。だがそれによって、ペーテルにとっては、パウル全体がまた、そのパウル然たる肉体のままで、人間種族の現象形態として意義を持つのである。」（マルクス『資本論』第一章註18）

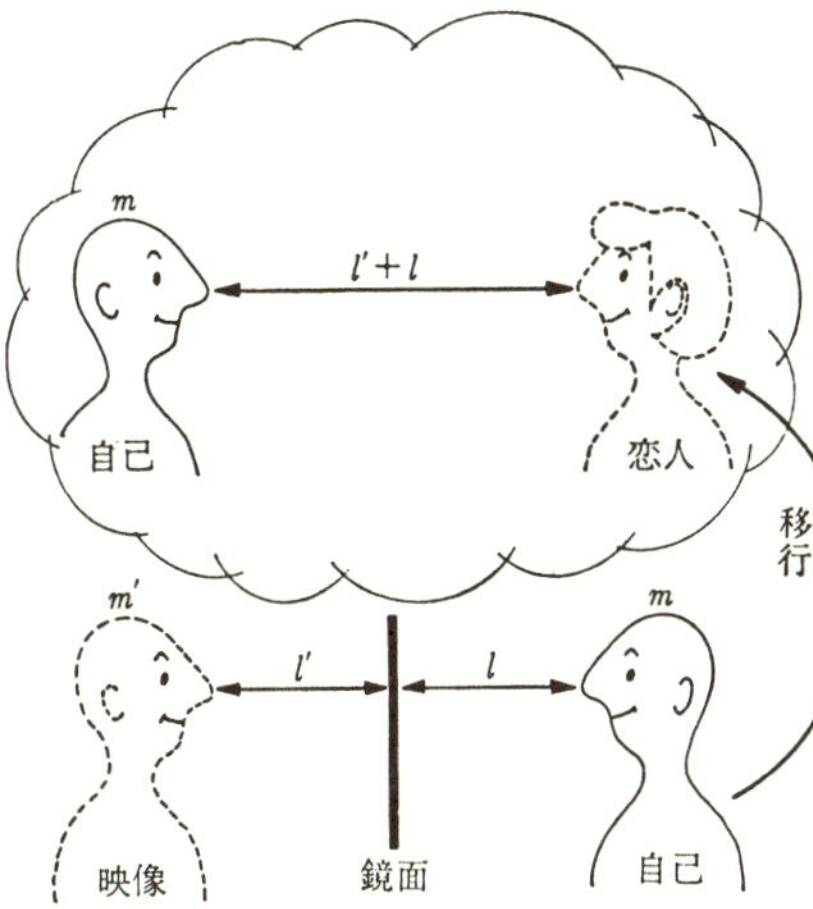

これはマルクスのフィヒテ的観念論に対する批判でもある。さきに述べたように、フィヒテの「我」は実は観念的な自己であって、はじめからこの「我」が存在しているもののように主張している。これに対してマルクスは、この観念的な自己は生れつき存在しているものではなく、現実的な自己が「他の人間という鏡」を見ることによって分裂形成されるのだと指摘するのである。ガラスの鏡にあっては、現実的な自己を一定の空間をへだてたところから、客観的なものとしてとらえることができた。「他の人間という鏡」にあっては、現実的な自己を一定の時間をへだてたところから、客観的なものとしてとらえることができる。われ

われは、自分自身がどのようにして生れどのようにして育って来たか、認識できなかったし記憶してもいないが、自分と同等なものとしての人間であるパウルやカールが生れるところや育てられるところを見て、その現実的な他人を観念的に自己に置き換えることにより、そこに自分自身の過去のありかたを読みとることができる。同じように、われわれは自分自身の死後について直接経験することができないが、自分と同等なものとしての人間であるハンスやフランツが死ぬところや死後扱われるところを見て、その現実的な他人を観念的に自己に置き換えることにより、そこに自分自身の未来のありかたを読みとることができる。

ここでマルクスもいうように、人間はこれまで生活の中で「他の人間という鏡」を役立てて来たのであるから、学者が認識論としてこれについて検討する以前に、大衆がこれをとりあげたとしてもべつに不思議はない。日本でも、昔からこれをとりあげている。この人こそ模範で、われわれはそれにならうべきだという人間を、「人の亀鑑《かがみ》」とよんで来た。ことわざにも、「人のふり見てわがふりなおせ」といわれて来た。たとえば、他人が酔っぱらって深夜の駅のベンチなどで醜態を演じているとき、われわれはそれをながめながらこの現実的な他人を観念的に自己に置き換え、そのことによってこちら側の自己を現実的な自己から観念的な自己に置き換えてみる。「こんな自分を誰かが見たらずいぶん軽蔑するだろう」と思う。さらにその観念的な自己を職場の上役や恋人などに観念的に転換させ、「課長が見たらクビにするぞと怒るだろうな」とか「彼女が見たら婚約解消をいい出すだろうな」とか考えていく。それからふたたび現実をありのままながめる立場にもどり、観念的な自己は分裂から復帰するけれども、自己分裂のときの認識は現実的な自己の認識に止揚され、正しく位置づけられ役立てられる。「自分がああいうことになると、まずい事態をまねくから気をつけよう」ということになる。自称マルクス主義者の俗流反映論よりも、ことわざのほうがマルクス主義に近いというわけである。

物質的な鏡はこのように至るところに存在するし、科学と技術の発展は多種多様の鏡をつくり出している。実験室での実験の成功は工業化の可能性を示すところの鏡になる。肉眼で見えない世界を見せてくれるものが望遠鏡や顕微鏡であるが、これらもわれわれの観点を観念的に天体の近くに位置づけたり、微生物の間に位置づけたりする器具である。感覚においてとらええない存在を認識するための鏡も、さまざまなものがつくられている。放射能をとらえて音として聞くことのできるガイガー・ミューラー管を使った検出器も、ただ見れば何の変りもない光の中に特殊の線を見つけて元素の所在を確認するスペクトル分光器も、宇宙線の中の素粒子の飛跡をとらえる霧箱も、みな一種の鏡として考えることができよう。これらは**物質のありかたを認識するための物質的な鏡**に属するが、さらに**精神のありかたを認識するための物質的な鏡**が多種多様に創造されているのであって、これが言語をはじめとするさまざまな表現である。物質的な鏡が観念的な自己分裂において扱われるという、基本的なありかたは、精神のありかたを認識するための物質的な鏡においてもつらぬかれることになる。

(1)　演劇を上演する劇場の舞台にスクリーンを張って映画を映してみると、舞台の空間と映画の画面のサイズとは近似的である。それでエイゼンシュテインは、映画の画面のサイズを演劇の模倣だと断定し、本質的に異った芸術から借りることは不当だと主張した。そしてこのスタンダード・サイズや、それをそのまま大型映画にしようとする「水平主義」に反対して、「動的正方形」と名づけたダイナミックに変化する正方形の画面を提唱したのである。詳細は、三浦つとむ『芸術とはどういうものか』（至誠堂新書）参照。

(2)　マルクス主義者であろうとするワレンチーノフやバザーロフが、「不可分的な同格」論を主張する哲学者アヴェナリウスを支持したとき、レーニンは『唯物論と経験批判論』でそれを主観的観念論だと批判した。たしかにそのとおりである。けれどもこの批判は結果をとりあげているだけで、なぜ・いかにして・このような観念論的主張が生れて来たかについての分析が欠けている。

(3)　中国で矛盾調和論を「修正主義」だと攻撃するときには、いわゆる実事求是という態度で、現実にはそのような矛盾の両側面を調和させることはありえないと指摘し説得するのではない。レーニンが「闘争は絶対的だ」といっているではないか、と文献をふりまわすのである。調和を認めるのはレーニンのことばに違反するものであり、それゆえ「修正主義」だというのである。

（4）　対立物が相互浸透することをことばの上で認めながら、相互浸透の具体的な論理構造をとりあげようとはしないで、これを「同一性」と同じだといって解消させてしまうのが毛沢東矛盾論の一つの特徴である。鏡における対立物の統一と相互浸透が、マルクス主義認識論の一つの重要な特徴であることは、これまでの自称マルクス主義者によってまったく無視されて来た。詳細は、三浦つとむ『弁証法はどういう科学か』（ミリオン・ブックス）参照。

四　「主体的立場」と「観察的立場」

これまでは、個人がその感覚の限界を超えるために、観念的な自己分裂を自発的に行う事実をとりあげて来た。つぎに、精神的な交通において、他の人間の認識を受けとる場合にも、観念的な自己分裂を要求されるという事実を問題にしよう。

ある他の人間が、自己の認識を表現によって精神的な交通へと発展させたとき、この認識がたとえ現実的な自己の位置において行われたものであったとしても、受けとる側の人間としては現実的な自己のままでは正しく受けとることができないのである。ここにも、一つの矛盾がある。たとえば、ベトナムの記録写真やニュース映画は、それを撮影したときの作者の現実的な自己の位置での認識を表現しているけれども、これがグラフ雑誌やテレビの電波にのってわれわれの家の茶の間でながめたり、映画館のスクリーンに映写されて観客として鑑賞したりすることになると、現実的な自己として東京にとどまっているだけではすまない。それらは一つの物質的な鏡として、かつて作者が現実の世界をながめたところの目の位置にわれわれの目を置くことになり、これによってわれわれの位置は観念的にかつての作者の位置に転換させられてしまう。すなわち、鑑賞しようとのぞむ人びとには、観念的な自己分裂が強制されるわけである。アフリカの奥地で、土人たちに映画を見せたところ、スクリーンにあらわれる事物をそのまま現実の世界だと思いこみ、スクリーンの背後にまわってどこからあらわれてくるか調べようとしたという話があるけれども、これは土人たちが映像の事物をそのまま現実の世界だと思いこんで、実は空想の世界の自己を定立するのであるから、ここにも観念的な自己分裂が存在していることはいるのである。ただ正しい観念的な自己のありかたではない。作者の現実の世界の見かたに真に忠実ではないからである。それゆえ鑑賞者の観念的な自己分裂も、やはり経験を通じてヨリ正しいものになっていくのであり、作者の位置ばかりでなく作者の精神のありかたの忠実な複製に近づくことが要求されるのであり、その意味で浸透がヨリすすんでいくことが要求されているといえるわけである。(1) この鑑賞においては、現実的な自己は依然として東京の自宅にとどまっており、茶の間で印刷物を見たりブラウン管にうつる像をながめたりしているのだが、それと同時に、観念的な自己が分裂して時間的・空間的に飛躍した過去のベトナムの作者の位置に観念的に位置づけられ、作者の目に導かれて戦場をながめていることになる。あるいは、現実的な自己は映画館のイスに腰を下してスクリーンに向っているのだが、それと同時に、観念的な自己が分裂して爆撃機の上に位置づけられ、空中から地上の爆発のありさまをながめていることになる。ブラウン管から視線をそらしたり、ニュース映画が終ってスクリーンが明るくなったりすれば、観念的な自己はまた復帰してくる。

友人が彼の家のありかを地図を書いて教えてくれたときにも、われわれは友人と同じ目の位置にその目を置くことになり、観念的にかつての作者の位置に転換させられる。観念的な自己分裂が強制されるという点では、写真を見せられる場合も地図を見せられる場合も変りがない。だが、われわれが他の人間の認識を受けとる場合にいつでも観念的な自己分裂を行うということから、逆に、その精神的な交通によって伝えられる他の人間の認識もいつでも観念的な自己分裂におけるものだときめてしまうとすれば、それは大きなあやまりである。結果として同じであるからといって、過程までも同じだときめてはならない。現実的な自己の立場で表現した写真と、観念的な自己の立場で表現した地図とは、区別しなければならない。言語表現にもやはり写真的な認識の場合と地図的な認識の場合とがある。野球や角力の実況放送のときは前者が中心となり、電話で道を教えたり事件を報告したりするときは後者になる。ところが言語表現には話し手の位置が表面化していないし、現実的な自己でも観念的な自己でも同じ語彙を使って表現するために、表現における立場のちがいを見ぬくことは必ずしも容易ではない。

言語学も、言語の現象を説明することにあき足らず、その背後にある認識の検討へとすすんでいけば、結局この観念的な自己分裂の問題にぶつからないわけにはいかなくなる。そして時枝誠記の言語過程説は、この問題を「二の立場」の識別としてとりあげ、「言語の実践に於いても、又言語の研究に於いても、極めて重要である」ことを力説したのであった。これは言語学として劃期的なことであったが、認識論の持ち合せがなかったり観念論的な言語学を支持していたりした言語学者や国語学者は、この時枝の「立場」論を受けとめることができなかったのである。難解だとかあるいは観念論だとか、持てあましたり非難したりした。しかしながら時枝の理論にもまだ未熟なところがあって、それが理解を妨げていたことも事実である。「立場」論が認識論として十分説得的に述べられていなかっただけでなく、混乱もあったのである。まずその「立場」論を聞いてみよう。

「具体的経験としての言語に対して、我々は二の立場の存在を識別することが出来ると思ふ。その一は、言語を思想表現の手段と考へて、実際に表現行為としての思想の分節や、発音行為や、文字記載をなし、聴手の側からいへば、言語を専ら話手の思想を理解する媒介としてこれを受入れ、文字を読み、音声を聴き、意味を理解する処の立場である。普通の談話文章に於いては、我々はこの様な表現或は理解の立場で言語的行為を遂行し又受容してゐるのである。我々が言語の発音を練習したり、文字の点劃を吟味したり、文法上の法則を誤らない様に努力したりするのは、かかる立場に於いてであり、又談話文章の相手に応じて語彙を選択したり、敬語を使用したり、言語の美醜を判別したり、標準語と方言との価値を識別してこれを使別けたりするのもこの立場に於いてである。かかる立場に於いては、我々は言語に対して行為的主体として臨んでゐるのであつて、この様な立場を言語に対する主体的立場といふことが出来ると思ふ。総ての言語はこの主体的立場の所産であり、この様な立場に於いて、主体によつて意識せられてゐる言語の美醜或は価値の意識を主体的言語意識と名付けることが出来るのである。

右の様な主体的立場とは別に、言語を専ら研究対象として把握し、これを観察し、分析し、記述する処の立場がある。原始的な語源解釈から始めて、近代の体系的言語研究がこれに入る。この立場に於いては、言語を観察する者は、言語的行為の主体とならず、第三者として、客観的に言語的行為を眺めてゐる処の観察者としての立場にゐるのである。文法組織がどの様になつてゐるか、言語の歴史、方言の分布がどの様になつてゐるか、等のことを考へるのは、この観察者としての立場である。これを観察的立場といふことが出来ると思ふ。以上二の立場を表によつて示せば、

言語に対する立場
- 一 主体的立場——理解、表現、鑑賞、価値判断
- 二 観察的立場——観察、分析、記述

言語に対する一切の事実即ち日常の実践より始めて、言語の教育、言語の政策及び言語の研究等は、凡てこの二の立場を明かに識別することから始められねばならない。」（時枝誠記『国語学原論』）

われわれはまず映画で「二の立場」を検討してみよう。映画館のスクリーンに映写されている映画を見るときにも、やはり「立場」のちがいが存在する。その一は映画を鑑賞する立場であって、このときには目の前に映画館のスクリーンがあるなどということはまったく考えていない。そこは江戸の神田でいま銭形平次が活躍しているのだとか、ヨーロッパの古城が実在して吸血鬼ドラキュラが姿をあらわしたとか見る立場である。この場合には目の前に現実に映

画が与えられていながら、それが映画であることを否定する立場に立つのである。いま一つはこれと異り、目の前に現実に映画が与えられているものとしてこれを観察する立場である。映画館がありスクリーンが存在して、現に映写機から投げられた映像がスクリーンの上にいろいろなかたちを示しており、その映写機にかかっているフィルムは映画会社のスタジオで俳優の演技を撮影したものであり、いまスクリーンの上ではチョンマゲのかつらをつけた長谷川一夫が演技しているとか、古城のセットのベラ・ルゴシが怪奇なメーキャップですごみを利かしているとか、現実の映画のありのままを肯定する立場である。それでは映画俳優自身はどのような立場に立っているかといえば、現実的な自己はセットの中で演技している俳優であることに変りないと同時に、観念的には銭形平次になりドラキュラになって、それらとしての生活を行っている。(2)それゆえ、俳優が創作活動をすすめているときのこの立場と、われわれが映画館で鑑賞活動をすすめているときの立場とは、同じ立場だといわなければならない。ここから、この表現のときの立場と鑑賞のときの立場とを「主体的」なものと考え、これらと映画のありのままを観察する立場とは異質のものとして区別し、「観察的」立場とよぶのは、その限りにおいてもっともである。これと同じことは、言語芸術すなわち文学においてもいえるわけであって、『源氏物語』や『神曲』の作者は机の上で紙に向っていると同時に、観念的には光源氏の部屋に入りこんで女性との語らいをながめていたり、地獄へ下って罪人たちの受ける刑罰をながめていたりするのであるが、われわれが鑑賞するときにもやはりこれと同じ立場に立たなければならない。それゆえ時枝が、古典研究における解釈作業は、主体的立場において追体験として行われなければならぬと強調したのは、正当であった。

「解釈作業といふのは、単に甲の言語を乙が受容したことを意味することでもなく、又文字に表されたものに訓を附し意味をあてることでもなく、厳密にいへば、乙が甲の言語を追体験することである。今、甲が『花』といつた時、乙がこれを『桃の花』の意味に理解しようと『桜の花』の意味に理解しようと、それは一の言語の受容であり理解であるには違ひないが、これを解釈作業による理解といふことは出来ない。解釈作業とは、甲の意味した『花』が何であるかを逆推して、甲の体験をそのままに乙が体験しようとすることでなければならない。今乙が、甲の言語を観察的立場に立つて対象とし、これを観察する為には、観察者自らを主体甲の立場に置いてこれを解釈し、主体的に追体験をなし、更にこの自らの経験を観察的立場に於いて観察するといふ段階を経なければならない。解釈が言語の対象的把握に必要であるといふことは、即ち、主体的実践といふことが観察に必要であることを意味するのである。この場合、乙は観察者である前に、先づ主体的立場に立つことが必要なのである。多くの観察者は、自らは客観的に言語を観察してゐる積りで居つても、実は解釈作業によつて無意識に主体的立場を前提としてゐることが多いのであるが、これが方法論として確認されてゐない為に、解釈作業自身その真義が失はれ、言語研究の前提を誤ることも従つて屢々生ずるのである。本居宣長が、源氏物語を解釈するには、物語中に用ゐられた語の意味を以てすべきであることを主張したのは、前代の主体的立場を無視した観察的立場に対して、主体的立場を力説したことに他ならない。」(同右)

ところで問題は、ここでいうところの「甲の体験」である。表現の場合には、それを鑑賞する人びとの条件を考慮することが必要になってくる。たとえ写真や映画のように、対象をとらえるに際しては現実的な自己のままでおしとおすにしても、鑑賞する人びとのことを考えるときには、現実的な自己のままではすまない。「会社の営業部はこれを見てどう思うか」とか、「映倫ではこれを見てどう感じるか」とか、いわば事態の自然の歩みを追いこした、他の人間の立場に観念的に自己を置いて考えながら、創作活動をすすめなければならないので、その意味では創作活動にいつでも観念的な自己分裂がついてまわるということができる。言語表現でも、聞き手が子どもなら表現をやさしくするとか、聞き手をよろこばせるために「甘ったるい」ことばを使うとか、あるいは怒らせるために「悪口」をつくとかする必要がある。そのためには聞き手が追体験したときの精神状態を知らなければならないが、これは直接につかむことのできない・話し手が観念的な自己分裂によって聞き手の「身になって」想像しなければならない・存在である。それゆえ話し手は、聞き手を現実的な位置で見るだけでなく、そこから観念的に聞き手と「同一化」するところへ移行していかなければならない。[3]それゆえ時枝は、**観念的な自己の立場と現実的な自己の立場とのちがいを経験的にとらえて、主体的立場と観察的立場との区別を与えた**わけであるが、「総ての言語はこの主体的立場の所産」であると、話し手の立場を一つにしてしまったところに行きすぎがあった。これは話し手の写真的な位置と地図的な位置とのちがいを、論理的に抹殺してしまったことにほかならない。言語表現の一つの重要な特徴は、話し手が**写真的な位置から地図的な位置に移行してとりあげながらまた写真的な位置に復帰して来たり、現在の位置から過去や未来の位置に移行してとりあげながらまた現在の位置へ復帰して来たりする**、複雑な認識のありかたをきわめて容易に短い文として展開できるところにある。「きれい—だっ—た」という場合の、二つの助動詞の間には、話し手の位置の移行が、立場の飛躍[4]があるのである。時枝が話し手の立場を一つにしてしまったことは、彼の文法論の足をひっぱる結果となり、言語表現の過程的構造における話し手の位置の移行という問題の正しい解明を阻止する結果となった。その詳細は、のちに言語を論じるときに述べることにする。

(1)　これは多くの人びとが経験的によく知っているのであるが、観念的な自己分裂とか浸透とか把握してはいないのである。説明すると、哲学など読んだことのない人びとはすぐ納得するのに反して、哲学とか認識論とか名のつくものをかじった人びとのほうが、むしろ納得できないという顔をする。

(2)　俳優は二つの立場に立つこと、いわば「二重人格」になることを、職業としている人間であって、現実的な自己とはまったく異なった空想の世界の人物として観念的な自己をつくり出すために、努力を重ねなければならない。われわれが日常生活で、認識を発展させるために行う観念的な自己分裂の場合には、観念的な自己は頭の中で成立しているにとどまって、外部から知りえない。しかし俳優にあっては、観客から空想の世界の人間としてふるまうことを要求されているから、視覚的にも現実的な自己とはまったく異なったありかたを示さなければならないし、扮装ということも重要になってくる。これは観念的な自己の現象形態であり、それらが同時に現実的な自己のありかたでもあることを見るならば、ここに浸透が行われているといわなければならない。

(3) 鑑賞者は作者の精神のありかたを忠実に複製しようと努力するとともに、作者もまた前もって鑑賞者の精神のありかたに自己のそれを近づけようと努力する。すなわち浸透のための努力は相互に行われるわけであって、対立物の相互浸透としての矛盾の発展が、調和を意図しながらすすめられていく。

(4) 「きれいーである」は同じように二つの助動詞を重加しているが、立場の飛躍はない。どちらの重加も現象的に同じであるから、「である」も「だった」も同じだと平面的に扱われるのがふつうである。過去の追想の世界と現実の世界とをむすびつけてとりあげる場合には、話し手が観念的な自己分裂によって二つの世界を往復するのであるが、客観的な世界が二重化していることは経験的に承認できても、自己の側の二重化はなかなか自覚しにくい。

五　認識の限界と真理から誤謬への転化

視覚の限界は、鉄板の向うを透視できないというようなかたちのものだけでなく、その他にもいろいろあることをわれわれは経験で知っている。たとえば、雪におおわれた野原でウサギを発見しても、すぐ背景にとけこんで見えなくなってしまい、灰色の岩を背にしたカモシカも、どこにいるのかわからなくなってしまう。それらはたしかに視野の中に存在するにちがいないのだが、その輪廓を視覚的にとらえることができないのである。空気中にはきわめて多くの細菌が存在しているにもかかわらず、われわれの目には見えない。いうまでもなく、それらはあまりにも微小であるからである。

鏡が視覚の限界を超えるための道具であることは、さきに述べておいた。われわれは、自分の目をその目で直接に

ストロボスコープ

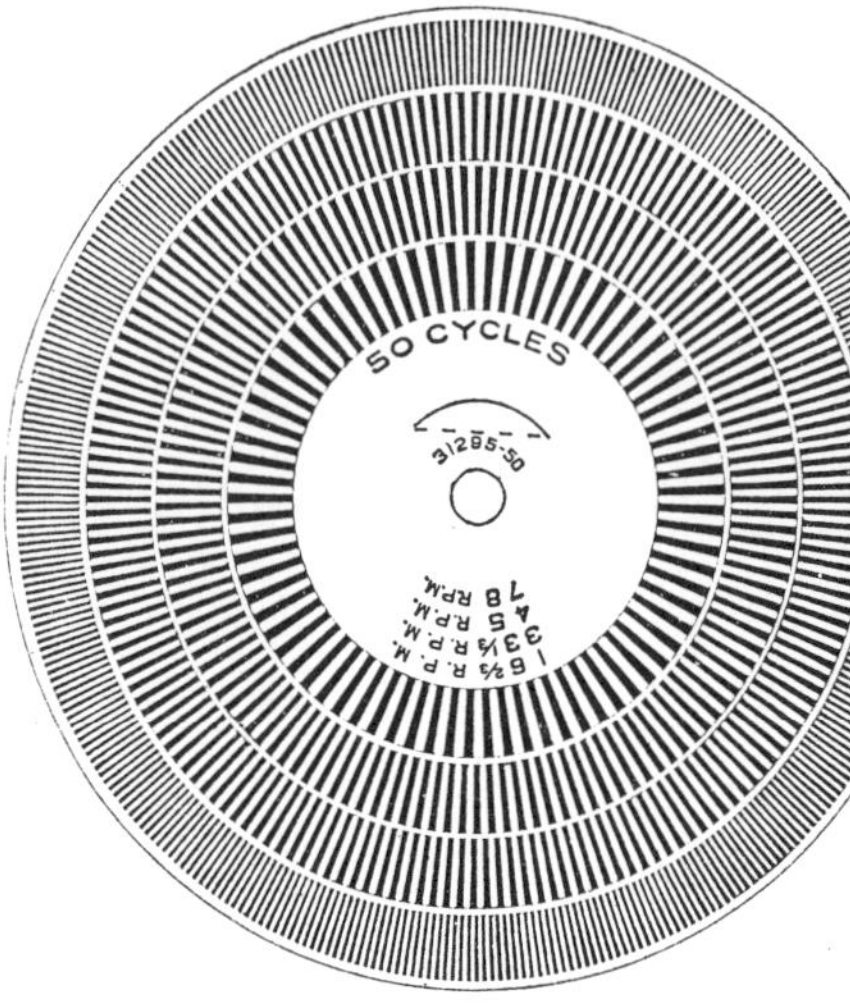

見ることができないが、鏡を使えば媒介的に見ることができる。**前方を見ながら同時に後方を見る**という矛盾も、バック・ミラーによって実現しかつ解決するのであって、この二つの側面をうまく調和したところにバック・ミラーの位置を決定するという意味では、自動車の設計者は実践的に毛沢東矛盾論を批判しているともいえよう。電池の直流で電球を光らせても、電燈線の交流で電球を光らせても、見たところは変りがないが、交流のそれは一秒間に数十回もの点滅をくりかえしている。直接見えないこの点滅も媒介的に見ることができる。交流による点滅を利用して、モーターの回転数を調整するに使う道具が、ストロボスコープあるいは「おどろき盤」とよばれるもので、蓄音機のモーターの回転を調整するためにいまでは家庭の茶の間にも持ちこまれている。図は五〇サイクルの交流に合せてつくられたもので、黒い線が静止して見えるように調整すればよい。これも一種の鏡であって、ここから逆に電源が交流であるか否かをしらべることもできる。直流だと点滅しないから、黒い線が静止して見えることはない。放送局のアンテナから発射されている電波も、視覚的にとらえることができないが、受信機をオッシロスコープにつなげば、その波形を目で見ることができる。やはりこれも一種の鏡である。ジェット機が音速を超えて飛ぶときの翼のねじれを、直接目でたしかめることもできないが、金属線がねじれると電流が変化するようにこしらえた、「ねじれ計」とよばれるものを翼の先端にとりつけて、電流計をながめれば、ねじれが大きくなるにつれて電流計の針の動きが大きくなるから、これ

で読みとることができる。電気のメーター、水道のメーター、速度計その他、いわゆる計器はすべて鏡として理解すべきものである(1)。

ウサギやカモシカや細菌などは、それら自体が感性的なのであるから、背景を変えるとか光学的に拡大するとかいう方法をとれば、目で見ることができる。顕微鏡にしてもあるいは望遠鏡にしても、それらは肉眼で見えるものを大きく拡大して見ることができるという経験から、人びとはそこに見えるものが存在しているのだということを納得したし、すすんで肉眼で見えないものを見たときにも、それらはやはり存在しているのであって肉眼ではとらえられないのだということを納得したのである。なぜ大きく拡大できるのかという点で神秘的な魔法的なものを感じたとしても、存在しないものを存在するかに見せるものだとは思わなかったのである。けれども科学者が、肉眼の限界を顕微鏡や望遠鏡で超えられるということから、肉眼の限界はすべてこれらで超えられるのだと思いこんだとすれば、これもまたあやまりである。対象は感性的であるとは限らない。対象それ自体が感性的なものを持たず、目で見ることがそもそも不可能な存在であるならば、もはや顕微鏡や望遠鏡は役立たないのであり、これらとは構造の異った別の鏡を創造してそれを目で見えるかたちにみちびいてくることが必要である。たとえば人間の精神活動のありかたは、脳波を記録する装置によって、紙の上のグラフとして見ることができる。けれどもこのように、直接つかむことのできない精神活動のありかたを、脳波を媒介にしてつかむことができるということから、すべての精神活動のありかたをこの装置によってとらえられるのだと思いこんだとすれば、これもまたあやまりである。その人間がいま夢を見ているということは大体推察できたとしても、なぜそんな夢を見たのかということまで装置は教えてくれはしないのである。つまり、**どんな鏡にもそれなりの限界が存在する**のである。

すべての存在はそれなりの限界を持つと同時に、それを超える可能性もまた与えられている。われわれの生命は死によって失われてしまうが、身体を構成する物質は分解して自然の中へとけこんでしまうのであって、無に帰るわけではない。そしてこれらの物質は、またいつかの時代に、与えられた条件の中で、生命を生み出す可能性を失ってはいないのである。この限界を固定化すると、生命は物質と無関係なものだという切りはなした解釈になり、限界を無視して延長すると、生命は肉体のありかたと関係なく死後も存在するものであって、自然すなわち生命であり、宇宙すなわち生命であるというような、創価学会的生命論になってしまう。(2) **認識における誤謬という問題は、この限界に深くかかわり合っている**といわなければならない。ウサギやカモシカの場合には、肉眼で区別できるということにも一つの限界があり、区別できなくても異ったものが存在することを認めねばならない場合であるにもかかわらず、区別できなくなったことからそこに存在しなくなったと判断するところに誤謬が生れる。肉眼では直接見ることの不可能な存在を、光学機械で拡大すれば見ることができるという場合にもこれまた一つの限界があり、感性的なものを持たぬ存在は見ることが不可能であるにもかかわらず、機械の性能を高め拡大率を上げていけばそのうちに見えるようになると判断するならば、これもまた誤謬である。あるいは、感性的なものを持たず感覚で直接とらえられない存在は決して認識できないものだと思いこみ、これを感覚で直接とらえられる存在に関係づけうつしかえれば限界を超えられることを、限界を超える可能性の存在することを、考えようとはしないところに誤謬が生れる。

誤謬はこのように、限界が存在することを無視してしまって対象の持っている限界を超えたところにまで認識のありかたを**逸脱させ**たり、あるいはこれと反対に、対象の持っている限界や認識の持っている限界を絶対化してしまってそれらは超えられぬのだと**逸脱させ**てとりあげたり、するところに生れてくる。それゆえ、誤謬がいかにして生れるのかをダイナミックにかつ論理的に追求するならば、当然にこの逸脱というところに目をつけなければならなくなる。すでに一九世紀の労働者哲学者が、この本質を指摘しているのであるが、現在のマルクス主義の教科書にはそもそも誤謬論という実践の成否を左右するきわめて重要な問題を扱う項目が欠けており、(3) この労働者哲学者の功績もまた無視されている。

「昔から学者も著述家も、真理とは何であるか、という問題でたがいに困惑して来た。この問題は数千年来の根本的な問題を、特に哲学の根本問題をかたちづくって来た。この問題は、哲学そのものと同じように、結局のところその解決を人間の思惟能力の認識において見出すのである。いいかえるならば、一般に真理とは何かという問題は、真理と誤謬との区別いかんという問題と同一なのである。哲学はこの謎を解くために力をつくし、思考過程を最後的に明かに認識することによって、この謎とともに遂に自分自身を解消するに至った科学である。」

「理性と同じように、真理は感性的世界の与えられた一定量から一般的なものを、抽象的な理論を展開させることの中に存在している。従って一般的な真理が真の認識の標準なのではなくて、一定の対象の真理をすなわちその一般的なものを生み出すような認識が真理であるといえるのである。真理は客観的でなければならない、すなわち一定の対象の真理でなければならない。認識はそれ自体として真理であることはできず、単に相対的に、一定の対象に関係してのみ、外面的事物にもとづいてのみ真でありうる。……一般者がどれだけ一般的であるかという程度の区別、存在と仮象、真理と誤謬との区別は、一定の限界内にあって、特殊な客体への関係にもとづいている。一つの認識が真であるかないかは、その認識それ自体によるのではなく、その認識が自分自身に課し、あるいはよそからその認識に与えられる限界ないし課題によって決定される。完全な認識は定められた制限の内においてのみ可能である。完全な真理とは常に自己の不完全を意識している真理である。」

「真理と誤謬、認識と誤認、理解と誤解は、科学の器官である思惟能力の中でいっしょに住んでいる。感覚的に経験された事実の一般的な表現は思想一般であって、その中には誤謬もふくまれている。ところで誤謬が真理から区別されるゆえんは、その誤謬がそれがあらわしている一定の事実に対して、感覚的経験が教えている以上にヨリ大きい、ヨリ広い、ヨリ一般的な存在を度はづれに認めるところにある。誤謬の本質は逸脱ということである。ガラスの玉は、本物の真珠をきどるとき、はじめて偽物となる。」（ディーツゲン『人間の頭脳労働の本質』）一八六九年に出版されたこの本がマルクス＝エンゲルスを驚嘆させ、唯物弁証法は自分たちが発見しただけでなく自分たちから独立に、ヘーゲルからさえも独立に、「一人のドイツの労働者によって発見された」(4)といわしめたのも、やはりそれだけのものがあったからである。見るように、ディーツゲンは誤謬から切りはなして真理を論ずることを拒否しており、真理をその対立物である誤謬との統一においてとりあげている。これがすなわち真理の弁証法的な扱いかたなのである。彼は観念論哲学の真理論を批判して、真理がア・プリオリに頭の中にまず成立するのだという主張に反対するだけでなく、それ自体として真理とよばれる資格があるのだという主張にもきびしい反論を加えている。ここから、真理論はとりもなおさず真理と誤謬との区別およびその転化を論ずべきものとして、真理は認識それ自体においてではなく「客体との関係」において「一定の限界」の問題で論ずべきものとして、具体的に展開されたのであった。

それから八年後に、こんどはエンゲルスが同じ問題をとりあげないわけにはいかなくなった。それはオイゲン・デューリングが「現実哲学」と称するものをふりかざし、この「根底的な科学」だと誇示する著作の中で、「ほんとうの真理というものは決して変化することのないものである。」と主張し、「時間や現実の変動によって認識の正しさがそこなわれうると考えるのは、総じておろかなことである。」とその絶対的妥当性を強調したからである。この俗流唯物論を批判せざるをえなくなったエンゲルスは、ディーツゲンと同じように真理の「一定の限界」をとりあげて、真理と誤謬とが「いっしょに住んでいる」という事実は自然科学の法則においても見られるのであり、この対立物は相互に転化することを論じたのであった。

「真理と誤謬とは、両極的な対立をなして運動するすべての思惟規定と同じように、きわめて限られた分野に対してしか絶対的な妥当性を持たない。……真理と誤謬との対立を、右に述べた狭い分野の外に適用するや否や、この対立は相対的となり、したがって正確な科学的な表現のしかたとしては役に立たなくなる。もしまたわれわれがこの対立を絶対的に妥当するものとして、この分野の外に適用しようと試みるならば、われわれはそれこそ破綻してしまう。対立の両極はその反対物に転化し、真理は誤謬となり、誤謬は真理となる。有名なボイルの法則を例にとろう。この法則によると、温度が一定であれば、気体の体積はその気体の受ける圧力に逆比例する。ルニョーは、この法則がある種の場合にあてはまらないことを発見した。ところで、もし彼が現実哲学者であったなら、彼は義務としてつぎのようにいわなければならなかったであろう。ボイルの法則は変るものであり、したがってそれはほんとうの真理ではないのであり、したがってそれは何ら真理ではないのであり、したがって誤謬である、と。だが、そうしたなら、彼はボイルの法則にふくまれていた誤謬よりも、ずっと大きな誤謬をおかしたことになったろう。彼の一粒の真理は誤謬の砂山の中に影を没したであろう。つまり彼は、本来正しい彼の結論を誤謬に仕立てあげてしまったであろうし、それにくらべれば、ボイルの法則はわずかの誤謬がそれにこびりついたままでも、なお真理と見えたことであろう。しかし、科学者であるルニョーは、このような子どもじみたことにはたづさわらずに、さらに研究をすすめ、ボイルの法則は一般に近似的に正しいだけであって、特に、圧力によって液化させうる気体の場合にはその妥当性を失い、しかも、圧力が液化の起る点に近づくや否やそうなる、ということを発見した。こうして、ボイルの法則は、一定の限界の中でだけ正しいことがわかったのである。」（エンゲルス『反デューリング論』）

真理の持つこの種の相対性、限界は、マルクス主義の法則や命題においても変るところがない。唯物弁証法にも限界が存在する。静止・不変の範囲で事物を扱うときには、弁証法の「あれもこれも」ではなく形而上学の「あれかこれか」で考えるし、また資本主義の永遠性や宗教の正しさを証明するために唯物弁証法を役立てることはできない。マルクス主義者が法則や命題の真理であることを強調するあまり、これらに絶対的妥当性を与えるならば、それはマルクス主義を逸脱してデューリングの誤謬をくりかえすことでしかないのである。戦争には正義の戦争と不正義の戦争とがあるという、レーニンや毛沢東の命題にしても、ボイルの法則と同じく「わずかの誤謬がそれにこびりついた」近似的に正しいものであり、世界核戦争の場合にはその妥当性を失って誤謬に転化してしまう。マルクス主義の法則や命題は「普遍的真理」であるといい、その絶対的妥当性を主張する二〇世紀の中国の現実哲学者たちは、エンゲルスはもちろん一九世紀の労働者哲学者よりもさらに理論的に後退しているわけである。

誤謬は、現実の世界の多様性による限界と、これに対する認識の限界とのからみ合いにおいて、逸脱が生ずるところに起るのであるから、個々の認識がたとえ真理であってもそれらを統一した場合に真理であることを保障されはしない。われわれは統一された全体としての現実の世界を、それぞれの部分において認識するのであって、現実の世界と認識とを正しく照応させるためには、いわば分解によって獲得された認識をふたたび観念的に結合していくことが必要である。これは、個々の認識の限界を、他の認識を結合することによって超えたのであるが、この結合のしかたが正しくないならば限界の処理をあやまったわけであって、現実の世界との正しい照応でなくなり、誤謬となる。探偵小説の名探偵もつぎのようにいう。

「この世の中で、わづかながらも私がしとげて来たことは、私たちがやかましく聞かされている推理の力というものには案外負うところが少くて、それよりもっともっと綜合の精神に負うところが多いと思うのです。事実を綜合しつなぎ合わせるというのが私の有力な武器だったのです。またこれこそが成功の大切な骨組なのであって、事実がうまくつなぎ合わされないときには、きまって結果は失敗です。……いかにも、あなたは事実をたくさんつかんだが、役に立つ事実はすべてつかみはしなかった――あるいは、役に立つ立たぬはさておいて、何もかも全部というわけではなかった。つまりあなたは、壁もできないうちから屋根をつくろうとなさったのだ。」(フィルポッツ『赤毛のレドメイン』)

映画の一つ一つの場面は、対象の世界をそれぞれの位置からとらえた、いわば分解したものであって、編集においてこれを結合させ、観客が分解と同時に結合しながら対象の世界の認識をすすめていけるように仕上げるわけである。ところが映画の製作は分業であるから、監督ないし編集者のところへは、すでに分解ずみの、できあがったフィルム断片がまわって来る。彼らはそれを結合させるだけである。この現象をとらえて、分解が先行しているという過程を無視したところに、モンタアジュ論とよばれるあやまった映画理論が誕生した。(5)

誤謬はそれを真理と信じているからこそあやまりなのであって、それを誤謬と認めれば正しい認識であり有用である。事件に関係のなかった人間を犯人だと思うのは誤謬であるが、それを誤謬と認め彼は犯人ではないと認めれば、それだけ疑わしい人間の範囲が狭くなったのであって、誤謬も無意味ではなかったことになる。(6) 誤謬を真理と別のものとして切りはなし、かつ実践と切りはなしてとりあげる人びとが、これを認識の中の特殊例外として仲間はづれにしたり、まったく役に立たぬ意味のない存在だと考えたり、するのである。

(1) 直接には針が目盛をさすにすぎないが、事物のありかたの変化がこの針の変化に媒介されてくるのであり、かつ両者の変化が調和させられているという意味で、計器を使うことはすなわち矛盾を創造して役立てることである。測定という問題の解決はこの矛盾を創造し実現することに基礎づけられ、この客観的な非敵対的矛盾が、針を見る現実の自己とそれを通じて事物のありかたを見る観念的な自己との分裂をもたらすのである。われわれの周囲にはさまざまな計器がそれこそゴロゴロ存在し、これらによる測定が行われているにもかかわらず、認識論に計器の問題が正しくとりいれられた例を見ないのも、正しい矛盾論を欠いた俗流唯物論の制約によるものである。
(2)　自然科学者の中にこの幼稚な生命論にひっかかる人びとがあるのは、自然科学がタコツボ的な分業においてすすめられ、真理の限界という問題をほとんど問題にしないですむような条件の中で科学者が思惟していることと、無関係ではない。
(3)　真理論があって誤謬論がないのは、対立物の統一という弁証法的な発想をつらぬけないためではあるが、教科書を執筆する哲学者が非実践的で誤謬の重要性に鈍感だということも考える必要があろう。
(4)　エンゲルス『フォイエルバッハ論』第四章。
(5)　この映画理論の詳細については、三浦つとむ『モンタアジュ論の亡霊』(『現代思想』一九六一年一一・一二月合併号）を参照。
(6)　「すべての誤謬は、真実の理解を助ける。」(ディーツゲン『哲学の実果』)

六　表象の位置づけと役割

われわれの感覚器官が受動的に現実の世界を反映していることは疑う余地がない。目はカメラのレンズと同じように、対象からの光を受けとめて像をつくり出しているのであって、手のひらで目をおおえば見えなくなるのは、レンズにキャップをかぶせれば写らなくなるのと同じことである。けれどもわれわれの目は受動的に働くにとどまるものではなく、それと同時にわれわれの側からも能動的な、現実をとらえよう現実を見ようとする働きかけが行われている。この能動性の第一歩は**注意**である。これも、受動的な反映から反射的に行われるような段階もあれば、未来に対する先走った認識に基礎づけられて、それが実現するのを期待するような段階もあって、発展的に理解しなければならない。あるいていると後方で大きな音がしたので、思わずそちらへ視線を向けるような段階もあれば、まいた朝顔の種子がもう芽を出すころだと考えて、庭に目をやるような段階もある。彼女と六時に駅で会いましょうと約束したので、時計の針の動きと駅の出口からはき出されてくる乗客とを交互にながめるような注意のありかたは、発展した段階のものであって、同じ注意にも主体的条件のちがいが存在する。さらに能動的な働きかけは**発見**である。これも注意と同じように、受動的な反映から反射的に行われるような段階もあれば、未来に対する先走った認識に基礎づけられて、それが実現するのを期待するような段階もあって、発展的に理解しなければならない。下を向いてあるいていたら小さな紙包が落ちていたので、直観的にさてはと思って開いてみたら百万円の紙幣束が入っていたような段階もあれば、手さげ金庫の中にかなりの現金が入っているはずだとにらんでしのびこんだ泥棒が、開けて思わずニッコリするような段階もある。ぬすまれた重要な手紙は大臣の身辺の訪問者のすぐ目につくところにあるにちがいないとにらんで、緑色の眼鏡の後から部屋を見まわし、状差の中にあるのが見かけこそちがえ問題の手紙だと見破るような発見のありかたは、発展した段階のものであり、同じ発見にも主体的条件のちがいが存在する。

　認識は感覚を出発点としてのぼるだけではない。反対に感覚へとくだることも絶えず行われているから、**のぼるとくだるという対立した過程を統一してとらえることが必要になってくる。感覚をみがくとか感覚を訓練するとかいう問題は、くだる過程の問題でもあって、受動的な単なる経験のくりかえしと考えてはならない。**

　対象のありかたが変化したり、われわれの現実的な位置が変化し感覚器官のありかたが変化したりすれば、感覚はつぎつぎと変化していく。感覚はその意味で現実の世界のありかたの変化を鋭敏に感じとることができるが、さきの感覚はもはやつぎの瞬間には存在しなくなってしまう。実践は感覚の変化だけでなく維持をも要求するが、脳は対象から与えられた感性的な像を**記憶**にとどめることによってこの矛盾した要求にこたえるのである。感覚をそのまま再生することは不可能であるが、ある程度の具体性を持たせて再生することは可能であり、この再生は単にかつての経験を追想するにとどまらず、認識の発展にとって一つの段階をつくり出すことにもなる。対象の感性的なありかたはたしかに千差万別であり、個々の人間はそれぞれ感性的に異ったかたちを持っているにはちがいないが、すこしはな

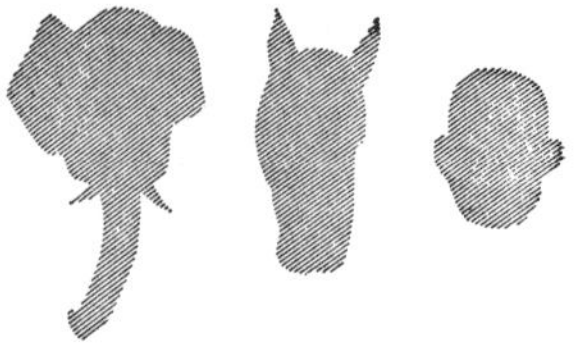

れた位置から大きなつかみかたをすれば、それらの個性を超えてそれなりに共通したものをとらえることができる。同じことが、個々の馬についても、個々の象についてもいえる。それゆえ、人間と馬と象の頭のシルエットを見せられれば、これが何であれは何だと、大多数の人びとが正しく指摘できるわけである。ディーツゲンのことばをかりるなら、人間は感覚から「一般的なものを生み出すような認識」へとのぼっていくのではあるが、特殊性を捨象してしまった一般的な認識ではなく、まだ感性的な特殊性をある程度伴ったままでの一般的な認識も、いわば過渡的な段階としてそれなりの有用性を持っており、実践的にいろいろな役割を果しているのである。これが**表象**である。

表象も単純なものから複雑なものへと発展していく。窃盗・強盗・殺人など、犯罪のありかたは千差万別であって、さらに窃盗の常習犯といわれる者もそれぞれ異なった犯罪を行っているにはちがいないが、大きなつかみかたをすれば個々の犯罪のありかたを超えた共通した特徴をとらえることができる。これを警察では「手口」とよんでいるが、これも一つの表象としての認識である。新しい犯罪が行われたとき、その感性的なありかたの特徴をつかみ、前科者の「手口」をカードでしらべてこれと一致する者をえらび出し、これらに注意してついに犯人を発見したということも、しばしば起る事実であって、表象の有用性の一例をここに見ることができる。

表象は感覚からの抽象としてのぼるかたちをとって成立するが、「手口」のようにつぎに一転してくだるかたちをとって感覚における発見のための基礎となり、能動的な役割を果すことも多い[1]。家や機械などの設計のように、はじめ抽象的なありかたを思い浮べ、それを次第に具体化していくときにも、その過渡的な段階として表象を持ちこんであてはめていくことがしばしば行われる。つぎの図はトランシーヴァーの初歩的なものの設計であって、見るように

(1)がもっとも抽象的であり、(2)から(3)へと順次に具体的になっている。技術者がこれを設計するときには、まず(1)を頭の中に描いて、それから(2)に具体化する。彼が自分でこの装置を製作しようとするならば、(2)のT_1 T_2はどこの会社の何という製品を使おうとか、このくらいのケースをつくってこのように部分品をおさめようとか、完成した装置のありかたにまで先走って具体化して考えていく。けれども、他の人びとにこの設計を教えて作らせようとするならば、(2)だけではさらに具体化して考えることのできない人びとのために、(3)をつけ加えることが効果的である。(2)を配線図、(3)を実体配線図とよぶ。(2)と(3)を比較すれば、(2)の記号に相当するものを感性的なかたちでつかむことがで

(1)

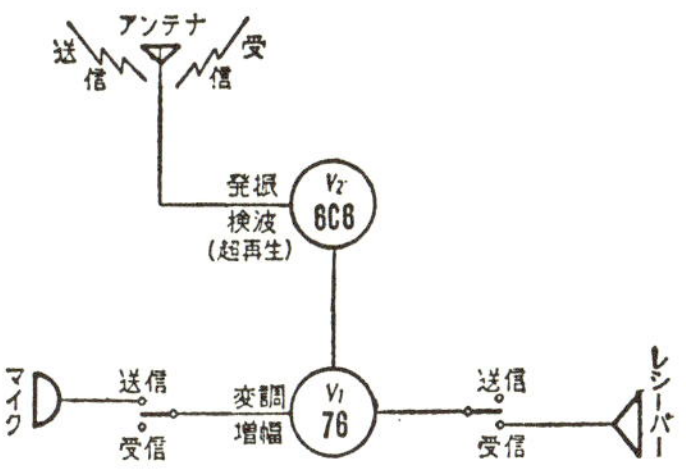

(2)

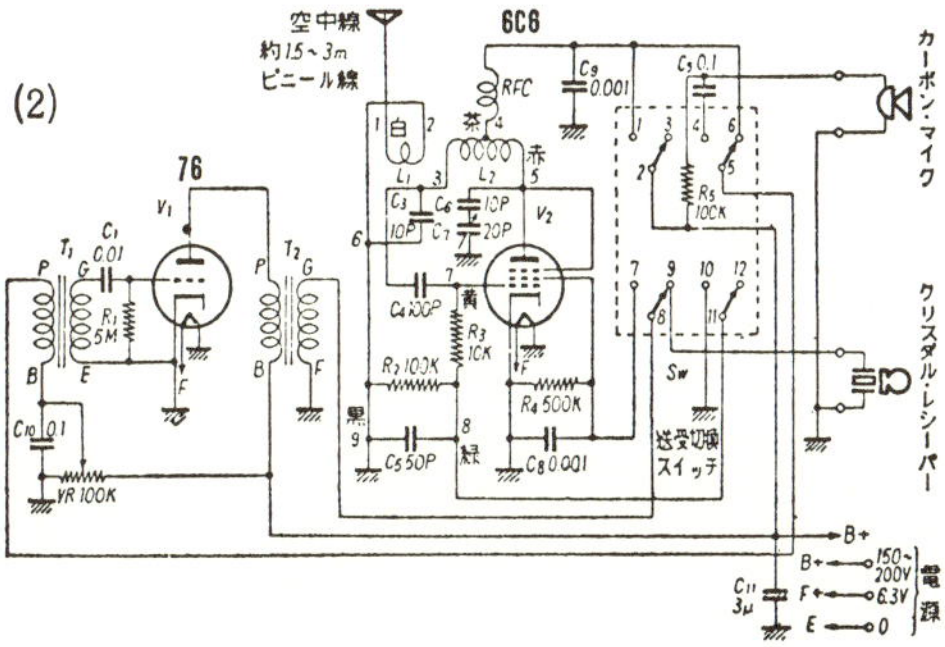

(3)

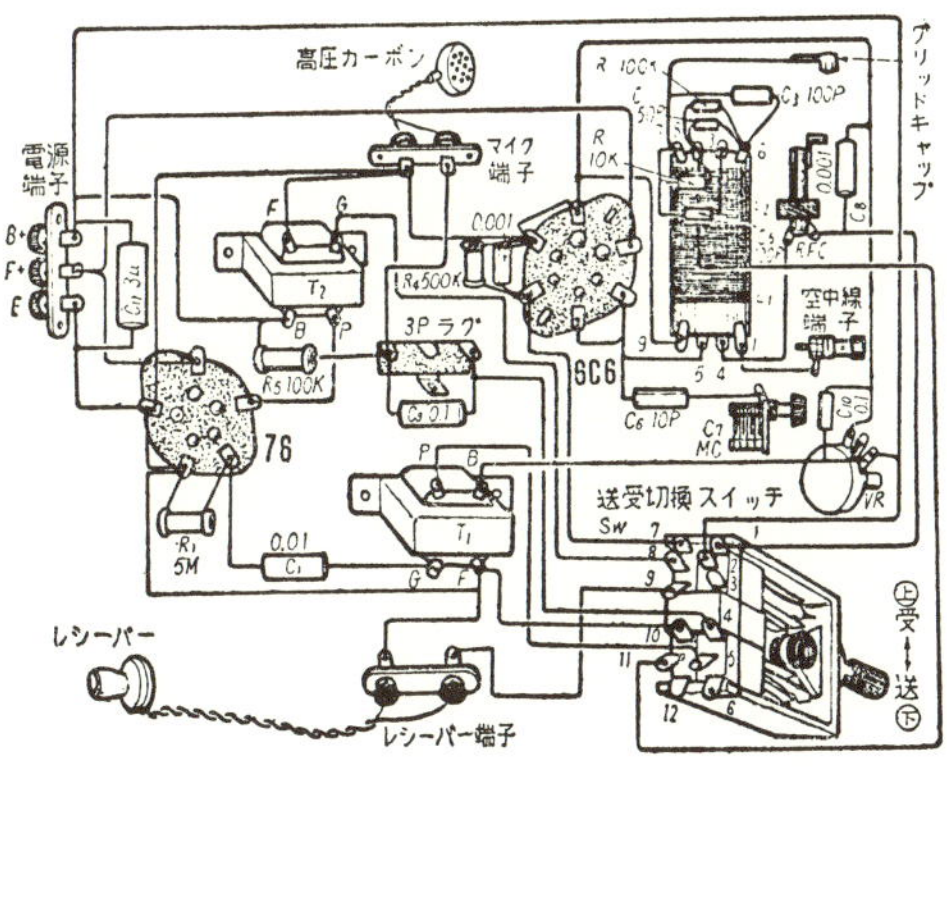

き、どんな部分品を使って相互をどのようにむすびつけるかを、ヨリ具体的に知ることができる。(3)では部分品が感性的なかたちで示されているが、それは特定の部分品の忠実な模写ではない。各会社の製品は千差万別であって、ここではそれらに共通したものを大きくつかんでいるにすぎない。それゆえ実際に製作するときの部分品のかたちは、この(3)に示されているものと異ってくるかも知れないが、それは(3)の筆者もそして読者も暗黙のうちに了解ずみのことである。それゆえ(3)の部分品のとらえかたは、現実に使われる部分品の感性的な特殊性をある程度保持することによって、具体的な理解に役立てながら、しかも特定の製品ではなく一般的な種類としてとりあげたものだということになる。それゆえこれは表象である。

(1)を具体化すれば必ず(2)(3)になるかといえば、そうではない。(1)から出発しても、(2)(3)と異った部分品を使って異った配線図をつくることができるし、さらに多くの部分品を加えてヨリ複雑な配線図にすることもできる。さらに、(2)(3)で予想した性能が、実際に製作すれば必ずえられるかといえば、そうではない。部分品の質が悪ければ性能が予想とくいちがったものになるし、時にはまったく動作しないことも起りうるのである。それゆえ、これらは異った段階として区別するだけでなく、**相対的に独立**したもの、**一面ではむすびついているが一面ではむすびついていない**もの、すなわち一つの矛盾として理解しなければならない。このような認識の立体的な構造の持つそれぞれの面での限界を、正しく扱わなければ誤謬におちいることになる。

以上は一つの装置の設計をその表現において検討したわけであるが、このような認識の発展は装置の設計だけに見られるものではなく、われわれの生活の設計すべてに共通して見られるものである。(2) たとえば若い男女が「われわれは結婚しよう」と意志を統一して、婚約が成立したときは、(1)の段階に相当する抽象的な生活の設計でしかない。それがやがて、今年の冬ごろ式をあげるか明年の春にするか、誰と誰とを招くか、式場をどこにしてどのようなプログラムで式をすすめるかという、(2)の段階にまで具体化されていく。さらに、服装をどうするか、花嫁は洋装かそれとも和装か、料理は何にするか、音楽の結婚行進曲はワグナーとメンデルスゾーンとあるがどれにするか、新婚旅行とにらみ合せて式の時刻をどうきめるかなど、(3)のかたちに表象化することを通じて、はじめて実現するわけである。(2)の段階では意見が一致しても(3)の段階では意見がくいちがうこともしばしばであって、そこに相対的な独立を見ることができる。また契約とか協定とかいわれるものも、仕事についての一種の設計である。売りましょう買いましょうと大きな点で話がまとまっても、引渡方法や支払方法にまで具体化してくると難航することも多い。東京―モスクワ間の空路を日ソで共同運航しようという話がまとまって、航空協定がむすばれても、それは(1)に相当するものであってそれだけでは飛ぶことができない。これをさらに商務と技術の両面から検討し、旅客へのサービスである食事や飲みものについても、機体の整備に要する資材や人員の確保についても、合意に達する必要がある。そして(3)に相当する商務協定に具体化する。さらに政治も、これまた国民の生活の設計を行うことであって、まず(1)の段階に相当する法律とよばれる抽象的な規定が生れ、これが政策とよばれる(2)から(3)の段階へと具体化していき、実現するのである。これは支配者の側から生活の設計を押しつけるのであり、法律としては国民全体の福祉に貢献するような美辞麗句がならべられていても、現実の政治はそれと似ても似つかぬ結果をもたらしているとするならば、それはちょうど装置の設計として(1)がどんなにすぐれていても、(2)から(3)が不合理な接続になっていたり不適当あるいは不良な部品を使ったりして、できあがった装置が動作しないようなものである。

表象は、「手口」カードのように具体から抽象への過渡的な段階で、あるいは実体配線図のように抽象から具体への過渡的な段階で、成立し表現し役立てられるとは限らない。認識の対象が表象の形成を要求し、それにとどまる場合もある。藤田まことの例が示すように、顔の長い俳優は、観客が表象において馬と二重写しにして滑稽感を持つところから、喜劇俳優にふさわしい。(3) さらに経済学において商品に値段をつけるという事実を分析してみるならば、これも表象の形成なのである。商品は鉄であろうと小麦であろうと、物体として感性的な存在であり、これと交換される貨幣も金であろうと銀であろうと、物体として感性的な存在である。交換は等しい価値における交換であるから、商品と貨幣は物体としての具体的なありかたにおいて、その特殊性においてむすびつけてとりあげられると同時に、両者にふくまれている価値において、その共通した一般性において等しくなるようにとりあげなければならない。鉄や小麦は現実に存在するが、貨幣としての金は観念的にこれらの商品に対応するものとしてその量を観念的に思いうかべながら、現実の商品の価値と観念的な金の価値とが等しくなるときの金の量を決定して、ここから価格をつけるのである。それゆえ、価格の背後には、物体としての特殊性と価値としての一般性とを統一した認識、すなわち表象が形成されていることになる。(4)

「商品としての商品は交換価値である。それは一の価格を持つ。交換価値と価格とのかかる区別においては、商品にふくまれている特殊的・個人的労働は、外化の過程によってはじめて、その反対者である、個性を失った・抽象的で一般的な・そしてこの形態においてのみ社会的な・労働として、すなわち貨幣として、表示されねばならぬ、ということが現われている。ところで、個人的労働がかように貨幣として自らを表示しうるか否かは、偶然のことに見える。だから価格においては、商品の交換価値は、ただ観念的にのみ商品と異る実存を受けとるのであり、商品にふくまれている労働の二重の定有は、ただ異った表現様式としてのみ実存するのであり、したがってまた他方において、一般的労働時間の物象化である金は、ただ表象された価値尺度としてのみ現実の商品に対応しているのであるけれども、しかし価格としての交換価値の・あるいは価値尺度としての金の・定有のうちには、キラキラ光る金と引換えに商品が外化される必要と商品が譲渡されえない可能性とが、――簡単にいえば生産物が商品であるということから・あるいは、私的個人の特殊的労働が社会的効果を持つためには自らをその正反対者として、抽象的・一般的労働として、表示せねばならぬということから・生ずるすべての矛盾が、潜在的にふくまれている。……

金が価値尺度となり、交換価値が価格となった過程を前提すれば、すべての商品は、それらの価格においては、種々の大いさの表象された金分量であるにすぎない。それらのものは、金という同一物のかかる種々なる分量として、相互に等しいとされ、比較され、かつ度量されるのであって、そこでそれらのものを度量単位としての一定分量の金に関係させる必要が、技術的に生じてくる。」（マルクス『経済学批判』）

「諸商品の価格または貨幣形態は、それらの価値形態一般と同じように、それらの感覚的・実在的な物体形態から区別された、つまりただ観念的または表象的な形態である。鉄・亜麻布・小麦などの価値は、目に見えないけれども、これらの物それ自体のうちに実存する。それは、それらの物の金との同等性、金に対する一の連関――それはいわば、それらの物の頭の中でのみ幽霊のように現われる――によって、表象される。だから、諸商品の保護者は、それらの諸価格を外界に伝えるためには、彼の舌で諸商品の代弁をするか、諸商品に紙札をぶら下げるか、しなければならない。金によっての諸商品価値の表現は観念的なものであるから、この処置のためには、やはりただ表象的または観念的な金が充用されうる。諸商品の保護者が誰でも知っているように、たとえ彼が自分の諸商品の価値に価格の形態または表象的な金形態を与えても、彼はまだまだそれらを金化したのではなく、また、幾百万という諸商品価値を金で評価するためにも、彼は現実の金の一片も要しない。だから、価値尺度という機能においては、貨幣は、ただ表象的または観念的な貨幣として役立つのである。」（マルクス『資本論』）（強調は原文）

紙幣の上に印刷されている金額は、金の一定分量を表象するところからみちびかれたものであり、紙幣それ自体として価値を持ってはいないが価値章標（Wertzeichen）として流通している。

表象のありかたとその果している役割は、以上にとどまらないのであるが、このような重要な認識の形態が従来の認識論においては軽視され、あるいは無視されている理由はどこに求められるか？　まず第一に、表象それ自体が矛盾した不明瞭な存在だというところにある。感性的認識か理性的認識か、あれかこれかと割り切ってしまう形而上学的な考えかたをすると、表象はいわば中間的な存在であるから、どちらにも入らない中途半端なものは切りすてようということになりかねない。第二は、個々の単純な表象を断片的に扱ったところにある。断片的に他から切りはなしてとりあげるかぎり、感覚にくらべて感性的なものを相当多く失ったその意味で抽象的な認識であるというにとどまってしまう。表象として複雑な発展したありかたを、認識のダイナミックな過程に位置づけてとりあげなければ、その有用性をとらえることができない。第三は、実践との関係で理解しようとしなかったところにある。科学の応用という実践の過程を具体的に検討してみるだけでも、表象の果す役割の重要性はほぼ納得できるのであるが、哲学者もそして心理学者も、認識の発展の中に構造的に実践をふくめてとりあげる姿勢を欠いていたのであった。

不明瞭な存在を研究することの意義は、すぐれた思想家によってすでに指摘されたところである。エンゲルスはフーリエの著書『産業的社会的新世界』についてのメモで、つぎのことばに注目し抜き書きしている。

「現代の学者たちが自然の研究においていたるところで失敗しているゆえんのものは、例外もしくは過渡の理論、不明瞭なものに関する理論を無視していることによる（不明瞭なものの概念、木瓜、油桃、鰻、蝙蝠等々）」[5]

自然の研究に限らず、社会の研究でも精神の研究でも同じことがいえるのである。

（1）　感性的認識から理性的認識への発展であるとか、理論と実践との統一であるとかいう考えかたは、認識の一面をとらえたものであるから、その把握が正当であるとはいってもこれだけをバカの一つ覚えでふりまわすと誤謬に転化しかねない。認識のそれぞれの段階はそれなりに能動性を持ち、実践においてはそれぞれ独自の役割を果すことを具体的にとらえなければならない。

（2）　抽象から具体へという認識の過程も認識の一面であるから、これをことばの上で実践にむすびつけたとしても認識の弁証法的性格を明らかにしたことにはならないのである。抽象から具体への過程において実践にむすびつくこの過程の検討が、マルクス主義者の認識論に欠けていることを反省する必要がある。設計論なしの実践論では、動物的行動と人間の実践との区別を具体的に展開することができなくなる。

（3）　表象論が欠けていると、アダ名をつけるという事実の認識論的な説明ができない。

（4）　一部のマルクス主義者は、経済学を物質的な生活関係の理論的な把握であると考え、精神的な生活過程あるいは上部構造からまったく切りはなして展開されているかのように思いこんでいるらしい。これは大きな誤解である。商品は精神的な生活過程あるいは上部構造とのむすびつきなしには、価格を持つことも交換されることもできないのであって、物質的な生活関係を理論的にとりあげて叙述する場合にもそれらに触れずにはすまないことを知るべきである。

（5）　このメモは一九二五年のリヤザノフ版『自然弁証法』に収録されていたのであるが、一九四一年のM・E・L研究所版以降は削除され、『反デューリング論』のための準備労作のほうへほうりこまれている。

七　予想の段階的発展――庄司の三段階連関理論

日本では、昔から「文盲」とか「あきめくら」とかいうことばを使って来たが、このことばの内容に深い注意を払った者はいないようである。われわれが日常生活の中で何げなく使っていることばの中に、「有難迷惑」とか「痛しかゆし」とか、二つの対立する意味を持つ語をむすびつけて合成した単語、すなわち客観的な矛盾を反映・表現した単語が存在する事実は、認識論的に見て興味ある問題だといわなければならない。「あきめくら」もこの種のことばである。これは、暗黙のうちに人間が二種類の目を持つことを認めたものであり、その一つの目は「あき」ながらも他の目は「めくら」だというとらえかたから、このことばが生れて来たわけである。

紙の上に書かれた言語表現を、目で見ることはできるのだが、意味をとらえることのできない人びとが「文盲」である。時枝の用語を使うなら、観察的立場での目は「あき」ながらも主体的立場での目は「めくら」だという場合が、「あきめくら」なのである。私のいいかたをすれば、現実的な自己の目は見えるが、観念的な自己の目は盲目なのである。この、観念的な自己分裂を**二重の目**としてとらえることは、日本ばかりでなく外国でも行われている。クリスティの探偵小説に登場するエルキュール・ポワロは、「頭の中の目は実際の目よりよく見えますよ」と語っているが、現実的な自己の視野の限界が観念的な自己によって突破されること、および観念的な自己がその「目」によって空間的・時間的にいかに遠く広く現実の世界をとらえていくかを、端的に表現したものといってよい。科学者も探偵も謎を解くという点では共通している。その対象は直接見ることのできない原子核の内部やガン細胞の内部であったり、すでに物的証拠の抹殺された殺人事件であったりして、その空間的時間的制約をのりこえて真理をとらえるだけの鋭い「頭の中の目」を持つことが欠くことのできぬ条件になる。

子どもの教育は、子どもたちの「頭の中の目」の視力を高めることである。小学校の教師が、理科教育であるいは文学教育で努力しているのも、自然の法則を見ぬいたり作者の世界を作者とともにながめたりする「頭の中の目」を育てることである。いま小学校の教師の中に、科学教育をこの「頭の中の目」で見る能力を身につけさせる過程として、ダイナミックにとらえながら、さらにその中における表象の役割を正しく位置づけようとする動きがあらわれていることは、教育学の建設という観点からも注目すべきものといわなければならない。

「科学は、事物・現象の中にひそむコトワリ、すなわち法則性の現存を知るとともに、そこから法則をみちびきだし認識するという仕事をになっている。

法則そのものは目に見えるものではない。**私たちの頭脳活動によって認識するもの**であるから、『頭の中の目でみる』といいかえたほうがよいかも知れない。

私たちに直接見える＝ふれるのは、ある形や動きをもったものであり、感覚器官によってとらえられるものである。

今、かりに、前者を『裏』の世界、後者を『表』の世界といっておくことにしよう。むろん両者は密接にかかわりをもってはいるが、質的にちがった世界のものである。

このことは、ある種の言語の世界においてもいいうる。『サルモ木カラオチル』というコトワザにおいて、〃サルが木からおちるなんてあるのかな。サルスベリの木ならつるつるしているからおっこちるかも知れないな〃などといっている段階の子どもは、このコトワザの表の世界のみを見ているのであり、コトワザなるものをとらまえていない証拠といってもいい。それを〃その道ですぐれている人でも時には失敗することもある〃というぐあいに受けとめている子どもは、裏の世界（→法則性・法則の世界→意味の世界）をつかんでいる子どもであり、同時に表の世界をも理解している証左とみられよう。ここに到着することなしに、ほんとうのコトワザの行使・駆使はありえない。

このように、裏の世界を把握しうる能力というものは、どのような過程をへて形成されてくるものであるか、ここにコトワザのもつ論理＝表象論をより深く解明するひとつの手がかり、ないしはカギがあるといってよいようである。

そのことはまた、『法則の認識』という科学の仕事に関係する大きな問題を内包しているといってもよいようである。」（庄司和晃『「コトワザ」以前の段階＝「ナゾナゾ」の持つ論理・第一段階の構造』(1)）

この子どもの「頭の中の目」は、子どもが自覚すると否とにかかわらず、現実ととりくんで能動的に現実をとらえようとするところに育っていくのであるから、その過程での両親はじめ家族の役割をも検討してみなければならない。

注意・発見という感覚的な能動性は、自然成長的に身につくだけでなく、周囲の人びとによっても育てられていく。親が子どもに「イナイイナイ……バァ」といって、顔をかくしたりまた顔を出したりする遊びをして見せる。家族が自分の前にすわると、テレビの映像がかくれてしまうが、身体を横にどけるとまた見えてくる。立って部屋から出ていくと、姿が消えてしまうが、声を出してよぶとまた姿があらわれてくる。箱を持って来てオモチャや道具を入れ、上からふたをすると、入れたものはみんな見えなくなってしまうが、ふたをとるとまた見えてくる。このような経験は、目で見えないところに存在するものがあるのだということを、くりかえしくりかえし教えているわけであって、そこから目で見えないものを「見る」ための活動もはじまることになる。現在目に見えているものを手がかりにして、目に見えないところに存在するものを**予想**し、目に見えているありかたとむすびつけて現実の世界をヨリひろくとらえていく活動が、すすんでいくことになる。家族が部屋から姿を消したりあらわしたりするのは、この部屋のむこうにさらに部屋があってそこへ行ったり来たりしているからだと経験に教われば、道をあるいている人が急に姿を消したり突然自動車が姿をあらわしたりしたときにも、そこにさらに道があり横丁があるのではないかと予想するようになる。これはまた、家族が死んで現実の世界から姿を消したときに、「パパは遠いところへいらっしゃったのよ」と目に見えないところでやはり元気に生活しているかのような説明が、子どもに対して説得力を持つことにもなるのである。

この子どもの予想活動は、「このむこうを向いている人は誰か？」「この箱の中には何があるか？」「道のあの家の横から自動車があらわれたがあそこはどうなっているのか？」と、自分に問いかけて自分で答えるというかたちにもなっていく。他の人間との間で行う当てっこという遊びは、この自問自答の成長の上に成立するのである。予想とよばれる認識は、どんなに素朴幼稚であろうとも、「頭の中の目」が開きはじめたことを意味するのであり、まだよく見えぬ目を見はって能動的な冒険旅行へふみ出したのであるから、それはそれなりに位置づけ評価する必要がある。椽側の障子からシッポがあらわれているのを見て、そのかげに猫がいることを予想するのは、現実の目と「頭の中の目」とで一匹の猫を半分づつ見ていることになるけれども、これはすでに見えない世界へ一歩ふみ出したものである。このような、経験を重ね十分信用できる手がかりを与えられている場合の予想は、ほとんど正しいことがわかるし、予想に自信を与えることになる。しかし手がかりがほとんど与えられていないときには、いわばあてずっぽの予想をしなければならないから、認識活動としては大冒険である。箱の中に何か入っていて振るとカタカタと音がするとか、お客が何かふろしきに包んで持って来たとかいう場合、経験をふりかえりそのものの大きさを考えて予想するとしても、さまざまのものが頭に浮んでこれだという確信はえられない。それにもかかわらず、われわれはその大冒険をあえてやってのけている[2]。たとえ予想が失敗しても、別に損害をこうむるわけではないからである。お客の持って来たのはケーキだろうと予想して、お客が帰ればお母さんがくれると期待していたところ、予想に反して持って来たのは石鹸だとわかっても、ぬかよろこびしたとガッカリするだけのことで現実に損したわけではない。そしてこの予想の失敗は、つぎのときの予想を成功させることになる。去年の年末にあのお客が持って来たお歳暮は石鹸だったから、今年もおそらくそんなものだろうという、前よりも確実性のある予想が立てられるからである。「頭の中の目」の視力は、前の失敗を通じて一層高まったということになる。

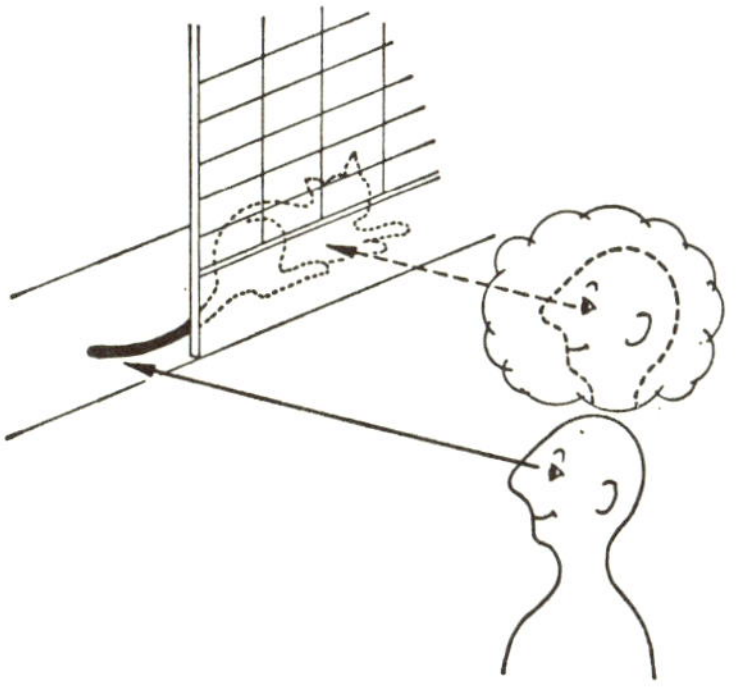

　庄司は自ら試みている仮説実験授業の経験を論理的に反省しながら、手がかりも根拠もほとんどないようなもっとも素朴な予想、言語で表現するならば

「タブンコウデアロウ」
「オソラクコウナルニチガイナイ」
「コウデハナカロウカ」
「何トナクコウナルヨウナ気ガスル」
「キットコウナルカモ知レナイ」

などの直観的な予想を、予想の「第一段階」と見て、つぎのように位置づけ評価した。

「ここには、アテズッポ的要素のもの、いわゆるカケ的なものも含むことになる。また、はっきりとした予想という形で表明することはできないが、『そこ』にはきっと何かがあるにちがいない、という予想以前の予想にくらいするのもここにはいることになる。いずれにしても、一歩でてみる、あるいは数歩でてみるという論理のあることだけはたしかである。この論理は、この段階のものとしてぜひとも認めなければならないし、ここにちゃんとした正当な地位を与えておく必要がある。いくら思考の発達の教育とか科学的な思考の教育だからといって、かならずリクツがなければならないというクソ合理主義は捨てなければならない。現実のつきつけてくる問題の解決にあたってはいくらでもこういうばあいがあるからである。それに理路整然としたものが常に勝つ、常に真実であるという保障はどこにもない。リクツを通してもダメだ、失敗した、というばあいだっていくらもある。科学的な認識のキメテは、実験＝実践にのみ存するのである。だから、リクツなしの『何トナク』も一段階のものとして当然認めなければならない。このような意味において、リクツがたたなくとも、ちっともおびえることはいらないし、『カモ知レナイ』という自分の気持ちや『コウカナ』という自身の直観を尊重するようにとり運ぶ必要があるわけである。」

（庄司和晃『仮説実験授業の論理的構造』）（強調は原文）

子どもにとっては、あそびが生活の大きな部分を占めている。あそぶことが訓練になり教育にもなるという、実用的な一面をも持っている。子どもたちの当てっこも、その発展を認識論的に検討してみる必要がある。予想の第一段階に相当するものとしては、「何が入っているか当ててみな」のあてずっぽの答えを要求するものや、「左の手ににぎっているか右の手ににぎっているか当ててみな」の賭けを要求するものがひろく行われている。これらからいま一歩すすむと、しっぽを見せてそこから隠れている動物を当てさせるときのような、感性的なありかたの一部を手がかりないしヒントとして与えておいて、そこから何が隠れているのかを当てさせる謎々が生れてくる。その手がかりないしヒントは、そのものズバリからすすんで象徴的なものになっていく。

「段々畑に穴一つ、なんだ？」（ゆたんぽ）

「暗い中で光り、涙を流しながら小さくなるもの、なんだ？」（蠟燭）

さらにすすむと、なぞの解き手の精神的な冒険旅行をあやまった道にさそいこむための、方向をあやまらせる手がかりを特に加えた謎々もつくられる。

「ナポレオンはなぜ赤いズボンつりをしていたか？」（ズボンが落ちるから）

「小学校の五年生が電車道を横切るとき、まず左を見てそれから右を見た、なぜか？」（一ぺんに左と右は見られないから）

この種の謎々は、手がかりらしく見えることばにひっかかって、あやまった理由を考えていくように工夫されている。この与えられた問題に対して理由を考えて、その合理性をたぐりながら予想を立てていく認識活動は、さきの「第一段階」からすすんだものとして、「第二段階」から「第三段階」に位置づけることができる。庄司のいう「第二段階」は

「コウイウコトガアルカラ、コウナルダロウ」

「カッテコウイウコトガアッタカラ、コンドモコウナルハズダ」

「コノヨウニナルカモ知レナイ。ナゼナラバ、コウイウワケダカラ」

などのように、理由を考えて予想をすすめていく段階である。


「この『理由』の出どこにも、つぎのように五つの種類のものが数えられる。

① 過去における類似の直接的な経験
② 以前に学習した事項
　ア 前の実験がこうだったからというもの
　イ 前の実験の意味がこうだったからというもの
③ 思考実験
④ 読書・映画・テレビ・耳学問などの間接的な経験
⑤ とんでもないばかげたような考えによるもの

この中で、①や②のアや⑤などは第一段階に近いものであり、②のイや③や④のものはつぎの第三段階により近よっているということができる。そういう点で、この段階は、ヌエ的であり、アイノコ的であり、人魚的である。かような性格をおびた段階なのだ。」(同右)

この段階は合理性をたぐりながら認識が進んでいくという点で、理論的な認識へ近づいている。庄司のことばをかりれば、亜理論的である。

大人たちの楽しむこの段階での謎解きゲームとしては多くの探偵小説が書かれているし、その中で作者としては読者が容易に真犯人を見破れないように、あやまった道にさそいこむためのいろいろな落しあなを設けておくのがつねである。けれども、読者が十分に注意して読んでいくときには真犯人が何者であるかを発見できるような、事件の真相を見ぬくための手がかりも何げなく与えている作品でなければ、謎解きゲームとしてよくできているものとはいいえない。手がかりを与えてなく、直観やあてずっぽでしか真犯人を予想できない作品では、アンフェアだといわれることになる。犯罪の謎を解決するための法則は、別に体系的なものとして存在しているわけではなく、「それによって誰が利益をうるか」とか「犯罪の背後に女あり、女をさがせ」とか、いくつかの原理みたいなものがつくられている状態であるから、これも亜理論的だといってさしつかえない。

最後の「第三段階」は

「コウイウ一般的ナリクツガナリタチソウダ。ダカラコウナルデアロウ」

「カナラズヤコウナルニチガイナイ。ダッテ、ホボコウイウコトガドレニモイイウルトイッテヨサソウダカラ」

などのように、理論的な予想をすすめる段階である。

「第三の段階は、ある一般的理由をもってことを決しようとする段階である。いわゆるの仮説的段階である。かなり広範囲にあいわたる理論をたしかめんとする高次の段階であるといってもよい。」(同右)

人間の認識はすでに子どものときからその生活条件に規定されて不均衡である。山の中に育った子どもは海を見たことがなく、兄弟を持っていない子どもは兄弟の協力や対立についての経験を欠いている。そして能動的な冒険旅行にしても一定の方向づけを持つものであるから、ここにも不均衡が生れてくる。ある分野で獲得した能力は他の分野にも役立ちはするものの、さまざまな分野のさまざまな問題を扱うときそれらの発展段階はそれぞれ相対的に独立していて、不均衡が存在する。大人のわれわれにしても、ある問題については「第三段階」に達してつねに理論的に正しく予想できるが、ちがった分野のある問題については「第一段階」であてずっぽの予想しかできないという状態にある。人間に対して名医であることと犬や猫に対して名医であることは別であり、これらの名医もテレビの故障の診断ではあてずっぽしかいえぬ場合もありうるわけである。(3) 学校で行う科学教育にあっても、ある問題については小学生のうちに「第三段階」まで行けるが、他のある問題については高校生になってようやく「第三段階」へ行けるというような、ちがいを考慮しなければならない。庄司の提出したこの三段階連関理論は、(4) 教育を分類的・平面的にとらえやすい傾向を克服して発展的・立体的にとらえるためにも有効である。

(1) 以下とりあげる庄司の諸論文は、著者が自らプリントして少数の人びとに配ったものである。著者は成城学園初等学校の教諭で、仮説実験授業研究会の中心メンバーの一人として科学教育研究運動をすすめている。

(2) われわれはこれを大人の立場から、現実的な自己のありかたと比較して考えがちである。子どものあてずっぽの予想も、現実の世界に問いかけるという点で大冒険であることを無視すると、子どもの自主性を育てるとか主体性を持たせるとかいう問題も正しい解答を見出すことができなくなる。この大冒険をそれなりに評価し尊重すべきであって、いじけさせてはならない。

(3) すぐれた科学者が、異性との問題ではまったく子どもみたいな幼稚な失敗をしたとしても、特別におどろくほどのこともない話である。現在の専門家は一種の精神的不具者だからである。

(4) 「この理論をマクロ的に単純化し」て、図のような三段階連関図式がつくられた。Cは「第一段階」「素朴的な段階」Bは「第二段階」「過渡的な段階」Aは「第三段階」「本格的な段階」である。三つを連関づけてあるのは「否定保存のかたちで連関しあっていることを示すものである。」またBを「小さな囲みにしてあるのは、発展論において重要な意味と役割をしめる段階だからである。それは、一面からいえば結節点になるところであり、素朴的な段階から本格的な段階への転位移行を可能ならしめるカギをにぎる段階である。」したがってBの段階が、フーリエ＝エンゲルスのいうように、きわめて重要視され、「三段階連関理論の中核」と規定されて、「この理論は、発展の過渡的段階を明らかにする理論であると、極言してもよい」といわれている。（庄司和晃『三段階連関理論ならびに「続」転位移行理論おぼえがき』による）

C—B—A

第二章　科学・芸術・宗教

一　法則性の存在と真理の体系化

現実の世界は無限であるが、それはもろもろの有限的な存在だけから成り立っている。(1)これも一つの矛盾である。われわれの身のまわりに存在している諸生物にしても、あるいは地球や太陽系にしても、すべてある寿命を持っていて、時間的に有限的な存在であるとはいえ、その寿命の終りは純粋な無を意味するものではなく、新しい有限的な存在のはじまりである。したがってそれらの有限的な存在は孤立したものとして扱うべきではなく、直接的・媒介的に、他の存在と連関しているものとして扱わなければならない。人間はこの連関のありかたを生活の中でとらえていく。もし鼻や口を圧迫されて、空気を呼吸することができなくなれば、窒息してしまう。もし器官に故障が起って、体内の老廃物を体外へ送り出すことができなくなれば、健康を害してしまう。もしつまづいたりすべったりして、身体の平衡を失うなら、重力の働きで転倒してしまい、岩かどで頭部を強打して負傷することも起りうる。われわれは大自然の中に生れた大自然の一部であって、体外にあるさまざまな自然との交渉すなわち自然との連関において存在し生活しているのであるから、その連関が正常に維持されるか否かは直ちに重大な影響をもたらすこととなる。人間と直接に関係なく発生する客観的な連関、たとえば太陽が東の空に顔を出すことによって周囲が明るくなったり、雨が空から落ちて来て低地に水たまりができ川が溢れたり、風による樹木の摩擦で山火事が起ったりするような連関の発生も、これまた直接的・媒介的に人間の生活とむすびついてくるのであって、このような多種多様の連関の存在、その発生・消滅について理解することは、生活の生産を維持し発展させるために欠くべからざることである。

連関も事物の一つのありかたとして、やはり矛盾を持っているから、矛盾が存在していることを予想しながら連関をたぐっていかないと、一面的なとらえかたにおちいる危険がある。現象的な連関で密着とよばれているようなありかたにも、変化しやすいものもあれば変化しにくいものもある。二枚の鉄板をボルトで結合させたような密着は変化しにくいが、水の上に船が浮んでいるような密着は絶えず変化している。現象的な目に見える連関が絶たれたとしても、すべての連関が消滅したということにはならない。衣服を身体にまとうときには、それが身体に密着して体温を維持するために役立つのだが、その衣服を脱ぎすててしまえばもはや身体との現象的な連関は絶たれてしまう。しかしこれは自然的な連関が絶たれるだけのことであって、社会的な連関は依然として維持されている。その衣服が着ていた人間の所有に属するという、所有とよばれる連関が存在することには変りがない。もし他の人間にくれてやる目的で衣服を脱ぐならば、ついで所有関係も絶たれることになるけれども、もしその衣服が買ったものでなく勤務先のデパートから盗んで来たものであったような場合には、かつての窃盗行為との連関は依然として変化せずについてまわるから、その盗品をもらった者が後になって突然に警官の訪問を受けるという、予想もしなかった連関が発生することにもなる。事物にはこのような目で見ることのできぬ連関が存在していることも、人間は生活の中で次第に理解していく。ガラス戸のガラスが一枚破れているのを見て、「これは誰が破ったのだろう？」と考えたり、学校から帰って来たら座敷に来客用の座ぶとんとお茶が出ているので「誰かお客さんが来たの？」と質問したり、広場で見なれない子どもが遊んでいるので「きみの家どこだい？」とたづねたりするのも、それらの目に見える事物にむすびついているはずの目に見えない連関をたぐって認識を深めようとするものである。そこには、事物のありかたを、結果としてとらえるにとどまらず過程へとすすんでいこうとする態度がある。誰かが何かをぶつけるという過程が存在してガラスが破れたのであろう、誰かお客さんが来て座敷に通ったという過程が存在して座ぶとんやお茶が出たのであろう、どこか近くに子どもの住居があってそこから出て来たという過程が存在してここで遊んでいるのであろう、と考えるのである。これらは結果を知ってそこから原因へと連関をたぐっていく、いわゆる**因果性**の追求である。

われわれが両親の間に生れたとき、そこに親子とよばれる家族関係が生れたことになる。事物の発生すなわち関係の発生である。子どもの生活に必要な衣服や食事にしても、それらの材料にはそれらを生産したさまざまな労働が対象化されていたのであり、それにさらに親や家族の労働が対象化されて衣服や食事として完成したのであるから、これらを着たり食べたりする子どもはそこに対象化されている労働をさらに自己に対象化するという関係をむすぶことになる。(2)生産関係とよばれるものには、親の労働がその生産物を媒介として子どもに対象化され子どもを育てる関係も、ふくまれるのである。結婚によって男女がむすばれるときにも、両者の間に新しい生活関係が成立するだけでなく、それまで各自が持っていた諸関係にも大きな変化が起ってくる。夫婦としての肉体的・精神的諸関係が生れるだけでなく、財産の所有関係も変り、家族関係・友人関係等々にも影響が及んでいく。また、事物の消滅すなわち関係の消滅であって、人間が生命を失ったりその身体が消滅したりするときは、その人間にむすびついている諸関係も消滅したり変化したりする。所有関係は生命を失ったその瞬間に消滅して、遺産は法的に定められている相続人の所有へと移っていく。生きていたときに自動車にはねとばされたり拷問を受けたりして、身体に傷あとが存在したとしても、遺骸を焼くときはその傷あとも消滅し、これにむすびついていた過去の事件との関係も消滅してしまう。

精神活動も脳細胞とよばれる物質的な存在にささえられているのであって、脳細胞と無関係に空中に浮んでいるわけではないから、この細胞の機構が損傷を受ければ精神活動も異常を来すことになる。この細胞の消滅によって精神活動も消滅する。ところが、その人間が生きていたときに手紙を書いたり論文や小説を発表したりしていたとすれば、

これらの文章はそれを書いたその瞬間における書き手の精神のありかたにむすびついているのであるから、その人間が生命を失ったり身体が消滅したりしてもそれとは無関係に、それらの文章にむすびついている関係が残ることになる。それらの文章をさらに新しく活字で組んで印刷・複製するとか、あるいは他国語に翻訳するとかいう場合にも、文章の持っている関係が印刷物や翻訳文に**延長される**ことになる。それゆえわれわれも日本語の文庫本でアリストテレスやルソーやシェークスピアやトルストイの著作に接し、そこに印刷されている文字の背後のむすびつきをたどって、書き手の「魂」に触れることができるのである。(3)

過程とよばれるものは運動のありかたである。運動は無限であって過程も無限に存在するけれども、それはもろもろの有限的な過程だけから成り立っている。われわれもその意味で一つの新しい客観的な過程をつくり出すことができる。物質的なあるいは精神的な創造が、一つの特殊な過程の出発点となるわけであって、船をつくり出すことによって航海がはじまり、シナリオを創作することによって映画の製作がはじまるわけである。しかしながら、これをさらに大きな観点からながめると、これらの出発点は無の世界に出現したのではなく、他の過程の到達点でもあるといわなければならない。船をつくり出すためにはその材料や諸設備が前もって与えられていなければならないし、シナリオを創作するためにはその世界を構成する材料を精神的な活動によって準備しなければならないからである。それゆえ、ある存在はある過程の結果であると同時にまたある過程の原因をなしているということになり、原因と結果とは一つのくぎりの両面として・不可分の同一性として・つながっているということになる。因果関係をとり出して検討することは必要であるが、これを全体の相互関係を形成している特殊な部分として理解せずに、切りはなしてとりあげることはあやまりである。

大自然はその多様性において無限であるが、それはもろもろの有限な特殊性を持つ存在だけから成り立っている。

極微の素粒子の世界から極大の島宇宙の世界にわたる立体的な構造をとって、特殊性を持つ存在が特殊な連関のうちに置かれている。人間もひとつの特殊性を持ち、その物質的なあるいは精神的な創造もやはりひとつの特殊性を持つ。しかし大きな目で見れば、やはりこれらも大自然の中に生れた大自然の一部であるから、大自然のありかたとまったく無関係な構造や連関を持つと考えるのは筋が通らないことになる。生体内における物質の化学的な変化は、細胞のありかたに規定されて試験管の中での化学的な変化と異った特殊性を持つにしても、まったく別の化学的な変化が成立しているわけではない。生体が生み出す電気は、発電機や電池から生れる電気とは異った特殊性を持つにしても、まったく別の性質をそなえているわけではない。それゆえ、大自然を構成するそれぞれの特殊な分野の構造や連関をとりあげて、その特殊な分野における一般的なありかたをとらえていく学問が、化学とか生物学とかよばれるものが成立するだけでなくて、この一般的なありかたをさらに世界全体の観点からそれぞれの分野としての特殊性を持つものとととらえかえし、世界全体をつらぬく一般的なありかたをとらえていく学問も成立することになる。前者がいわゆる**個別科学**であり、後者がいわゆる**論理学**である。弁証法とよばれる科学は、この論理学に属している。それゆえエンゲルスも、大衆的な読者を予想して書いた『反デューリング論』の中で、「弁証法とは、自然・人間社会および思惟の一般的な運動＝発展法則に関する科学以上のものではない。」とのべて、世界全体の観点から一般的な法則をとりあげているという性格および限界を明かにした。弁証法は世界全体を一つの運動法則においてとらえているのであり、「まさにそれだからこそ、おのおのの特殊過程の特殊性は考慮の外に置かれている。」[4]のである。この特殊過程の特殊性は、個別科学の扱うべきものであって、弁証法とはその対象領域が異っていることを知らなければならない。

対象の持つ構造・連関を、過程において一般的なものとしてとらえるところに、法則が生れる。自然科学の法則たとえばオームの法則も、社会科学の法則たとえば価値法則も、それぞれ対象としてとりあげた過程の中から一般的なものをとらえているのであり、いわば特殊な変化しつつある対象の中につねにふくまれているところの・その意味では変化しない・ありかたを抽象しているわけである。(5) もちろんこの一般的なありかたも、孤立した空中に浮んでいるものではない。特殊性をそなえた具体的な構造・連関の一面として、切りはなせないものとして、存在している。それで、この具体的なものと統一されている現実のありかたを法則性ともよび、法則性から認識として法則が抽象されてくると理解するのである。個別科学と論理学とは対象領域が異り、その対象とする法則性が異っている。大自然の部分に存在する法則性と、全体に存在する法則性とは、連関があるが区別されなければならない。したがって個別科学の法則と論理学の法則とは、連関があるが別の法則だということになる。ところが、論理学の対象とする法則性は、大自然の全体にわたって多種多様の過程として存在するわけであるから、別のことばでいうと至るところに見受けられる存在である。エンゲルスのことばをいま一度かりるならば、「それはごく簡単な、どこでも日々行われている手続きであって、……どんな子どもにでもすぐ理解できるものである。」それゆえ、自然科学の法則性がその分野を専門的に研究する学者によって発見されるのに反して、**論理学の法則性は一般大衆がその日々の生活経験を通じて身のまわりに発見することができ、それなりに定式化して役立てることができる。**ここに、大衆の智恵としての多くのことわざ(6)の成立と、その有用性を見なければならない。ことわざの中に、具体的な弁証法を説いているものがすくなくないのも、そのためである。

　庄司は前述のようにことわざが「表」の世界と「裏」の世界を統一していることを指摘した。「表」は特殊な分野での特殊な過程をとりあげているが、そこから「裏」のさらに一般的な過程の把握へとすすむときに、ことわざを正**しく理解したものといえよう。「サルモ木カラオチル」**は、猿という特殊な動物の特殊な行動のありかたをとりあげ**ているにとどまらず、「その道ですぐれている人でも時には失敗することもある」**という、人間の一般的な行動のありかたをも意味している。「河童ノ河流レ」もこれと同じであるが、空想の動物を「表」の世界としてとりあげて真理を説くところに空想の有効性の一例を見ることができよう。「ヌスビトノ昼寝」は、盗賊の生活のありかたをとりあげるにとどまらず、「合理的な因果性でありながら見たところ不合理なものとしてあらわれることがある」という、これまた特殊な人間のありかたを超えた一般的な認識を「裏」にかくし持つことによって、ことわざの世界を形成している。それゆえここには、特殊的な認識と一般的な認識とが「表」「裏」の関係で共存しており、見たところ特殊的な認識だけが表面化しているのであるが、一般的な認識が統一されているゆえにこれは表象の一つのありかたとして理解しなければならない。しかも「表」は異るが「裏」の同じことわざが多いという事実は、前論理学的段階の認識の特徴として、子どものことばを借りていえば「人間はみないっちして、これはだいじなことで、しらなければならないと思うものがあること」(7)を示すものとして、法則性のありかたに注意しなければならない。ことわざは、特殊性を捨象して一般的な論理だけを示す方法をとらず、誰でも経験的によく知っておりすぐ納得できるような具体的な事物のありかたを「表」においている点で、理解することが容易であるばかりでなく、その具体的なとりあげかたや表現のしかたのおもしろさによって印象を深め記憶を維持できるように工夫されている。「武士ハ食ワネド高揚子」と七五調をとったり、「無クテ七癖」と頭韻をふんだりしている。けれども特殊性を「表」に出しているために、個々の過程は独立したものとしてとらえられることになり、定式化は独立した断片的なものとならないわけにはいかなかった。「急イテハ事ヲ仕損ジル」と「先ンズレバ人ヲ制ス」とが、別々の定式として存在し必要に応じて使いわけられている。(8)ある条件では急いではならぬがある条件では反対に急ぐべきだというように、体系化されていかない。特殊性の認識がこの体系化を阻止しているという意味で、表象としての限界が存在するわけである。

科学者が対象ととりくんで研究した結果、酸素と水素の化合によって水が生れるという認識が成立したとしよう。

これが科学者の直接に対象とした現実の世界のありかたの反映であり、その意味で正しい認識であるということならば、誰でも日々の生活経験を思い合せて、それが反映であるとか真理であるとかいう主張を承認するにちがいない。けれどもこの場合の科学者の認識はその対象にとどまらず、対象を超え経験を超えた現実の世界にひろげられていく。シベリアの奥地であろうとアフリカのジャングルであろうと、百万年前の世界であろうと百万年後の世界であろうと、水の生成についてはすべてあてはまるのだと主張する。それだけではない。さらに酸素や水素の原子構造についての研究がすすんでその認識が成立すると、この認識とさきの水の生成についての認識とが、頭の中で観念的にむすびつけられて体系化し、この体系的な認識もこれまた科学者の対象と経験を超えた現実の世界にひろげられていく。こうして**直接の経験を超えたところの一般的な認識がつぎつぎと頭の中で綜合され、それが真理だと主張される**ようになると、もはや対象の忠実な反映が真理だというような受動的なかたちで認識をとりあげるところの、素朴な反映論や素朴な真理論では扱えなくなってくる。そしてこの体系的な認識の成立する過程を十分に理解しないで結果だけを見る人びとには、経験を超越したところの何か人間に生れつき与えられている原理があって、それが認識の客観的な妥当性をささえているかのようにも思えてくる。こうして、素朴反映論では科学の法則を正しく説明できなかったところに、不可知論とよばれる考えかたもそれなりの説得性を持って受け入れられたのであった。この場合には、われわれの認識の能動的な冒険旅行が、素朴な予想の「第一段階」においてさえ、**つねに実践ないし実験において対象との関係を維持して来たし**、科学者の打ち立てた法則においてもその点に何ら変りがないのだということが見のがされてしまっているのである。

障子からシッポがあらわれているのを見て、そのかげに猫がいるのを予想するのは、観念的に障子をとりのぞいた「頭の中の目」のはたらきである。あらわれている部分は現実的な自己の目で、かくれている部分は観念的に分裂した観念的な自己の目で見ているのである。科学者が実験室で実験をながめているとき、彼の現実的な自己の目はその個別的なありかたを経験的にとらえているのであるが、それと同時に**観念的に分裂した観念的な自己の目は観念的に実験室の壁をとりのぞいて、**空間的に時間的に無限の世界を見わたしているのである。実験室の中で発見したのと同じ関係が、過去・現在・未来にわたって、また地球であろうと他の遊星であろうと、同じ事物であるならば必ずや成立していることを見ているのである。科学者はこの意味で能動的に現実を見ているが、企業家もちがった意味でやはり能動的に現実を見ることになる。企業家がこの実験室に来て同じ実験をながめたとき、彼の現実的な自己の目は科学者のそれと同じものをとらえているけれども、観念的に分裂した観念的な自己の目は科学者のそれとはちがって、これを工業化した大規模な機械設備や、そこから生産される尨大な製品や、帳簿の黒字などを見ることになる。産業もまた実践の一つのありかたで、科学者の認識の正しさをくりかえし証明しつづけているわけである。

カントは、従来の経験論では科学を説明できないことを知って、経験を超えた一般的な認識がなぜ真理であると主張しうるのか、それを説明しようとした。(9) そして彼は、仮説を経験においてたしかめるという科学者のやりかたに注目し、これを形式的にとらえて解釈したのである。カントが、能動的に現実に向って問いかける認識活動をとりあげようとしたことは、認識の研究として前進ではあったが、仮説を対象の中へ「投入」(hineinlegen) することによって対象の認識が成立するのだと考え、空間や時間や「純粋悟性概念」は先天的にわれわれの心にそなわっていてこれらが対象へ「投入」されると解釈したところに、観念論への逸脱があったのである。しかも彼は、経験論が対象から認識をみちびいたのに対して、自分がそれと逆に対象がわれわれの認識にもとずくと解釈し、この観念論的に逆立ちさせたことを自らコペルニクスの業績になぞらえた。この逆立ちはやがてヘーゲル的な理論にまで押しすすめられ、その後ふたたび唯物論的にひっくりかえされるに当っては、「理論を神秘主義にさそいこむすべての秘蹟は、その合理的な解決を人間の実践およびこの実践の理解のうちに見いだす。[10]」と、実践に対する理論的な把握が強調されることになるのである。

科学がその対象としてとりあげる法則性にしても、単純で直線的な過程もあれば、複雑で曲りくねった過程もある。スポーツカーで高速道路を進むような研究過程もあれば、迷路を手さぐりで壁にぶつかりながらあるいていくような研究過程もある。中でも、教育とよばれる対象は、学校教育でも社会教育でもあるいは組織における教育でも、認識の成長発展を計画的に押しすすめるものであるから、教育学を建設しようとする人びとは複雑な曲りくねったしかも直接つかまえることのできない存在の持つ法則性をとらえて、体系化していくという非常に困難な任務を負うことになる。認識を成長させるには、煉瓦をつぎつぎにつみ重ねていくように、断片的な知識を与えてつぎつぎとつみ重ねさせ、低いところから高いところへ進んでいけばいいかといえば、そうはいかない。第一章でも述べたように、人間の認識はのぼるとくだるとの対立した過程がダイナミックに統一され、実践と媒介されているのであるから、このダイナミックな全過程をとらえなければ、認識の成長発展を計画的に押しすすめる科学的な方法をつかむことはできない。実験は実践のひとつのありかたとして、科学教育にとって重要な意味を持つけれども、これにも道具を使って現実に行われる実験もあれば、頭を使って観念的に行われる思考実験といわれるものもある。現実に行われる実験のときに、抽象的な段階から認識がくだるように、思考実験のときにも認識がくだるのである。教育における討論の重要性は、経験的に誰でも承認するところであるが、この討論にあっては精神的な交通が積極的に行われるだけでなく、各人の認識がのぼったりくだったりする移行・転化も著るしいものがある。[11]庄司はここでも過渡的な表象的な段階の果す役割に注目している。

「ほんとうに『ものになる』『獲得する』というのは、『のぼる―おりる』があってはじめて成立するものだといえるのであろう。教育でいえば『のぼりかた』と同時に『おりかた』を教えて体験させなければならぬ、といえるわけだ。……転位移行する能力をいかにきたえあげるかが教育の問題である、といえようか。」(庄司和晃『三段階連関理論ならびに「続」転位移行論おぼえがき』)

「私たちは、『例』をひいて議論をすすめたり、『例えば』ということで相手に理解してもらおうとする。相手が得心したような顔つきや言動を示したりしないと、いよいよもって多くの例をひっぱりだしてくる心のはたらきがある。これは、相手ばかりに関係したことではなく、こなたにしても抽象論議のばあいなどには、『例えばどういうことですか』と問うこともしばしばである。そういうことでがてんしようとする。ここには『説得の論理』『合点の論理』がある。

この論理自体、認識発展論からいえば、第二段階の表象論的段階に属する、といってよいであろう。人は多く、この段階において説得したり、合点したりして、自分の考えをすすめているわけである。『例』とか『具体例』・『例えば』と出してくるそのものは、認識発展論からいえば第一段階の個別的・感性的・直観的段階のものといいうるし、『抽象論』とか『理屈一点ばり』とかのものは、第三段階の概念的・普遍的・理性的段階のものといいうるであろう。

すなわち、自分の伝えようとすることがら、あるいは自分が納得しようとすることがら——と、『例』なり『具体例』なりとの結びあったものが第二段階の表象論理の内容をなすものといってよい。特性とするところは、人魚的でありアイノコ的であり、複雑さを増せばヌエ的といってもよい。

理論的なものと事実的・感覚的なものとが結合しあった世界といってもよいのである。……

講演・演説・講釈・講話・問答・対話・提唱等の成功・失敗のカギは、この第二段階の論理適用いかんにかかっているとも、いえないこともあるまい。教育などにおいても、低学年・中学年・高学年・中学生・高校生・大学生それぞれにあい呼応した論理のあることを、まずもって知らずばなるまい。体験的には、どの先生も常識として持ってない筈はないのだが、ただ意識的適用、論理の意識的行使がないだけのことである。が、ここに成功・失敗論のかなめのあることを自覚する必要があるであろう。ワカルとはどういうことかにさおさす重大なことがらだからである。

一般理論・基礎理論という高次な段階のものを生かすのも、また事実・感覚ベッタリ主義を克服していくのも、この段階の存在する意義・役割を意識化し、その構造をみきわめて行使する、といってもよいであろう。また、理論の構築、感覚・直観の占める位置、その存在価値を見直すことも、この表象論の段階にあるのだ、ともいえよう、それにまた、例証や実証のもつ意味、図式化などのはたす役割なども、第二段階の究明によって、より明白となるのではあるまいか。」（庄司和晃『表象論としてのコトワザの持つ論理』）

周知のようにレーニンは政治教育において煽動と宣伝とを区別したばかりでなく、大衆の教育における煽動の重要性について強調した。煽動とは具体的な事実を語りながらそこで一つないしわずかの思想を与えることに全力を注ぐ活動である。事実ベッタリ主義でもなければ体系を教えこむのでもない。[12] 庄司のいう三段階連関理論の「第二段階」に属する内容であり、だからこそ大衆教育において重要なのである。そこからさらに認識的にくだって、さまざまな事実を思想的にとらえていくこともできれば、反対にさらにのぼって、体系的な理論すなわち宣伝を理解する方向へすすむこともできるのである。リンカンが上院議員の候補者として、ダグラスに立ち向ったとき、「分れ争う家は立つこと能わず」ということわざを使って演説し[13]アメリカの現状を大衆に訴えたという事実も、ことわざないし「第二段階」の教育的な役割について関心を持つ者の見のがしてはならぬことであろう。**前科学的段階と科学とを連関においい**

てとらえて、はじめて科学を真に理解することができるのである。

(1) 矛盾をとらえきれない学者には、有限と無限とを隔離してしまって、有限的な存在は此岸にあるけれども無限な存在はその外部に彼岸にあるのだと解釈する者が多い。ヘーゲルはこれを真の無限の理解ではないと批判して「悪しき無限」と名づけた。

(2) 生産関係というのは生活資料を生産するときの人と人との関係だと河上肇やスターリンは解釈した。しかしマルクスが生産というのは労働を対象化することであるから、生れたばかりの子どもに生活資料を媒介として他の人間の労働が対象化されるということも人間それ自体の生産であり、この関係も生産関係の一部なのである。

(3) これも経験的には誰でも承認しながら、理論としてとらえられていないところの、精神的な生活の生産関係の一つである。

(4) それゆえすでにマルクス＝エンゲルスは、弁証法はすなわち認識論であるというヘーゲルないしレーニンの主張を否定して、認識に特殊な過程の特殊な法則性をとりあげる個別科学としての認識論を弁証法とは明確に区別していた。

(5) 「法則の王国は実存する、もしくは現象する世界の静止した像である。」(ヘーゲル『大論理学』第一部第二篇第二章)

(6) ことわざははじめ「こと」の「わざ」すなわち言語の技術を意味することばであったが、これが転じて使用される武器としての言語それ自体をさすことばになった。これは弁証法が、はじめ方法を意味することばであったのに、転じて理論それ自体をさすことばになったことと共通したところがある。

(7) 庄司がことわざ教育を試みた成城学園初等学校六年楓組の杉マリの感想文から。

(8) これも六年の子どもたちが指摘している。

(9) 経験論もこのような認識を問題にしなかったわけではない。ホッブスは数学を唯名論的に、すなわち言語の持つ能力と解釈し、ロックはこれを直観的知識と解釈したが、それらの解釈自体すでに経験論の立場を否定するものであった。

(10) マルクス『フォイエルバッハ・テーゼ』第八。

(11) 配線図のような場合には、のぼったりくだったりしたのが一目でわかるのだが、言語表現の場合には表現が認識ののぼりくだりを直接示していないから、具体的に指摘することがむづかしい。しかも実体配線図が装置の写真や配線図と別にならべて示されるのに反し、ことわざは具体的な事実の叙述や抽象的な議論の中に入れて使われるから、その移行がとりあげにくい。さらに、「泥棒ヲツカマエテ縄ヲナウ」が「泥縄」のように省略して表現されるから、ますます検討しにくくなる。

(12) いわゆる生活綴方的教育方法は、事実ベッタリ主義の立場をとってこれを体系の教育へむすびつけようとするものである。認識論的に「第二段階」を理解してはいない。これは、大衆教育のために煽動的な文章を掲載すべきはずの労働組合の機関紙に、国分一太郎＝鶴見和子的な「大人の生活綴方」を労働者から募集し掲載するという、企画がとりあげられたことと無関係ではない。ことばの上では煽動を認めても事実上煽動活動を無視したりできなかったりする政治的指導者が少くない事実も、煽動が「不明瞭なもの」であることと無関係ではない。

(13)　この演説は印刷されて全国にひろがり、"House divided speech" と人びとからよばれることとなった。

二　仮説と科学

事物のありかたについて、一つの新しい予想がつくり出された場合には、それが直観的に出て来た予想であろうと、あるいは合理性を慎重にたぐっての結論として到達した予想であろうと、これまで正しいものと思われて来た認識と衝突することもしばしばである。一方が正しいなら他方は正しくないわけであるが、この相容れない二つの認識が一つの事物のありかたにむすびついているために、ここに敵対的矛盾が生れるのであって、この矛盾の起す葛藤を**疑惑**と名づけている。この矛盾にあっては、いずれが正しいかを決定して矛盾を消滅させなければならないのであり、その結果新しい予想が正しくなくて「疑いが晴れる」ときもあれば、これまで真理と思われていたものが訂正されたりひっくりかえされたりするときもある。認識が不当に逸脱させられて誤謬におちいっている場合には、その是正は新しい予想をつくり出し疑惑を抱くところにはじまるのであるから、認識の発展にとって疑惑は重要な役割を果しているる。昔から「疑うは智慧のはじめなり」といわれ、貝原益軒が『大疑録』を書いて「大きく疑う」ことを説き、マルクスが「すべてを疑え」という金言を座右の銘にしたことなども、よく知られているとおりである。

認識が絶えず能動的な冒険旅行を試みるところの創造的な科学者にあっては、絶えず疑惑にぶつかることになるし、そこから疑惑とよばれるものの積極的な意義についても経験的に納得できるのである。政治的な支配者は、疑惑はよくないことだという考えかたを国民に植えつけて、支配者に対する疑惑を持たせないよう努力するし、また疑惑を持ったのがあやまっていたこともしばしば経験するから、常識的には疑惑は前向きのものとしてではなく後向きのものとして扱われている。さらに、精神のありかたの安らかなことを、ひいては自己のありかたの安らかなことをのぞんでいる人びとは、自己の精神に敵対的矛盾をつくり出しその安らかさが攪乱されることを嫌って、疑惑を持つまい、他の人間が疑惑を持っても自分はそれをとりあげまいとする。つまりなまけ者は疑惑それ自体をのぞましくないものと思うようになる。

認識の能動的な冒険旅行が、個別的なありかたの認識から一般的なありかたの認識へと進んで行くとき、そこには大きな成果を期待できるばかりでなく、疑惑ということの正しい処理もますます重要になっていく。あるものが、単に発見したところにだけ存在しているのではなく、他にもさまざまなところに存在してそれなりの役割を果しているのだと理解できたり、その相互関係が単に発見したところだけに成立しているのではなく、他にもさまざまのところに成立しうるのだと理解できたり、その因果関係は、単に一度しか生れないのではなく、他にもさまざまのところで生れたり規則的にくりかえされたりするのだと理解できたりするならば、われわれの現実の世界の認識は大幅にさきへ進んだことになるし、この認識をわれわれの生活に役立てる可能性もまた大幅に前進できたものといわなければならない。人間の認識は現実の世界の諸構造・諸連関をこのように一般的なかたちでとらえていき、現実の世界のありかたに照応するところの構造と連関とを持った系統的な体系へとまとめあげていく。けれどもそのコースもこれまた直線的ではなくて曲りくねったものであるから、あやまった理論が定説として認められる場合もめずらしいことではない。それゆえ常に疑ってかかる心がまえが要求される。(1) 予想は実践によってその正しいか否かをたしかめなければならない。疑惑の場合の敵対的矛盾は実践によって解決して行かなければならない。しかも予想のありかた・疑惑のありかたは、これを解決するための実践のありかたを規定してくるのであるから、創造的な科学者は理論において創造的であるばかりでなく実践あるいは実験においても創造的でなければならないことになる。[2] 人間の認識は可能性として無限でも、現実の歴史的状態と個人の肉体的・精神的条件でつねに限界づけられているから、この体系的な認識も現実の世界のありかたにますます近接していくけれども、最後的に完結するようなことはありえない。現実の無限な世界のありかたと認識の有限なありかたとの矛盾は、つねに存在している。またそれだからこそ、この体系的な認識すなわち科学は、哲学者が机の前で頭からひねり出した体系のように終末のある閉された絶対的真理の体系ではなく、開かれた相対的真理の体系[3]としてつねに発展し進歩していくわけであり、懐疑精神を積極的に要求しているわけである。

　科学における予想も、われわれの日常生活における予想と本質的には変りがないが、それが一般的なありかたの予想としてすでに存在している体系の発展へとつながるところに、特徴があるということができよう。科学者の立てる予想が**仮説** (hypothesis) とよばれるのも、単なる個別的なありかたについての仮定ではなくて一般的なありかたについての命題であり、「説」であるからである。それゆえ、これが正しいならばそこでとりあげているものは再発見することができるし、さらにくりかえして発生させることができるわけである。

「仮説の基本的な役割は、まだ十分には確認されていないものの存在、あるいは性質、あるいは法則の成立を積極的に予想することによって、意識的にその対象に問いかけて、その予想の正否を明らかにし、対象についての知識を意図的に明らかにする手段となることにある。」

「追試することのできないものは仮説とよぶわけにはいかない。というのは、その予想がいかにあたったにしてもそれを他の場合にあてはめることができないわけだから役に立たないからである。そのような一般性のないものを仮りにもせよ『説』とよぶことはできない。そのようなものは正しいかどうかさえ問題にすることはできない。くりかえして検証することのできない――一般性のない――ようなものの正しさなどどうして主張することができるだろうか。そのようなものは『予想があたった』とか『はずれた』というように表現すべきものである。」（板倉聖宣『仮説とはなにか』）

これは、科学における仮説の特徴を理解できずに、単なる思いつきや個別的な計画といっしょくたにする人びとや、あるいは個別的な予想でしかないものを度はずれに一般化して、新しい理論の建設を行っているかのように錯覚している人びとへの批判であり、正当である。自分の主張に科学的なムードを与える目的で、仮説ということばを乱用することはつつしまなければならない。

個別的なありかたについての予想でも、実践を通じてその正否を知るには時間が必要である。お客の持って来た品物が何であるかは、帰ったあとで箱を開けてみればすぐわかるが、朝顔の種子がどんな色の花を咲かせるかは数カ月後でなければわからないというように、必要な時間はそれぞれ異っている。それに、予想はこのようにして現実の世界のありかたとつき合わされるとはいえ、それも絶対的な妥当性を持つのではなく、予想が否定されるように見えてもさらに異った予想をむすびつけることによって維持していくことが可能である。お客が持って来たものをケーキと予想し、箱を開けてみたら予想に反して石鹸だったとしても、「お母さんは私にケーキを食べさせたくないので、お客からもらったケーキをかくして他のお客からもらった石鹸を私に見せたのだろう」という異った予想をさらにつくりあげ、母親の説明に疑惑を持つとともに自分のはじめの予想を維持していくこともできるのである。もしこの新しい予想が正しいとするならば、いまのお客の来る以前にすでに石鹸の箱があり、それを持って来たお客がおり、さらにいまのお客の持って来たケーキも家のどこかになければならないわけである。それゆえさらにこの新しい予想を実践によってたしかめる必要がある。これをたしかめもしないで、「私の母は継母だから私をいじめるのだ」というような先入見によってこの新しい予想を合理化するならば、お客の持って来た品物と母親の行動についての予想は独断であり、そこに生れる疑惑も猜疑であるということになろう。

真理に対して謙虚であろうと願っている科学者も、あやまった先入見から完全に解放されているわけではない。この先入見を克服する必要から、健康な懐疑精神の必要も強調されるのであるが、右にのべたような独断および猜疑は、科学の仮説を証明する過程でも起りうるのである。仮説にしても、直ちに実験装置を組立てて数日後にその正否をたしかめられるものもあり、また仮説の提出者がこの世を去って何百年もの後に技術の進歩によってようやく正否が判明するものもある。そして、宗教的あるいは哲学的なあやまった先入見にしばられた結果、科学が実証をくりかえして前進しているのにあくまでも自分たちの独断を清算しようとせず、科学への猜疑を維持している人びとも存在するのである。

「もしもわれわれが、ある自然的事象そのものをわれわれがつくり出し、それをその諸条件から発生させ、あまつさえそれをわれわれの目的に役立たせることによって、ある自然的事象に対するわれわれの理解の正しさを証明することができたならば、カントの認識できない『物自体』は片づいてしまう。……コペルニクスの太陽系は、三百年にわたって百人、千人、万人のうち疑う者はただ一人というたしかな仮説であった。しかしやはり一つの仮説にちがいなかった。ところで、ルヴェリエがこのコペルニクスの体系によって与えられたデータから、ある未知の遊星が必ず存在せねばならぬということを算出したばかりでなく、この遊星が天体の中で占めねばならない位置をも算出したときに、そしてさらに実際にガルレがこの遊星を発見したときに、ここにこのコペルニクスの体系は証明されたのであった。それだのに、ドイツでは新カント派の人々によってカントの見解の復活が企てられ、そしてイギリスでは（ここではヒュームの見解は死に絶えなかったので）不可知論者たちによってこのヒュームの見解の復活が企てられているが、それは、すでにながくこれらの見解に対して行われて来た理論的および実践的の反駁に対して、科学的には一つの退歩であり、実践的には唯物論をかげでは認めながら人前では拒むという恥知らずのすることにすぎない。」（エンゲルス『フォイエルバッハ論』）

予想はその対象とむすびつくことによって、客観的真理としての資格を獲得する。仮説も証明されることによって、科学としての資格を獲得する。ある理論がそれにもとづいて実践した人間にとって真理であったとしても、その理論を書物で読んだだけの学生にとっては、まだ真理としての資格を持っていないし、真理だと思って現実に持ちこんで誤謬になることもしばしばである。毛沢東は経験的に、書物から得ただけの知識が不十分で、それだけでは正しく応用することも困難であり教条主義になりやすいことをつかんでいた。

「彼らがこれらの知識を受けつぐことは、完全に必要なことではあるが、しかし、これらの知識は彼らにとっては、まだ逆立ちした、逆な、片面的なものであって、先人にとっては証明されたものであっても彼らにとってはまだ証明されていないものであることを、彼らは覚るべきである。」（毛沢東『学風、文風、党風の整頓』）

日常生活での予想にふくまれた部分的なあやまりが、実践で対象とむすびつけられることによって排除されるように、科学者の仮説にふくまれた部分的なあやまりも、実験での証明を通じて排除される。それゆえ、仮説と科学との間には、このような飛躍があり転化が存在する。(4) この成立した科学を書物から読みとって、追体験あるいは追実験し、そのときの対象との関係においても真理であることを確認するのは、同じく実験あるいは実践であってもさきのそれとは区別しなければならない。それは理論の証明ではあるが仮説の証明ではないからである。科学が相対的真理であって、法則とよばれているものにもわずかの誤謬がそれにこびりついているということから、科学者がこの誤謬を訂正するための新しい仮説をつくってそれを証明し、ここに新しい法則が成立したとしても、それは体系の不備を補ったのであり、さきの法則が科学ではなく仮説にすぎなかったということにはならない。

科学は相対的真理として誤謬を伴っているし、仮説にも誤謬があるが、この共通点をとらえて誇張するところに、科学と仮説との同一視ないし科学の仮説への解消があらわれる。さらに、仮説には往々にして現実ばなれしたフィクションが核心となるところから、科学の仮説への解消が科学をフィクションと規定するところにまで進んでいくような、極端に逸脱した主張をふりかざす自称マルクス主義者もあらわれた。ここでは実験が強調されているけれども、マルクスのいう意味での「実践の理解」にはなっていないのである。

「科学もまた現実そのものではなく一つのフィクションであり仮説であって、だからこそ絶えざる実験による検証が必要であり、この実践による能動的な働きかけのうちに、科学そのものの修正と発展をささえる基本的なモメントがある。」（栗原幸夫『「政治の優位性」論とその周辺』）

「世間で『真理』といわれているものは、すべてこれらの『目で見たこと・考えたこと』などが、もしたしかであるならば、という仮定の上にたっているのである。根本の基礎が『仮定』であるかぎり、その上に立った実験や研究が、どんなに行きとどいたものであろうとも、そこからでた結論は、つまるところ『ゆきとどいた仮定』でしかありえない。真理とは、真理として通用しているところの仮定である。」（林田茂雄『人生論』）

これら自称マルクス主義者が、文学者ないし哲学者でなくて自然科学者であったなら、おそらくこのような逸脱は起さずにすんだであろう。これでは百年前の労働者哲学者にくらべて学問的に後退しており、科学を仮説に解消させる点では事実上プラグマティストないし観念論者のお先棒をかついでいるにすぎない。これでは仮説は永遠に仮説であり、仮説を証明するための実験も理論を受けとる場合の追試験もいっしょくたになっている。発展の原動力は矛盾であり、現実の世界と認識との矛盾が実践を媒介として発展していくのであるが、これが矛盾ぬきで実践それ自体が基本的な存在だということになったのでは、正しい意味での仮説の持つ意義と役割も理解できなくなってしまう。どんな観念論者であっても、自分の存在していることは疑わないであろうし、自分が人間であることや男性であることは疑わないであろう。そのとき、その認識は対象である自分とのむすびつきにおいて、真理とよばれるのである。それは「もしたしかであるならば」という仮定の上に立っているのだとか、フィクションで仮説なのだとか主張するならば、家族や医者や警官などが大笑いしながら実践的に証明してくれるはずである。

それでは自然科学者は誰もこのような逸脱を起さないかといえば、決してそうではない。自然科学者の中にも、観念論者と同じように、あるいは観念論者の主張を受け入れて、科学を仮説に解消させる人びとが存在する。これがさらにプラグマティストや観念論者や自称マルクス主義者に確信を与えることになる。これは科学の発展のジグザグなコースを正しく理解できない、形而上学的にしかとらえることのできない、自然科学者のおちいるあやまりである。すでにエンゲルスは『反デューリング論』で認識の発展・科学の発展の持っている矛盾を指摘しながら、「真理性を主張する無条件的な権利をもつところの認識は相対的誤謬の系列を通じて実現される」とのべたのであって、この相対的誤謬とは「正しいものよりも、修正の余地のあるもののほうがずっと多くふくまれている」認識をさしている。しかしその後のマルクス主義者は、この相対的誤謬が学説として大なり小なり科学の体系の中に混入し、あやまって科学の名の下に扱われているという事実や、これと相対的真理との正しい関係の問題などを、無視して来た。これは相対的真理がエンゲルスの意味で正しく理解されず、歪めて解釈されたことと無関係ではない。(5) 相対的誤謬と相対的真理とを対立物としてとらえることができず、ブイホフスキーのように「歴史はただ相対的真理を、すなわち相対的誤謬であるところの真理を、知るのみである。」などと両者を混同して扱うのも、そこに原因があったと考えられる。

マルクス主義はヘーゲル弁証法を逆立ちと見て、この相対的誤謬をひっくりかえすことを主張しかつ実行したわけであるが、科学の体系の中にもこれと似た逆立ち理論が大なり小なり混入しているのであって、それらはつぎつぎと克服されてはいるものの、さらに新しいものが生れてくる。

「自然科学そのものにおいてもわれわれは、現実的な関係を逆立ちさせて、映像を原形だと見なすような理論、従って右のようにひっくりかえしをやる必要のある理論に、実にしばしばぶっつかる。かような理論は実にしばしばかなり長い期間にわたって行われるものである。熱がほとんど二世紀間にわたって、通常の物質の一つの運動形態と見られず、何か特殊な神秘の物質と見なされて来たのは、まさにそうした実例であった。そして力学的熱理論がそれのひっくりかえしをやってのけたわけである。それにもかかわらず、カロリイク説に支配されていた物理学はいくつかのきわめて重要な熱の法則を発見し、そして特にフーリエとサディ・カルノーとによって正しい見解のために道を開いた。そしてこんどはこの正しい見解の方が、それに先行した学説の発見した諸法則をひっくりかえして、自分自身のことばに翻訳しなければならなかったのである。」（エンゲルス『反デューリング論』旧序文）

学説としての相対的誤謬も、体系の末端に存在するさほど重要な意味を持たないものであるならば、その誤謬が発見されてもそれほどショックではない。けれどもそれが体系の核心をなしている存在であって、その誤謬の訂正が体系を根本からひっくりかえすような場合には、これまで科学の体系に深い信頼を持ち科学ないし真理を固定したものとして考えていた人びとに、大きなショックを与えずにはおかない。これらの人びとは、こんどは反対の極端へとびうつって、科学の体系はもともと信頼しがたいものであり、仮説でありフィクションなのだと思いこむようにもなる。天動説はコペルニクスによってひっくりかえされ、フロギストン説は酸素の発見によってひっくりかえされた。光も、はじめは発光体が光の粒子すなわち「光素」を放出して、これが真空の空間をボールがとんでくるように進んで来てわれわれの目に達するために、光の感覚が起るのだと説明されていた。これに対してホイヘンスが、光は波動であって実体的なものが移動するのではないと主張し、これがのちに電磁波説へと発展していったのである。

科学史を学んだ人びとも、これらの事実をまだ科学の発展していなかった過去の時代の偶然的な逸脱であるかのように、もはや現在ではカロリイクやフロギストンに類するような空想的な実体を基礎におく学説はあとを絶ったかのように、思いやすい。否である。歴史は繰返すという考えかたも一面の真理であって、科学はこの種の逸脱をいまなお繰返しているのである。疾患は微生物すなわち実体によって起るという経験を、そのままガンに持ちこんで、特殊な微生物たとえばウィルスからガンの原因を一元的に説明しようとする試みは、いまだにあとを絶たない。生理学や医学で、現在何々因子と名づけているものが、果して実体として存在しているか否かは大いに疑わしい。また感覚の中の嗅覚・味覚については、化学的な物質の実体的な作用として、いわば鍵と鍵孔にも似た作用として説明されている。「嗅素」あるいは「味素」ともいうべきものが論じられ、嗅覚は「六つの基本的な匂い」の組合せによって起るのだとか、味覚は「四つの基本的な味」の組合せによって起るのだとか、説明されている[6]。これらは、視覚を光の作用として説明するのではなく、色を感じるのは対象から「色素」という実体がやって来るからであり、空が青く見えるのや雪が白く見えるのは空いっぱいに青い「色素」があったり雪が白い「色素」をふくんでいたりして、それらがわれわれの目玉から入りこんでくるためだと説明するのと、あまりちがわないのである。

(1)　真理はいつどこへ持っていっても依然として真理であって、時間や現実のありかたの変化によって誤謬に転化するようなことはありえない、と思いこんでいる人間は、ある真理が誤謬に転化したかどうかと絶えず疑惑を持つことが異常としか思えない。それゆえデューリングも、「持続的な疑惑ということ自体がすでに病的な衰弱状態であり、むちゃくちゃな混乱の表現にほかならない。」と思いこんでいた。マルクス主義者と自称する現代のデューリング諸君も同じであって、マルクスが「すべてを疑え」といったことは聞き流して、「レーニンから疑え」といわれると頭に来てしまい、これはマルクス＝レーニン主義を否定するものだときめてしまうのである。「レーニンから疑え」を拒否する立場はほかならぬ「レーニンは神聖にして侵すべからず」であり、この信仰主義こそマルクス＝レーニン主義の否定なのである。

(2) これはガリレイなりファラデイなり、劃期的な業績をのこした科学者の実験について知っている者にとっては、自明のことである。ただし二流のなまけ者の社会科学者にとっては、自明のことではないであろう。

(3) 科学者はその業績において体系を発展させるのであるが、評論家は単なるエッセイを書くだけで体系の発展にはたづさわらない。そのために、体系ということばを聞くと、何か固定した存在で理論の発展とは相容れないものであるかのように、マルクス主義は体系を拒否するものであるかのように、アレルギーを起す評論家も出てくるわけである。

(4) 仮説と科学との区別は相対的ではあるが、区別を与えるためには現実のありかたとの照応という問題が入りこんでくる。それゆえ、客観的な現実の世界の存在を認め、その反映としての認識のありかたを認めることを拒否する立場、すなわち観念論の立場では、この区別を与えるための客観的な基準が存在しない。そこから両者の混同が出てくるのである。

(5) この歪めた解釈は、レーニンの『唯物論と経験批判論』にはじまる。詳細は、三浦つとむ『レーニンから疑え』参照。

(6) これが現在の生理学の定説であり、心理学者もこのような解釈を受け売りしている。分子生物学の観点からはこれ以外の解釈が出てこない。

三　概念と判断の立体的な構造

われわれが抽象的なかたちで思惟をすすめるときには、概念とよばれる超感性的な認識が使われる。しかし一部の学者は、思惟を頭の中で行う言語活動であると主張しているのであって(1)、これは思惟をすすめるときに頭の中に観念的に音声や文字があらわれるという経験から出発している。それゆえ、概念と言語との関係が明かにされなければならないが、これは言語の発生と発展を歴史的＝論理的に検討することになるので、後に譲ることとし、ここでは言語の問題を一応捨象して概念のありかたを考えてみよう。

概念は個々の事物の持っている共通した側面すなわち普遍性の反映として成立する。すでに述べて来たように、個々の事物はそれぞれ他の事物と異っていてその意味で特殊性を持っていると同時に、他の事物と共通した側面すなわち普遍性をもそなえているので、この普遍性を抽象してとりあげることができる。たとえば私の机の上に文字を記すための道具が存在するが、軸は黒いプラスチックでつくられ尖端に金属製のペンがついていて、カートリッジに入っているインクがペン先に流れ出るような構造になっている。このような道具は多くのメーカーでそれぞれ異ったかたちや材質のものを生産していて、私の持っているものにも他のものとは異った個性があるけれども、それらは共通した構造にもとずく共通した機能を持っていて、ここからこれを「万年筆」とよぶわけである。それゆえ、**概念にあってはその事物の特殊性についての認識はすべて超越され排除されてしまっている**。だがこのことは、特殊性についての認識がもはや消滅したことを意味するものでもなければ、無視すべきだということを意味するものでもない。特殊性についての認識は概念をつくり出す過程において存在し、概念をつくり出した後にも依然として保存されている。私が「万年筆」を持っているというときのそれは、私の机の上にあるそれであって、文房具店のケースの中にあるそれではないし、もし必要とあらばその概念の背後に保存されている特殊性についての認識をもさらにそれ自体の他の側面である普遍性においてとらえかえして、「黒い」「万年筆」とか「細い」「万年筆」とか、別の概念をつけ加えてとりあげるのである。(2)

この場合の「万年筆」は、机の上に個別的な事物として存在している。私はこの事物の普遍性を抽象して概念をつくり出したにはちがいないが、その対象とした普遍性はこの個別的な事物の一面として個別的な規定の中におかれている普遍性にすぎない。普遍性をとりあげてはいるものの、問題にしているのは個別的な事物それ自体なのである。しかしわれわれは、個別的な事物ではなく、この普遍性をそなえている事物全体を問題にすることも必要になる。このときにも同じように普遍性が抽象され概念がつくり出されるが、その普遍性はもはや個別的な規定を超えた存在としてとらえられるのであり、類としての普遍性が対象とされているのである。「万年筆はますます普及している」というときの「万年筆」は、個別的な存在ではなくて全体を問題にしている。さきの私の「万年筆」が個別的概念であるのに対して、この全体をとりあげた「万年筆」は普遍的概念あるいは一般的概念とよぶべきものである。これと同じことは、鉛筆やボールペンについても成立するのであって、「鉛筆」「ボールペン」などの概念にも、個別的な事物をとりあげた個別的概念もあれば、全体をとりあげた普遍的概念もあるわけである。

つぎに、類としての普遍性を考えてみると、これは個別的な事物のすべてをつらぬいているという面から見て、たしかに普遍性であるにはちがいない。けれども類とよばれる存在はきわめて多種多様であって、その意味で類としての普遍性それ自体はいずれもひとつの個別的な存在として扱われることになる。「万年筆」という類、「鉛筆」という類、「ボールペン」という類など、個別的な存在としての類が多種多様にあって、さらにこれらに共通した普遍性を対象とする「筆記用具」というヨリ高度の普遍的概念も成立している。そしてこの普遍性に対しては、「万年筆」「鉛筆」「ボールペン」などの個別的な存在としての類はそれぞれ特殊性をそなえた類としてとらえかえされることになり、これらは特殊的概念の性格を与えられることになる。さらにこの「筆記用具」も、「文房具」という普遍的概念に対しては特殊的概念であるというように、ヨリ低い類からヨリ高い類へと対象の立体的な構造をたどって認識が発展し、抽象のレベルが高くなっていく。そしてそれにもかかわらず、これらの概念は超感性的な点で共通しており、言語表現でも同じ語彙が使われるのである。(3)

このように、概念は現実の立体的な構造に対応して、やはり立体的な構造をとることが要求されているのであるが、これを平面化したり切りはなして扱ったりするあやまりも起りうる。机の上に万年筆しか存在しないならば、「机の上の書くものをとってくれ」と抽象のレベルの高い普遍性でとらえても、万年筆をとってくれるであろうが、机の上に鉛筆もボールペンもあるときにはこのレベルではそのいづれにもあてはまるから、手当り次第にとってくれるであろう。「机の上の万年筆をとってくれ」といわなければならない。いわれた側では、「万年筆」の類としての特殊性を認識しているから、それに相当する存在をいろいろな存在の中からえらび出してとってくれるはずである。鉛筆がほしいときにも、同じように「机の上の鉛筆をとってくれ」といって、「鉛筆」の類としての特殊性の認識に訴えるわけである。このときの「万年筆」「鉛筆」は個別的概念として個別的な事物をとりあげているのであるから、この二つの異った概念にはそれぞれ異った二つの個別的な事物の一面である個別的な規定の中におかれた普遍性が対応している。しかし「万年筆」「筆記用具」というこれも二つの異った概念には、それぞれ異った二つの個別的な事物ではなく、一つの個別的な事物の立体的な異った普遍性が対応している。それゆえ「万年筆」と「鉛筆」とはそれぞれ別に存在すると考えて、「万年筆」のほかに「鉛筆」をさがそうとするのは正しいが、もし「万年筆」と「筆記用具」との場合にも同じように考えて、「万年筆」のほかに「筆記用具」をさがそうとするならばそれはあやまりである。この二つの概念は、抽象のレベルの差異によって生れたのであるから、抽象として頭の中で切りはなして別々に扱っていても、現実の事物としては切りはなされて存在しているわけではないからである。

「物質」というのは非常に高度なレベルの抽象である。現実の具体的な個別的な事物としての「太陽」とか「地球」とか、あるいはやや高度のレベルの抽象である「元素」とか「原子」とか、あるいはさらに高度のレベルの抽象である「エネルギー」とかいうような、さまざまの概念でとらえている存在のほかに「物質」をさがそうとするならば、これもあやまりといわなければならない。**けれども「万年筆」のほかに「鉛筆」をさがそうとする習慣はこの場合にも持ちこまれる可能性がある。**事実昔から、さまざまな個別的な事物のほかに、どこかに「物質」そのものがあるはずだと考えて、さがし求めた学者もすくなくないのである。もちろんどこをさがしても、そのようなものをとらえることはできない。「物質」は抽象として頭の中で切りはなして扱っているが、現実に切りはなされて存在しているわけではないのに、頭の中で切りはなされているからには当然現実にも切りはなされてあるにちがいないと、抽象の産物をそのまま現実の世界に持ちこむ人たちは、結局のところ、たしかに「物質」はあるはずだがそれはわれわれがとらえることができないのだと考えることになる。このようにして、「とらえることのできない物自体が存在する」とか、「実在は不可知である」とか、カント主義ないし不可知論への転落がはじまるわけである。[4]

概念には外延と内包とが存在する。外延とは、概念の対象としている普遍性がつらぬかれているところの事物の範囲であり、内包とは、概念の対象としている普遍性に構造的につねに相伴うところの普遍的な事物のありかたである。「文房具」「筆記用具」などの概念では、外延も内包も反省すれば容易にとらえられるのだが、「国家」などの概念になると、学者によってちがいが出てくる。そして内包をどうとらえるかによって外延のとらえかたも規定されてくる。国家につねに相伴うものとして国民・国土・国家意志・国家強力などをあげるのは異議ないにしても、階級支配をあげるか否かについては反対する学者もあり、それによって原始社会の公的権力を国家とよぶべきか否かも規定されてくることになる。

普遍的概念をわれわれは**範疇**ともよんでいるのだが、哲学者たちの範疇とかカテゴリーとかよぶものはそうではなくて、ギリシア以来哲学に使われるもっとも基本的な普遍的概念をさしている。したがって、哲学者によって範疇とかカテゴリーとかよぶものはくいちがってくることになるが、論理学に使われるいくつかの基本的な普遍的概念をさすのが普通である。自称マルクス主義者もこれを真似て、社会経済的構成、生産力、生産関係、土台、上部構造、階級、革命などが唯物史観の範疇だなどと論じている。

概念はこのように事物のさまざまな普遍性を反映するものとして、多くの場合バラバラに切りはなされたかたちでつくり出される。それゆえわれわれはそれぞれの場合に、対象とする事物の平面的な立体的な構造に対応させて、認識の側からバラバラな概念を相互にむすびつけ構造づけていかなければならない。これは概念を使うことであり、概念をつくり出すこととは相対的に区別される異った精神活動であって、この能動的な構造づけを一般に**判断**とよんでいる。与えられる事物のさまざまな構造に対応して、判断もさまざまなかたちをとることとなり、事物についての認識が深化するのに伴って、判断もまた高度のものに発展していくのである。

ヘーゲルは『大論理学』の第三部、主観的論理学または概念論において、判断をつぎのように類別している。

A　定有の判断（Urteil des Daseins）（個別性の判断）

これは判断のもっとも単純な形式であり、直接的な判断である。この判断においては、個々の事物についてある一般的な属性が肯定的もしくは否定的に立言されるから、「内属の判断」でもある。「述語はその基礎を主語に有つところの非自立的存在という形式を持つ」のである。それは三つに分類される。a肯定判断――バラは赤い。b否定判断――バラは青ではない。c無限判断――バラは象ではない。

B　反省の判断（Urteil der Reflexion）（特殊性の判断）

これは主語について一つの関係規定が立言される。述語は主語に内属するものではなく、「包摂の判断」である。a単称判断――この人間は死すべきものである。b特称判断――若干の人間は死すべきものである。c全称判断――人間なるものは死すべきものである。

C　必然性の判断（Urteil der Notwendigkeit）（特殊性の判断）

これは主語についてその実体性が規定される。a定言判断――バラは植物である。b仮言判断――もし太陽がのぼれば、昼である。c選言判断――肺魚は魚であるか、又は両棲動物である。

D　概念の判断 (Urteil des Begriffs)（普遍性の判断）

これは主語が「一つの真実の判定」として、一般的本性にどの程度に一致するか否かが立言される。a実然判断——この家は悪い。b蓋然判断——家がこれらの性状を有するなら、良い。c必然判断——これこれの性状の家は良い。

エンゲルスはこのヘーゲルの判断論をとりあげて、つぎのように書いている。

「これを読めばいかにも無味乾燥ではあるが、また一見したところ判断のかかる分類はところどころいかにも勝手気ままにつくりあげたように見えるところがあるかも知れないが、かかる類別の内面的な真理性と必然性とは、ヘーゲルの『大論理学』における天才的な展開を徹底的に研究する者には、誰にとっても明白となるであろう。しかしながら、かかる類別が思惟法則においてのみでなく、自然法則においてもまたいかに立派に基礎づけられているか、ということに対して、われわれはいまここに別の領域からごく有名な一つの例を掲げよう。

摩擦が熱を創り出すということ、このことは、すでに有史前の人類によって、彼らがおそらくは十万年もさらに以前に摩擦火を発見したとき、またさらにそれより以前において冷えた身体の局所を摩擦によって温めたときから、実際的に知られていた。しかしながら、このときから、摩擦は一般に熱の一源泉であるということが発見されるまでに、幾千年を経て来たことかは誰がこれを知ろうか。ともあれこうして、かかる時代、すなわち人間の頭脳の充分な発達の結果、摩擦は熱の一源泉であるという判断、いいかえれば定有の判断を、しかも肯定判断を下しうる時代が到来した。

さらに幾千年を経て、ついに一八四二年にマイエル、ジャウルおよびコールディングはこの特殊な事象を、このときまでに発見されたこれと類似の他の諸事象との関係に基いて、すなわちそれのもっとも手近かな一般的諸条件に基いて研究し、そして判断を下のように定式化した——一切の力学的運動は摩擦を媒介として熱に転化せしめうるものである。われわれが対象の認識においてかかる定有の肯定判断から、かかる反省の全称判断にまで進みうるには、かくも多くの時間と尨大な経験的認識とを要したのであった。

しかしながらいまや事情は急速に発展した。すでに三年後にはマイエルは、すくなくとも本質的な点では反省の判断を、それが今日もなお妥当性を有する段階にまで高めることができた。すなわち――

いかなる形態の運動も、それぞれの場合に特定された諸条件の下において直接もしくは間接に他のあらゆる形態の運動に転化することが可能でもあり、必然でもある、と。――これは概念の判断、しかも必然判断であり、判断一般の最高形式である。

したがってヘーゲルにあっては判断それ自体の思惟形式の展開として現われたところのものが、われわれにおいてはこの場合、運動一般の性質に関する・われわれの経験的基礎の上に立つ・理論的知識の展開として現われている。このことたるやまさしく思惟法則と自然法則とは、それらが正しく認識されさえすれば必然的に相互に合致するものであることを示している。

われわれは第一の判断を個別性の判断として理解しうる。すなわち摩擦が熱を創り出すという個別的な事実が記録される。第二の判断を特殊性の判断として理解しうる。すなわち運動の特殊な形態、たとえば力学的運動は、特殊な事情の下において（摩擦によって）ある他の特殊な運動形態、たとえば熱に転移するという性質を示している。第三の判断は普遍性の判断である。即ちいづれの運動形態も他のあらゆる運動形態に転化する可能性を有し、かつまた転化せざるをえないものとして示された。この法則はその最高の表現に到達したわけである。」（エンゲルス『自然弁証法』）

武谷三男はさらにすすんで自然科学史から理論発展における三つの段階を指摘し、彼のいう三段階論を主張した。

「第一段階として現象の記述、実験結果の記述が行われる。この段階わ現象をもっと深く他の事実と媒介することによって説明するのでわなく、ただ現象の知識を集める段階である。これわ判断とゆうことからすれば、ヘーゲルがその概念論で述べている様に個別的判断に当るものであって、即ち **Dasein** の肯定的判断として、個別的な記述の段階であり、**an sich** である。これを現象論的段階と名付ける。ティコの段階。

第二に現象が起るべき実体的な構造を知り、この構造の知識によって現象の記述が整理されて法則性を得ることである。但しこの法則的な知識わ一つの事象に他の事象が続いて起ることを記すのみであって、必然的に一つの事象に他の事象が続いて起らねばならぬとゆうことにわならない。即ちこれわ **post hoc** とゆう言葉で特徴付けられるので、これわ概念論の言葉で云えば、特殊的判断と云えるものである。特殊的な構造わ特殊的な事情において特殊的な現象をもつことを述べるものである。**für sich** の段階でその法則わ実体との対応の形にをいて実体の属性としての意味をもつのである。これを実体論的段階と名付ける。ケプレルの段階であり、論理わスピノザ的である。

第三の段階にをいてわ、認識わこの実体論的段階を媒介として本質に深まる。これわさきにニュートンの例にをいて示した様に、諸実体の相互作用の法則の認識であり、この相互作用の下にをける実体の必然的な運動から現象の法則が媒介し説明し出される。即ちこの段階にをいてわ **propter hoc** とゆう言葉で特徴付けられる。**an und für sich** の段階であり、概念論でいえば普遍的判断であり概念の判断である。即ち任意の構造の実体わ任意の条件の下にいかなる現象を起すかとゆうことを明かにするものである。これを本質論的段階と名付ける。」（武谷三男『ニュートン力学の形成について』）(5)

ここでとりあげられた、思惟法則と自然法則との展開が相互に合致するという問題は、別のことばを使うなら、科学の体系の歴史的な発展は論理的であるという問題である。現実の世界のありかたの歴史的な発展と、その論理的なありかたとの関係については、すでに両者を統一において理解するのが正しいといわれて来た。「論理的な取扱いかたは、実は、ただ歴史的な形態と攪乱的な偶然性とを剝ぎとった歴史的な取扱いかたにほかならない」(6)のであって、このようにして成立した思想は「歴史的経過の・抽象的で論理的に一貫した形態における・映像にほかならない」のである。この、歴史と論理との統一は、現実の世界のありかただけでなく、認識のありかたにおいても成立するということを、自然科学の発展は実証している。これは当然予想されることであって、現実の世界が歴史と論理との統一であるならば、その反映である認識もまたそれに照応して、やはり歴史と論理との統一を示すであろうと考えるのは合理的だからである。

現実の歴史はしばしば飛躍的にかつジグザグに進行するが、認識ないし科学の歴史についても同じことがいえる。科学の歴史をいくつかの段階に区別して論理的にとりあげる場合も、攪乱的な偶然性を捨象して大づかみに扱っているのであって、ジグザグの進行を否認するものではない。われわれの日常の行動にしても、直線的にすすむわけではなく、仔細にながめれば多くのジグザグを見出すことができる。登山は平地から山頂への到達だといっても、その間には下り道もあり、時には崖くずれにぶつかって思わぬまわり道をすることもあり、泳いで渡ることのできぬ急流を前に頭をなやますこともあれば、体力が消耗して頂上を目前にしながらキャンプへ戻らねばならぬこともある。山それ自体の条件ばかりでなく登山する人間の主体的条件からも規定されてくる。認識もこれと同じであって、現実の世界の側から受動的に反映されるわけではなく、予想や仮説をつくりながら能動的に現実の世界へ働きかけていくのであるから、現実の世界それ自体の条件ばかりでなく認識する人間の主体的条件からも規定されてくる。これまでの研究で成功した発想をどこまでも持ちこんで限界を逸脱してしまい、あやまった判断におちいることもあれば、宗教的なイデオロギーを持っているためにそれから規定されて、あやまった先入見を押しつけることもある。すでにとりあげたように、自然科学においても逆立ち理論が長い期間にわたって正しいものと認められた例がすくなくないのである。三段階論はこれらのジグザグを捨象した非常に高度のレベルの抽象においてつくり出されているのであるから、この抽象をそのまま具体的な科学の歴史に押しつけて、ここがくいちがうとかあそこがはみ出しているとかいい、それをふりまわして三段階論は欠陥があるとかあやまっているとか主張する評論家は、抽象についての無理解をPRしているようなものである。

事物の歴史的＝論理的な把握は、対象の正しい位置づけを行うとともに、将来の発展についての正しい見とおしを与える。科学者による科学の歴史的＝論理的な把握も同じであって、どこに問題があるかどこをどう創造的におしすすめたらいいかについての指針として大いに役立つのである。(7)

判断は概念相互の能動的な構造づけであるから、判断を下すだけの自信がない場合もあれば断定しかねる場合もあり、また予想した判断が現実にぶつかってくつがえされる場合もある。「このバラは赤い」という肯定判断に対して「このバラは赤くなくはない」という否定判断を二重化した二重否定のかたちがある。はじめの予想では赤くないと判断したが現実にぶつかってくつがえされた場合の「なくはない」なら、「赤い」と結果において同じではあるが、過程のちがいを無視することはできない。しかし現実のバラは赤いともいえるが桃色といえないこともないような、不明瞭な断定しかねる存在の場合、赤いというほうにウエイトをおいて「なくはない」と表現するのは、現実の不明瞭さを忠実にとりあげた不明瞭な判断であって、「赤い」という明瞭な判断とはまったく異ったものだといわなければならない。前者は対象と関係のない認識の矛盾から生れた二重否定であるが、後者は対象の不明瞭から生れた二重否定であって区別しなければならない。

(1)　頭の中で言語を駆使することが思惟であるという発想は、いわゆる「内語」について論じる人びとに共通して見られるところである。これは経験主義的な解釈であるが、それでは表現として頭の外に存在する「外語」と頭の中に存在する「内語」とはどういう関係にあるのか、どうして「内語」なるものが成立したのかと反問しても、説得的な答は得られない。言語そのものが外へ出たり内へ入ったりするかのように説明しかねない。

(2)　「黒い」「細い」という概念が、それ自体として普遍性の認識であると同時に、「万年筆」については特殊性の認識でもあるというのは、やはり一つの矛盾である。われわれは自覚することなしにこのような矛盾をつぎつぎと創造しながら、表現を行っているわけである。

(3)　これは言語学者に対する警告でもある。語彙論にしがみついて認識の構造を科学的に把握しようとしなければ、言語学は言語表現の理論へと発展することはできないのである。

(4)　この「とらえることのできない物自体」に対する批判は、観念論の立場からであるとはいえ、ヘーゲルによって深刻に行われている。カント哲学の「本質的な欠陥は、この哲学が抽象的な物自体を終極的な規定として頑強に固執し、反省または規定性、および特質の多様性を物自体と対立させたことにある。」「実際においては、物自体は本質上この外的反省を自己自身のうちに持ち、自己をそれ自身の規定・特質を与えられたものとして規定し、抽象的な物、純粋の物自体としての自己の規定が虚偽であることを暴露する。」（ヘーゲル『大論理学』第一部第二篇第二章）それゆえカント哲学にあっては、法則性は物自体に属しているものでなく、主観によって与えられるものと考えられているのに対し、ヘーゲルにあっては物自体の持つ本質的な関係と考えられているのである。

(5)　一部の　前衛」評論家が、武谷の三段階論は素粒子論をやらない者には理解できぬかのように主張しているのは、その成立過程および論理学の性格についての無知を告白したものである。武谷の三段階論は科学史の発展において論じられ、同じくヘーゲルの判断論から出発しながら、庄司の三段階連関理論は個人の認識の発展において論じられていることも、興味が深い。

(6)　以下は、マルクスの『経済学批判』に対するエンゲルスの書評（一八五九年）からの引用。さきの『自然弁証法』での思惟法則と自然法則との合致の指摘は一八八二年に書かれたものである。

(7)　科学の最前線で創造的な仕事をしている科学者は、前進するために大胆に仮説を立てねばならず、理論の発展についての見とおしを持たないわけにはいかない。そこから方法の重要なことも、その有用性も、身をもってわかってくるのである。評論家はこのような仕事にたづさわっていないから、方法の重要性を強調されても実感として受けとめることができず、哲学の不当な重視のようにしか受けとれない。これは社会科学にも自然科学にも共通していえることである。

四　欲望・情感・目的・意志

事物の構造に対応する認識の能動的な構造づけは、判断から**推論**へとすすんでいく。バラバラな概念を相互にむすびつけることによって判断が成立したように、バラバラな判断を相互にむすびつけることによって推論が成立するのである。この推論の分類と展開においても、ヘーゲルはそのすぐれた能力を示している。「推論においては概念諸規定は判断の両項のような形で存在するが、同時にそれらの規定的な統一が措定されている。推論は従って完全的に措定された概念である。故に推論は理性的なものである。」(1)こうして成立する推論にあっても、判断と共通した発展過程が示されるのであって、判断が直接的な定有の判断から反省の判断へ必然性の判断へと展開されるように、推論も直接的な定有の推論から反省の推論へ必然性の推論へと展開されている。そしてそのさきはどうなるかといえば、ヘーゲルでは「概念は客観性としての実在を獲得(2)」することになっており、自己を現実の世界に転化させるわけであるが、われわれの認識論でいうならば、認識と現実の世界との最高の一致がかちとられるのである。

この昔から論理学がとりあげて来た概念から判断へ推論へという認識の展開も、感覚から出発するところのさまざまな認識をその背後に保存しているのであって、推論としての結論から意志を媒介として実践へとすすむ場合にも、それら背後に保存している認識とのかかわり合いにおいて具体化され表象化されていく。それゆえこれまでとりあげて来なかった、認識の他の側面の発展をここでふりかえってみる必要があろう。

認識は映像である。映像といわれるものは、それ自体実体として存在するわけではないが、しかも空中に浮んでいるのではなく、すべてそれなりのささえ手に担われている。湖に山々がその影を落しているときには、水面がその映像のささえ手であり、映画館で映画が映写されているときには、スクリーンがその映像のささえ手である。水面の映像は、太陽の位置や雲の状態や霧の有無や風のありかたなどによって、大きく変ってくる。山が動かなくても、風が水面をゆすぶれば、それとともに山の映像も動揺する。スクリーンの映像は、映写機の状態や光線の色や明るさや館内のタバコの煙の有無やスクリーンのありかたなどによって、大きく変ってくる。他のありかたは変らなくても、スクリーンに塵埃が附着すれば、映像も汚れた色になってくる。**映像のささえ手は映像にとって一つの外界である**から、このささえ手のありかたから映像のありかたが規定されてくるという関係を無視することはできない。テレビの映像のささえ手はブラウン管の螢光膜であるが、これが質的な変化を起すと他の条件は同じでも映像のコントラストがハッキリしなくなってくる。人間の眼も細胞のありかたが異ると、同じ映像を受けとりながら色彩を感じたり感じなかったりする。色盲とよばれるものも、映像のささえ手の質的なちがいの問題である。

無生物も生物もその環境との連関において存在する点で共通しているが、**相互関係の持つ役割はまったく反対である**。無生物がその環境との連関において分解したり結合したりするときには、損傷であり変質であるけれども、生物にあっては物質代謝によって絶えず自己更新を行うことこそ生命を維持するための不可欠条件である。無生物がその外界の映像のにない手となったとしても、それは何ら積極的な意味を持つものではなく、時には損傷であり変質である(3)けれども、生物にあってはその外界の映像のにない手となることによって生物としての活動を積極化し、損傷や変質から自己を防衛するために役立つのである。非常に強い痛みがつづくような場合、われわれは神経の存在をうらみたい気もちになるけれども、この痛みはとりもなおさず危険信号であって、痛みの強さと危険の重大性とは必ずしも比例するわけではないが、神経細胞から脳に対して適切な処置をとれという警告が与えられているのである。もしこの種の警告がなく、危険を自覚できなければ、事態が進行してもはやとりかえしがつかなくなる状態にさえなりかねない。その意味で、この痛みも合理的な存在なのである。

生物体は有機体とよばれ、きわめて多種多様の運動形態をその内部にふくみながら、外界との交渉・連関において存在している。生命は物質代謝とよばれる非敵対的矛盾の形態をとって、その対立した側面を調和的に維持していく。現在の生理学は、生物体のこの「平衡状態を保つ活動」を、ホメオスターシス（homeostasis）と名づけているのだが、その論理的な理解の水準は一九世紀の矛盾論をおいかけながらいまだに追いつきえないでいるものといえよう。生物体はこの調和あるいは平衡を維持しながら絶えずそれ自体として変化していき、その外界との交渉・連関のありかたも絶えず変化している。脳細胞は神経細胞を通じて身体のさまざまな部分との連関を持っており、生命を維持し生活を行うためのいわば司令部として、身体のさまざまな部分との相互関係において活動している。生物体としては生物体外が外界であるけれども、神経細胞から脳細胞への系列すなわち認識のささえ手からすればこれら以外の生物体の内部もやはり一種の外界であり、認識からすればささえ手さえも外界になる。生物体の外界との交渉・連関も、生物体のさまざまな部分との媒介において認識のささえ手にむすびついていくのであるから、生物体の外部が原因で痛みが起ったとか内部が原因で痛みが起ったといっても、それは相対的な区別でしかない。いま、指さきに突然異様な感覚を与えられたとすれば、われわれは指さきをながめ、そこに針が存在していたなら、針がさしたためだと判断する。しかし一方では、指さきに異様な感覚を与えられるとともに、反射的にすぐ指をひっこめるという、生物体の運動としての反応もあらわれる。そして指から針がはなれた後にも、なお指さきが痛むとすればこれは脳に対する警告であって、認識の発展としてはこれから針の扱いかたに気をつけよう、こんな失敗をくりかえすまいと反省することにもなるが、しかし一方ではこの痛みをなくしたいという欲望が生れるために、薬がどこにあったかと考えてさがす思惟から行動への過程があらわれる。認識それ自体の発展だけでなく、意欲を媒介として生物体の現状を変えようとする能動的な認識へ行動へとすすんでいく。

食物をとらないでいると、体内の生理的条件が変り、脳に食物を与えよという警告がやって来て、次第にはげしくなってくる。これを飢餓とよんでいる。水分が欠乏していると口から喉が乾燥するために、水を与えよという警告がやって来て、次第にはげしくなってくる。これを渇とよんでいる。これらも欲望から能動的な認識へ行動へとすすんでいく。肉体的あるいは精神的に活動をしすぎると、休息を与えよという警告がやって来て、次第にはげしくなってくる。これを疲労とよんでいて、これは欲望から活動の停止へとすすんでいくけれども、時には欲望さえも停止して生物体が動かなくなってしまう。これらは生物体自身の生命の維持につながる欲望であるが、生物体内部の生理的な変化から他の生物体である異性に対する欲望いわゆる性欲とよばれるものも生れて来て、能動的な認識から行動へとすすんでいく。これも社会的に大きな影響を及ぼす可能性を持っている。

欲望とか意欲とかいわれるものは、単に物質的な生活としての生命の維持や異性とのむすびつきにあらわれるにとどまらない。人間は現実の世界との能動的な交渉・連関を持って、物質的ならびに精神的な生活資料を創造していくから、物質的な生活資料たとえば住居や衣服や家具などに対しても、精神的な生活資料たとえば楽器や書物などに対しても、生活の中で欲望なり意欲なりが形成されるようになり、生活の発展に応じて発展していく。飢餓や渇や疲労や性的孤立は、不快もしくは苦痛を覚えることになり、それらの欲望をみたすことは快感を覚えることになるが、生活資料をめぐってもこれと似た状態があらわれてくる。そしてわれわれは、感覚からつくり出されてくるこのような**情感**とか**情緒**とかよばれる精神的な存在から規定されて、生活資料が感覚に与える色や音や臭気や味などにしても不快もしくは苦痛を覚えるようなものをしりぞけ、快感を覚えるようなものを求めたり創造したりしていく。悪い道をバスでガタガタゆすられながら行くのは、肉体的にひいては精神的に苦痛を覚えるから、行かねばならぬ用事があってもなかなか行きたいという気もちになれないが、高速道路を高級車でスピードをあげてとばすのは快感を覚えるから、用事がなくてももう一度あの感じを味わってみたいという気もちになる。対人関係での情感あるいは情緒は、普通に感情とよばれ、その敏感なあるいははげしい場合を**感情的**などとも名づけている。これらもまたそれなりに発展するのであって、不快もしくは苦痛の発展から恐怖とよばれるものがあらわれたり、快感の発展から歓喜とよばれるものがあらわれたりする。欲望を満すことが妨げられると不満が生れ、その発展から怒りや憎しみがあらわれる。そしてこれらの情感あるいは情緒は、さらに生物体に影響を及ぼして生理的な変化をつくり出すことになる。筋肉がこわばったり、ゆるんだり、血液が集ったり、散っていったり、心臓の鼓動がはげしくなったり、汗が流れたり、ふるえ出したり、その他さまざまな状態を呈する。われわれはこれから、他の人間がいまどのような感情を自分にいだいているかの見当もつけているのである。(4)

砂糖と塩とは異った感覚を与える。対象の質的なちがいが感覚のちがいとして反映されたのであって、対象と感覚とは別の存在ではあるがそこに因果関係が成立してこれによって連関づけられている。われわれはこの感覚の因果関係において二つの単語をむすびつけ、「甘い」「砂糖」とか「辛い」「塩」とか表現する。一方は感覚のありかたを、他方は客観的な物のありかたをとりあげているのであるから、対立した内容の二つの概念が表現されているのである。「四角い砂糖」というときには、どちらも客観的な物のありかたをとらえているから、「甘い砂糖」と認識構造を異にしている。けれども見たところ、「四角い砂糖」も「甘い砂糖」も平面的に文字をならべていて、同じように思われるから、混同されやすいのである。感覚のありかたである「甘い」が「砂糖」と同じく客観的な物のありかたにされてしまい、砂糖それ自体がはじめから「甘い」ものをふくんでいるのだと、観念的なありかたをそのまま空想的に客観的な物に押しつけることになりやすい。ここからさらにすすんで、「甘い」と感じるものにはすべて共通した何か特殊な成分を、いうなれば「甘さの素」をふくんでいるはずだと、自分が空想的に客観的な物に押しつけた・空想としてしか存在しない・実体をさがしもとめたりするのである。「甘い」は感覚で客観的な物のありかたからは相対的に独立していると理解するなら、たとえ同じように「甘い」と感じる物があったとしても、砂糖の場合と同一の実体がそこにあるなどという結論は出さないであろう。これと同じことが、「美しい」「顔」とか「美しい」「行動」とか「美しい」「話」とかいう場合にもいえるわけである。平面的に文字をならべているが、そこに矛盾があることを無視して「美しい」を客観的な物のありかたにしてしまってはいけないのである。情感としてそれらがみな「美しい」と感じられたとしても、そこから「顔」にも「行動」にも「話」にもそれ自体にすべて共通した何か特殊な「美」なるものをふくんでいるものときめては、あやまりなのである。(5) 同じ砂糖をなめても甘いと感じる者もあれば神経の麻痺していて感じない者もあるし、同じ話を聞いても美しいと感じる者も感じない者もある。話を観念的に追体験して、感動する者も感動しない者もあるというのは、主体的な条件のちがいが存在するからである。「美」が外界から入ってくるのを遠慮したわけではない。

動物には思惟する能力がないから、欲望や情感が直ちに行動へとみちびかれるのだが、人間はそうではない。人間にあっては、現実の世界についての認識の発展と、欲望の発展とがからみ合っている。空腹を解消するための食物に対する欲望にしても、その人間にとって先行した欲望の満しかたと無関係ではない。それなりに食べたいものがあり食べかたがある。この食べたいものは、やはりそれなりに人間らしい選択が行われ加工がなされている。それゆえ新しい欲望を満そうとするときにも、食物の補給を絶たれたジャングルの中の兵士のような状況に置かれないかぎり、動物的な行動はとらないのである。人間にあっては、欲望は認識を規定して、現実の世界を先走りしたところの夢をそれなりに頭の中に描かせ、この夢を行動によって実現し欲望を満すという形態をとるのである。ここに、**目的**とよばれる認識が生れてくる。(6)

目的は能動的に現実の世界のありかたを変えるための実践的な出発点である。これはもちろん先行した認識の到達点でもあって、自己の一生のありかたを決定するような大きな目的は推論における結論として理性的に打ち立てられるけれども、そのときどきの判断から出てくる目的もあれば気まぐれな思いつきから出てくる目的もある。だがいづれにしても、単なる予想や願望ではなくて、それを実現しようとする能動的な認識であるところに目的とよばれる根拠がある。それゆえ、たとえあやまった認識から生れた実現不可能な夢であっても、自分の努力ではなく他の人間の努力によりかかった虫のいい夢であっても、それが実践にむすびつき実現を目ざすという能動的な性格を与えられているならば、それは目的とよばれるのである。「横綱になって郷土の人びとの前で晴れの土俵入りをする」ことを目的として、まず力士を志願し採用された少年は、その大きな目的を実現するために、まず毎日の稽古にはげみ、つぎの場所で勝ち越さなければならない。大きな目的をつねに頭の中に維持していくと同時に、その実現過程に存在するいくつかの段階を考え、まずそれの実現に努力しなければならない。これらの段階もつぎつぎとその実現を考えて、それなりにやはり一つの目的を打ち立てるのであるが、これを大きな目的に対して目標ともよんでいる。つぎの場所で勝ち越すというこの段階の目的あるいは目標を実現するための毎日の稽古は、この目的あるいは目標に対して手段といわれている。ところが**この目的あるいは目標もその実現も、大きな目的からすれば手段にほかならない**のであるから、手段は目的の実現を媒介するものとして別個に存在するだけでなく、目的それ自体が同時に手段でもあるという直接的な同一性が成立しているわけである。(7)

この目的の実現のためには、持ち合せている認識を動員して目的を具体化していかなければならない。この能動的な認識のありかたを**意志**とよんでいる。それゆえ、目的は意志の一つのありかたではあるが、目的と区別された意志は**目的に従属するかたちをとり目的の実現に向って目的を具体化していく**ことになる。目的は抽象的なものとしてつねに変ることなく維持されても、目標はその具体化として変化していく。意志とよばれる認識にも段階が存在しているわけである。たとえば、「五〇〇メートルはなれたところにいる友人と、無線で語り合う」という目的を立て、実現するには、その装置を手段として持たなければならないから、「装置をつくろう」という意志を持ち、目的に照応し目的の実現に役立つような装置の設計を、抽象的な構成から配線図へ実体配線図へと具体化していく。目的が変れば設計も変ってくるし、また目的が変らなくても現実の条件が変って安くて優秀な既製品がメーカーから売り出されたとすれば、これを手に入れようという別な意志を持って別の実践にうつるであろう。

意志についてはヘーゲルがきわめてすぐれた分析を示している。

「思惟と意志との区別は単に理論的態度と実践的態度との区別にすぎない。しかし決して二つの能力があるのでなく、意志は思惟の一種特殊な仕方、すなわち自己を定有へと移すものとしての思惟、自己を具体化せんとする衝動としての思惟である。」

「自我は世界を知っているとき世界に安らっているが、世界を概念的に把握したとき、なお一層世界に安らうのである。ここまでが理論的態度である。これに対して実践的態度は思惟に、すなわち自我そのものにはじまり、まず何よりも思惟に対立せしめられたものとしてあらわれる。すなわちこの態度は直ちに分裂を提起するからである。私が実践的・活動的であること、すなわち行為することによって、私は自己を規定する。そしてこの自己を規定するということは、まさにある区別を定立する謂である。しかし私が定立するこの区別は、同時に依然として私のものであり、その規定は私に帰し、私がそれへ駆り立てられる目的は私に属する。ところでたとえ私がこれらの規定や区別を外化する、すなわちいわゆる外界に定立するとしても、なおそれらは私の為せるもの、作れるものであり、それらは私の精神の痕跡をおびている。さてかくのごときが理論的態度と実践的態度との区別であるとすれば、さらに今度は両者の相関関係が示されねばならぬ。理論的なものは本質的に実践的なもののうちに含まれている。このことは、両者がはなればなれのものであるとする考えに反する。けだし我々はいかなる意志をも知性なしにこれを持ちえないからである。逆に、意志は理論的なものを自己のうちに含んでいる。意志は自己を規定する。この規定はさしあたり内面的なものである。私の意志するものを私は自己に表象し、それは私にとって対象である。動物は本能に従って行動し、内面的なものによって動かされる。かくて動物もまた実践的である。しかし動物は何らの意志を持たぬ。けだし動物はその欲求するものを自己に表象しないからである。しかるに人間はまた同様意志を欠いては理論的態度をとること、すなわち考えることはできない。けだし我々は考えることによって、まさに活動的であるのであるから。」（ヘーゲル『法の哲学』第四節補遺）

目的とか意志とかいうことばは、われわれが日常の生活で何の抵抗も感じることなしに使っているし、たがいにそれなりに納得している。組織活動に際しても、「運動の目的」であるとかメンバーの「意志の統一」であるとか、(8) これらのことばを使っているのだが、認識論の教科書には目的論もなければ意志論も見当らない。理論と実践の統一の名の下にこれらがぬきとられていたりしている。心理学もかつては意志について論じたが、現在ではこれをとりあげない学者が多く、これを精神活動の内的な原因すなわち動機（motive）に解消させる傾向がある。これは事実上現実を正視しようとしない逃避的な態度であるが、これらの問題をつっこんでいくと昔から哲学者が論議して来た意志の自由の問題にぶつかることになるから、この問題を扱うのを避けるために意志をとりあげない学者もあると思われる。目的と手段との関係は、道徳論の問題として論じられて来た。道徳も意志の一つのありかたであるが、「目的のためには手段をえらばず」というこれまた一つの意志を具体化する人びともすくなくない。ここで、人間はその意志を自由に決定できることを認め、手段の選択もその決定のありかたの一つであって、不当な手段をとり不当な決定をした場合にはその責任が問われるべきだという道徳論ももっとものように見える。しかしながら他方では、自然・精神が法則性を持っていて、その意味で意志もまた因果関係の中に置かれていると考えてくるならば、人間がその意志を自由に決定できると認めることによって、因果関係の必然を否定する結果にもなるように思われてくる。「あれかこれか」と哲学者たちは苦しんだ。そして意志の自由を認める人びとはこれを客観的な法則性から独立した自由として、人間が経験以前に生れつき与えられているのだとか、神によって与えられたものだとか、解釈した。

しかしこの問題は、すでにヘーゲルによって、他の二律背反と同じように、その統一こそが真理であるとされ、「あれもこれも」と規定されることで原則的に解決されている。自由は法則性から独立したところにあるのではない。反対に、この法則性を正しく認識してそれをある目的のために役立てるところに存在するのである。それゆえヘーゲルの意志論にあっては、意志は理論的なものを自己のうちにふくんでいるととらえ、すなわち法則性の正しい認識が存在していることをそれなりに認めた上で、「自由が意志の根本規定である。」（『法の哲学』第四節補遺）と主張するのである。マルクスはこのヘーゲルの理解を唯物論的に受けついでいる。

「蜘蛛は織物師の作業に似た作業を行い、また蜜蜂はその蠟製の窩の建築によって幾多の人間建築師を赤面させる。だが、もっとも拙劣な建築師でももっとも優秀な蜜蜂よりも最初から優越している所以は、建築師は窩を蠟で建築する以前にすでにそれを彼の頭の中で建築しているということである。労働過程の終りには、その初めに当ってすでに労働者の表象のうちに・かくしてすでに観念的に・存在していた一の成果が出てくる。彼は自然的なものの形態変化のみを生ぜしめるのではない。彼は自然的なもののうちに、同時に、彼の目的――すなわち彼の知っているところの・法則として彼の行動の仕方様式を規定するところの・そして彼がその意志をこれに従属させねばならぬところの・彼の目的――を実現するのである。」（マルクス『資本論』）（強調は原文）

エンゲルスも同じ理解の下に、意志の問題についてのべている。

「意志の自由とは事柄についての知識をもって決断しうる能力ということにほかならない。従って、ある特定の問題点についての、ある人の判断がヨリ自由であればあるほど、この判断の内容はそれだけヨリ大きな必然性によって規定されていることになるわけである。これに反して、無知にもとづく不確実さは、さまざまな矛盾した多くの決断の可能性のうちから外見上では随意に選択するように見えても、それはまさにそのことによってみずからの不自由を、すなわちそれがまさに支配すべきはずの当の対象によってみずから支配されていることを証明しているのである。」（エンゲルス『反デューリング論』）

「社会の歴史においては、そこで行動しているものは、ただまったく意識を賦与され、考慮または情感を持って行動し、一定の目的をめざして努力するところの人間のみである。そこでは、意識された企図、意欲された目標なしには、なにごとも発生しない。」（エンゲルス『フォイエルバッハ論』）

「人間はその歴史をつくる、よしその歴史がどのようなものになるにせよ、各人が各自の意識的に意欲している目的を追うことによって。そして、これらのいろいろな方向にはたらく多くの意志と、外界に対するこれらの意志の多種多様な働きかけとの合成結果が、まさに歴史なのである。それゆえにまた問題になるのは、何を多くの個々の人間が意欲しているかということである。意志は情感または考慮によって規定される。しかし情感や考慮をさらに直接に規定するところの槓杆となるものは実にいろいろの種類がある。それは一部は外界のもろもろの対象でもありうるし、一部は観念的な諸動機、たとえば名誉心とか、『真理と正義とに対する感激』とか、私人的のにくしみとか、ないしはまた、あらゆる種類のまったく個人的な気まぐれとかでもありうる。」（同右）

自由と必然性との関係を、弁証法的に統一して理解するのではなく、相容れないからといって切りはなすならば、意志論は展開できなくなってしまう。しかも意志は、個人の頭の中に成立してその個人を動かす「衝動」になるという、個別的なありかたにとどまるわけではない。この個別意志を出発点として、特定の人びととの共通の意志となって特殊な人びとを動かす特殊意志へ、さらには社会全体の人びととの共通な意志となって一般の人びとを動かす一般意志あるいは普遍意志へと発展していくのであり、そこにいわゆる諸規範が成立する。この諸規範が自由に設定されながらもその成立する必然性があり、現実の矛盾に基礎づけられているという過程についての理解は、出発点である個別的な意志が理解されてはじめて本質的な把握となって認識論の体系に位置づけられるわけである。規範についてはのちにあらためてとりあげることにしたい。

(1)(2)　ヘーゲル『大論理学』第二部第一篇第三章。

(3)　フィルムや印画紙の感光膜を使ってわれわれは映像を固定しているが、これも一種の変質にほかならない。そしてこの現像・定着ずみの映像は、さらに環境との連関で変色したり褪色したりしていくのである。

(4)　動物の場合でも人間のそれと似た生理的な変化を示すことが多い。それで認識の発展を体系的にとらえていない、現象にひきずられやすい心理学者は、見かけからこの共通点を不当に誇張することにもなる。動物に対して人間と同じような精神活動を押しつけた「動物心理学」がつくられることにもなる。

(5)　唯物論者が矛盾を無視したときは、「美」を客観的な物のありかたにしてしまうが、観念論者は反映論を否定して同じように矛盾を無視することから「顔」や「行動」や「話」のほうを主観的な存在にしてしまうことになる。それで俗流唯物論は観念論の美学をちょうど裏がえしするわけである。「美」が客観的な物のありかたに根拠づけられ規定されているという媒介関係を、直接に「美」とは客観的な物のありかただと解釈しながら、その論理的ふみはずしを反省できないのである。

(6)　目的は人間がつくり出すのであるが、これを人間から観念的に切りはなして現実の世界に押しつけ、事物がそれぞれ目的を持つとか世界は一つの目的に支配されているとか主張するのが、「目的論」とよばれる世界観である。いうまでもなくそこには神の目的という発想がつながっており、唯物論者はこれに反対して来たが、俗流唯物論では目的を正しく説明できないために「目的論」を克服できなかった。言語学においても、俗流唯物論の立場からの言語有機体説ないし機械論的言語観に対し、不可知論ないし観念論の立場から目的論的言語観が提出されていて、現在の言語哲学と称するものはほとんどこの系列に属する。ソシュール学派もまたしかりである。「たとえば食欲上の快楽わ、人間の追い求める目的の一つであるとも見られるが、さらに高い立場から見れば、それわ人類が自己の存在を維持するために、神の玄妙な摂理によって定められた手段にすぎない、とも解釈されないこともない。」(小林英夫『言語学通論』)

(7)「目的のためには手段をえらばず」というときは、手段は目的と別個のもので目的の実現のために媒介的な役割を与えられるものだととらえている。このような手段のとりあげかたは、特定の条件の下においてのみ可能であって、すべてではない。

(8) 会社における定款とか、社会運動の組織における綱領・規約とかいわれるものは、いづれも意志の一つの形態であって、これを最高のものとしてそれに従うかたちでの目標なり計画なりをつくり出しながら活動する。けれどもこれらの意志は、観念的に対象化された形態をとっているので、俗流唯物論では説明できない。

五　想像の世界——観念的な転倒

現実の世界の忠実な認識ということには、つねに限界があるけれども、この限界がいかにあるべきかについて規定してくるのは実践上の必要である。列車に乗るとすればその列車がどのように運行されていくのかを知らねばならないが、乗客はそれぞれの実践上の必要から駅名なり到着時刻を覚えるのであって、車掌が実践上の必要から覚えているものにくらべると大きなちがいがあるし、またそれ以上覚える必要もない。タクシーの運転手が実践上必要とする自動車についての知識と、理科教育を担当する小学校の教師が実践上必要とする自動車についての知識との間にも、大きなちがいがある。会合で他の人びとのスピーチを聞く場合にも、われわれは意識的に選択して、あの人が何というか聞きのがしてはならないと耳をかたむけることもあれば、あの人のいうことを聞いても意味がないとわざわざ別の問題を考えていることもある。これも結局は実践上の必要に規定されてのことである。さらに、生活の中で経験し認識したことの中にも、実践上の必要からのちのちまでぜひ記憶しておかなければならないものがあり、これを追想あるいは追憶とよばれるかたちで再現して役立てているのである。これはわれわれの精神生活の中で一つの重要な位置を占めており、これを生きるためのささえにしている人びとも存在する。

一年前に自動車事故でこの世を去った、親友のことを追想する場合、自分の前に微笑を顔に浮べて話しかけてくる彼を見ているのは、ほかならぬ「頭の中の目」である。現実の世界にはもはや彼は存在しないし、現実の自己の目では彼を見ることができないが、それにもかかわらずたしかに自分は彼を「見て」いるのである。これは、かつて現実の世界に彼が生きていたときに、現実の自己の目で彼を見た経験があって、そのときの感覚をいま頭の中で復活させているわけである。かつて受動的に与えられた感覚を、いま能動的に再現したのだという、「頭の中の目」の対象のありかたは誰でも容易に自覚できる。だがそれを「見て」いる自己の側も、もはや現実的な自己ではなくて、現実的な自己から観念的な自己が分裂してかつての現実的な自己と同じ位置に移行しているのだという、自己のありかたを自覚するのは必ずしも容易ではない。

こうして、かつての現実的な友人と自己との関係が、いまでは観念的な世界の中に復活させられているのであるが、この観念的な世界の中にいる観念的な自己としては友人は目の前に現実に存在していることになっている。しかし現実的な自己としては、単に頭の中に記憶している友人のありかたを、**観念的に自分の向う側へ位置づけて観念的な自己の対象にしただけ**のことで、現実に友人が存在しているわけでも何でもない。それゆえ、ここには一つの**観念的な転倒**が行われている。過去の認識活動の結果として得られた頭の中の事物のありかたの反映を、空想的に自己の「外界」へ持ち出して客観的な世界から現に認識しているかのように位置づけるのであるから、**現実的な自己の現実の世界と観念的な自己の観念的な世界と世界が二重化している。**それゆえ、観念的な対象化あるいは疎外は、それによって観念的な自己分裂による観念的な自己を成立させながら、非現実的な一つの世界をつくり出すのであって、それぞれの世界に対するそれぞれの異った自己をとりちがえないように注意を払う必要がある。

このように、観念的な対象化と観念的な自己とが同時に成立するという事実は、すでに観念論者によってとりあげられていたけれども、さきにフィヒテ主義者について見たように、この観念的な世界のありかたがそのまま現実的な世界のありかたとして、いっしょくたにして説かれたのである。現実的な世界についても、現実的な自己の認識と現実の世界とが同時に成立するのだと解釈して、「我ならびに非我」が「意識および物」として「両者へ区分されていく」と説明したのである。観念的な対象化は、自己の側に能動性があって、自己の側から対象化していく。それで彼らはこの「意識および物」の区分の成立も、「意識」の側に能動性を認めたのである。そしてヘーゲルに至っては、宇宙のどこかに存在している絶対的なイデーに能動性を認め、これから「物」の世界すなわち自然が「外化」されてくるのだというような、精神が物質的な世界をつくり出してくる理論が体系的に展開されるまでになった。これは、人間が頭の中で観念的に行っている「外化」のありかたが、現実の世界で客観的に行われているというかたちに位置づけられた、逆立ち理論である。これに対して、絶対的なイデーなどはナンセンスだ、そんなものと無関係に自然は存在しているのだといい、ヘーゲル理論を破りすてたところで、絶対的なイデーの批判にもならなければヘーゲル理論を片づけたことにもならない。なぜ・いかにして・絶対的なイデーなるものが設定されなければならなかったかを理解し、この「外化」のありかたを人間の活動に還元しながら(1)理論的に改作するときに、ヘーゲルが逆立ちしたかたちで獲得した貴重なるものをも受けつぎながら、ヘーゲルを克服することができるのである。この仕事はフォイエルバッハによってはじめられたのだが、彼の場合はまだ不十分であって、マルクス＝エンゲルスによってなしとげられたのである。

第一章で地図について問題にしたが、ここでいま一度地図を考えてみよう。これを描くときの精神活動も、追想である。ある場所へ行く道を知らせるために、自分が行ったときの経験を追想するのである。しかし親友の追想とはちがって、感覚をそのまま能動的に再現しようとするのではなく、地上を歩いたときの多くの経験を綜合し意識的に加工してから、観念的に対象化するのである。それゆえ観念的な自己もかつての現実的な自己の観念的な再現ではなく、過去に経験したときの現実的な自己のありかたを超えて、空中の高いところに位置づけられている。さらに見のがしてならぬことは、経験の中の道を通る人びとや自動車や列車などの絶えず変化する存在や、あるいは雨が降るとぬかるみや水たまりができるような一時的な存在はすべて捨象してしまって、静止し固定した部分だけをとりあげ、その中でも地図を役立てる人にとって必要と認めたもの以外は省略してしまうのである。この静止し固定したとらえかたが、この地図の自立性を保障しているわけであり、ラッシュアワーでも真夜中でも天気の日でも雨ふりでも、行動の指針として役立つわけである。とはいっても、かなり以前の経験を追想して描くようなときには、かつて経験した当時の道のありかたと現在のそれとがくいちがっていることもある。もらった地図をたよりに行くと、道のない野原であるはずのところに団地があってりっぱな道がついていたり、曲り角にパチンコ屋があるはずなのに銀行の支店になっていたり、思いもかけぬ現実にぶつかって、この道をすすむのが正しいのかどうか迷ったりする。けれどもこの地図をもらった人の新しい経験は、もらった地図を訂正増補して現実のありかたにヨリ忠実なヨリ有効なものに仕上げるために、大いに役立つわけである。この人がさらに他の人に地図を描いてわたすときには、もらったものよりもさらに正確な地図になるであろう。

われわれの生活は、いわば人生の旅路である。それゆえ、われわれは交通のための地図だけでなく、生活のさまざまな分野で前進するためのさまざまな生活の地図を必要とし、それらをつくり出している。特殊な能力を身につけることも、やはり一つの「道」をすすむものと考えることから、茶道とか華道とか剣道とかよばれるようになり、そこに指針として地図に相当するものが成立する。極意とか秘伝とかよばれるものが存在する。(2) 学者の自然や社会の研究も、先人の開拓者として進んだ「道」がそののこした文献に示されており、同じ仕事をする人びとにとってこの文献は地図の役割を果すのである。先人のまだ到達できなかったところを目ざすにはちがいないが、対象はその開拓のしかたを規定してくるから、あとから進む者も先人の進んだ「道」を同じようにたどって、そののこっている地図を訂正増補しながらさらに前進しようとする。そして、ある現象にぶつかった場合にも、それがまったく切りはなされた存在ではないこと、それが生み出されてくる客観的な根拠があり因果関係が存在していることを、経験が教えてくれるから、それをいわば氷山の一角として扱い、連関や根拠を考えて解釈を加えていく。この解釈は、それなりに一つの地図としての役割を果すのである。たとえ忠実な反映であろうと空想的なものであろうと、また似たような現象にぶつかった場合の解釈に使われるからである。そして経験の中で、一度描かれた地図に訂正増補を加えるのと同じように、具体的な事実や連関や根拠についての認識を加えながら発展していく。この種の地図は思想とよばれているが、そこから一般的な認識が体系として展開されるかたちをとると、理論とよばれることになる。合理的な思想の発展において科学が生れるのも、空想的な宗教の発展において神学が生れるのも、理論の展開でありこれまた地図の発展である。(3) これらの地図は、もちろん表現されて文献のかたちをとって伝えられるのだが、生活や研究に使われるときには頭の中に能動的に再現され、観念的に対象化されているこの地図の示すところに従って、現実の世界のありかたをたどっていく。

現実の世界に基礎づけられて成立した地図が、つぎにそれ自体一つの自立した存在として扱われ、これに導かれてさらに現実の世界へ進んでいくというのも、やはり転倒である。思想とか理論とかよばれる地図にしても、やはり一つの自立した存在として扱われ、つねに訂正増補が行われるとはいえその基礎的な部分は固定したものとして維持されていく。意志が対象化されて成立するところの諸規範、たとえば法律や組織の規約などにしても、一つの自立した存在として扱われ、法律の改正や規約の改正などが行われるとはいえその基礎的な部分は固定したものとして維持されていく。このような認識はイデオロギーともよばれている。[4]

交通のための地図にも、現実のありかたに忠実でないものがたくさんある。図に示したものもその一つで、上野・仙台間が仙台・盛岡間よりも短く、しかも直線で描かれている。しかしこの地図を描いた人間は、それが現実のありかたに忠実だと信じていたわけではなく、承知の上で現実とくいちがったものを描いたのである。この地図は温泉とホテルのPRに使うのであるから、温泉のありかを知ってもらうことが重点になっていて、鉄道の描きかたが現実に忠実でなくてもさしつかえないのである。[5] この地図を見て、「まちがっている」と描いた人間を非難するのは、見当ちがいである。この種の誇張・単純化は、交通のための地図だけでなく、思想の表現においても大なり小なり存在するのであるから、何のためにこの思想が説かれたかを無視して、単純化を認識の欠如であるかのように思いこみ、見当ちがいの非難を加える[6]ことのないように注意する必要があろう。それと同時に、その誇張・単純化をそのまま現実のありかたに忠実であるかのように思いこみ、信仰的に支持する危険もあることに注意する必要があろう。政治的な思想を述べた政治家あるいは革命家の論文や著作にも、その時々の政治的な要請に応じて、誇張・単純化を行ったものが多く、[7] これに対して右に指摘したような非難者および支持者が出現し、対立抗争することもしばしばである。

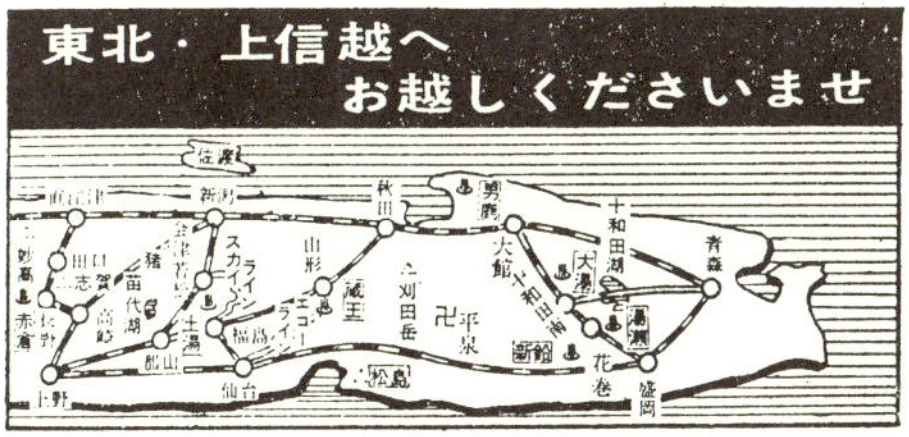

駅から自宅までの道順を地図に描くような場合には、小さな空間を扱うだけにまだかなり具体性を持たせることができるから、広い道と狭い道とを区別して、それぞれ異った幅を持つも

のとしてとりあげていく。駅を示すときにも、一定の面積を持つものとしてそのかたちを描いていく。それが東京都全体の地図ともなれば、広い道は幅を持つものとして描いても狭い道は一本の線になってしまい、鉄道の駅も一つの点になってしまう。日本全体の地図ともなれば、名神高速道路すら一本の線で描かれることになる。現実には幅があり面積があるにもかかわらず、これらを線や点としてとらえるというのは、抽象であり極端な単純化であるが、この地図を見る人びとは抽象の過程を知っているから、この地図から過程を逆にたどって「頭の中の目」で現実の幅を持ち面積を持った存在をとらえるのである。

数学で扱う点や線や面などの抽象物も、本質的には地図のそれと同じ過程をとって形成されたものであるが、地図とちがって**抽象の過程から絶ち切られたかたち**で扱われている。それらをすでに与えられたものとして、自由に組合せたり切断したりしている。そのために日常の生活では地図を描いたりながめたりしていながらも、数学で扱う点や線や面などについてはあやまった解釈を下す人びとが出てくる。これらを、人間の長い経験によって得られた抽象能力の所産だと理解するのではなく、頭の中で純粋に創造されたものであるかのように解釈するか、あるいはそれらの抽象物がそのままのかたちで現実に存在するかのように解釈する。

「数や図形の概念は、現実の世界以外のどこから得て来たものでもない。人間は十本の指を用いて数を数え、こうして最初の算術的運算を行うことを覚えたのであるが、この十本の指が悟性の自由な創造物でないことは、まちがいない。数えるためには数えることのできる対象が必要なばかりでなく、それらの対象を考察するに当って対象の数以外のあらゆる他の属性を捨象する能力が、すでに必要である。――そしてこの能力は、長い、歴史的な、経験にもとづいた発展の成果である。数の概念と同様に、図形の概念ももっぱら外界からえられたものであって、頭脳の中で純粋思惟から生じたものではない。図形の概念に到達するには、その前に、形をもち、その形がたがいに比較されるもろもろの物がなければならなかった。純粋数学は、現実の世界の空間的諸形態と量的諸関係とを、したがってきわめて現実的な素材を対象にしている。この素材がきわめて抽象的なかたちをとってあらわれているために、それが外界に起源をもつことがおおいかくされるにしても、それは単に表面上のことにすぎない。けれども、これらの形態や関係を、純粋にそのものとして研究しうるためには、それらをまったくその内容から切りはなして、この内容をどうでもよいものとして度外視しなければならない。このようにして、拡がりをもたない点、厚さも幅もない線、aとbやxとy、すなわち常数や変数がえられ、そののちにはじめて、いちばん最後に、悟性自身の自由な創造物と構造物、すなわち虚量に到達するのである。数学上のもろもろの量が、外見上おたがい同士から導き出されるように見えることも、それらが先天的な起源をもつことを証明するものではなく、単にそれらの間に合理的連関のあることの証明になるだけである。円筒の形は、矩形の辺を軸として廻転させることによってえられる、という考えに到達する前には、たとえまだごく不完全な形のものにせよ、多くの現実の矩形と円筒が研究されたにちがいない。他のすべての科学と同様に、数学も人間の必要から生れた。すなわち、土地や容器の容量の測定、時間の計算や力学から生れたのである。ところが、思惟のあらゆる分野で起ることなのだが、ある一定の発展段階に達すると、現実の世界から抽象された法則が現実の世界から分離されて、何か自立的なものとして、世界がそれにのっとるべき外来の法則として、現実の世界に対立させられるようになる。社会や国家に関してこういうことが行われたように、それと同じく純粋数学もあとになってから世界に適用されるようになる。ところが実は他ならぬこの世界からとり出されたもので、単にこの世界のもろもろの構成形態の一部分であるにすぎない。――まさにそれだからこそ総じて適用できるわけである。」（エンゲルス『反デューリング論』）（強調は原文）

ところで、この適用として、道具とか家屋とかを設計することになると、われわれは数学の成立とは逆に、抽象から具体へとすすんでいく。まず点を定め、それを延長して線とし、それをひろげて平面へ、さらに展開して立体へと具体化していく。しかもこれは観念的に対象化した形態において、自己の向う側に点を定めそれから具体化していく形態において行われる。それゆえ、頭の中で行われる抽象から具体への発展が、現実の世界において抽象物それ自体が自己運動して具体化していくかのように、これまた転倒したかたちであらわれてくることになる。これを現実的な自己が現実の世界をながめている場合といっしょくたにするときは、「最初の線は空間内における点の運動によって、最初の面は線の運動によって、最初の立体は面の運動によって成立した、等々という数学者のことば」も生れてくるし、観念論哲学者としてもこのような解釈を与えて数学を神秘化することになる。これも、観念的な疎外における「外界」を、そのまま現実の世界のありかたであるかのように思いこむあやまりである。

予想や追想が、未来や過去の現実の世界のありかたと忠実に照応することを目ざしているのに反して、芸術の作者がフィクションの芸術を創造することは、現実の世界から意識的に切りはなした空想の世界の形成を目ざしての活動である。これも頭の中に創造された一つの観念的な世界を観念的に対象化するのであって、同時に作者は観念的な自己分裂においてこの空想の世界に入りこむ。この観念的な自己にとっては、フィクションの世界はりっぱに実在する「外界」であり、この世界について表現することはこの「外界」の忠実な反映の表現すなわちノン・フィクションの記録であるという、転倒が行われるわけである。漱石の『吾輩は猫である』は現実的な自己すなわち漱石の立場からはフィクションであるが、観念的な自己すなわち「猫」としてながめている「外界」は現実の世界で実在することになっているから、この作品は「猫」の立場からの生活記録として書かれたものであり、「猫」にとってのノン・フィクションであるということになる。

芸術理論はフィクションの世界の創造をとりあげるのであるから、観念的な対象化の論理構造を理解しなければならないし、そこで転倒が行われることを心にとめて検討する必要がある。そして観念論の立場に立っている美学あるいは芸術論は、そもそもその根拠が逆立ちしているために、**転倒が正立に逆立ちさせられて**説明されているのだということも、前もって警戒しながら読む必要がある。たとえ革新的といわれる評論家の主張であろうと、観念論美学の系列につながるものにはこの逆立ちがあり、転倒が正立として扱われているためにかえってもっともらしく見えるのであって、「猫」の立場をそのまま漱石の立場だと解釈することになるからフィクションがノン・フィクションと同じように扱われ、唯物論的な反映論らしい外観を呈している。それで自称マルクス主義者がこの種の観念論美学をうのみにし、フィクションの世界の創造をノン・フィクション的に解釈するという失敗におちいるのである。戦前のプロレタリア芸術運動は、この点でわれわれに大きな教訓を残している。

この運動を指導した蔵原惟人は、ロシアの革新的な批評家ベリンスキイの芸術論をうのみにしたのである。ベリンスキイは観念論美学の伝統に従って科学と芸術とを平面的に位置づけ、両者はその内容が異るのではなくて形式が異るだけだと考えていた。科学はノン・フィクションであるから、芸術の内容も科学と同じだということになればこれまたノン・フィクションになってしまい、フィクションの芸術の持つ特殊性は無視されてしまう。けれども観念論はもともとノン・フィクションとフィクションとの区別をなしえない立場にあるばかりでなく、フィクションの世界の創造をノン・フィクション的に解釈するので、俗流反映論者としてはこの面だけを見せられるともっともらしく思えるから、蔵原もベリンスキイをうのみにした。そして工場や農村におけるプロレタリア前衛の生活を描けと強調した。作者たちは努力したものの、その結果は必ずしも満足できるものではなく、それゆえに芸術運動の組織である『ナップ』も三一年度の方針書で、「我々の階級的主題をいかにして生かすべきかに払わるべき努力」が「題材そのものに対する革命性の要求に向ったところの偏向[8]」を生んだと反省し、「プロレタリアートの創造性、すなわち主題の強化が強調されねばならぬ所以である。」と述べたのであった。ここに明かに示されているように、芸術における創造性と主題の強化とが共通のものとして理解されているのは正当である。芸術における主題は、ちょうどトランシーヴァーの装置を製作するに際して、(1)の図を頭の中に設定するようなものである。それはフィクションの世界を具体的につくり出すに際して、まず抽象的に設定される骨格であるが、この骨格を作者の理想とする方向に前向きのものとして設定することも、やはり一つの創造であり、この方向づけを強化とよんだわけである。フィクションの世界の創造はいわばこの骨格を具体的に肉づけすることであるから、骨格を積極的なものとしたか否かによって、全体の性格も定まってくるわけである。

だが、フィクションの世界を創造するとか、主題を積極的なものとするとかいう観点は、作者の現実的な自己としての観点である。このフィクションの世界の外にいる自己としての観点である。もし作者がこのフィクションの世界の中にいる自己として、観念的な自己としてこの世界をながめるならば、それはもはや作者と無関係に存在している現実の世界になってしまう。そこでは、現実的な自己としての創造がすべて非創造という転倒した幻想的な形態をとることになり、現実の作者が創造した鞍馬天狗やチャタレー夫人がすべて作者と無関係に存在している実在の人物として目の前で行動して見せてくれることになり、作者はその見たままを文章に綴ることになる。**主題もやはり同じように転倒する。**すなわち現実の作者として観念的に創造し設定したにもかかわらず、フィクションの世界それ自体が非創造となり「外界」として扱われるのといっしょに、やはり作者と無関係に実在している「外界」の骨格という性格を与えられてしまう。蔵原もフィクションとノン・フィクションとはちがうと思ってはいたが、転倒として理解できず逆立ちさせて正立として解釈した。現実の世界が現実の作者の題材であることと、フィクションの世界がその中にいる観念的な作者の「題材」になっていることとのちがいを、正しくとらえられなかった。主題についても、作者の創造においてではなく、「外界」ないし「題材」それ自体のありかたとして、非創造的に解釈してしまった。当然のことであるが、そのために蔵原は、作者たちが創造性において主題をとりあげ、その強化を論じたのを、サッパリ理解できなかったのである。

「実を云ふと私には此処で『題材そのものに対する革命性の要求』とか『主題の強化』とかいふことが一体何を意味しているのかが分らないのである。……主題といふのは、これも前に述べた所から明かであるやうに『作者の観点から整理された題材』のことである。だから作者の観点が変らない限り、主題なんていふものは、ゴムと違って勝手に強めたり弱めたり出来る性質のものではない。」（蔵原惟人『芸術的方法についての感想』）(9)

われわれの夢も、無意識における創造の観念的な対象化である。おバケのこわさや走る速さも、無意識のうちに創造・決定されている。それで、蔵原が自分の創造したフィクションの世界である夢の中で、おバケにおどかされ追いかけられているとき、夢の中の蔵原としてはそのおバケのこわさが「勝手に強めたり弱めたり出来る性質のものではない」ことも事実である。そしてこの夢の世界の中での蔵原からすれば、もはや夢の世界の外での蔵原が走りも何もしないで寝床の中に横たわっていることは否定されてしまっているし、夢の外での仲間たちが夢の中のおバケをどう創造したらいいかとか、おバケのこわさや走る速さをもっと「強化」したらおもしろいぞとか話し合っているのは、「一体何を意味しているのか分らない」こともたしかである！

(1)　ヘーゲルを読むときには、この全体系としてのヘーゲルのあやまりを十分に念頭におき、その正しい還元を考えながら、個々の文章を吟味していくことが要求される。絶対的なイデーは観念論的な設定だから、これさえブチ切ってしまえばあとは正しいのだというような、安易な態度で読んだのでは、ヘーゲル主義にひきずりこまれる危険が大きいのである。レーニンのヘーゲル研究も、全体系としてのヘーゲルのあやまりを十分検討しなかったことが、ひきずりこまれた原因であると思われる。

(2)　極意とか秘伝とかよばれるものが、短い簡単なことばで述べられているのは、すべて本質は単純だからである。そしてこの単純な地図は、その道の十分な経験者にとって、はじめて真の有効性を発揮しうる。毛沢東が示したゲリラ戦の極意も、「敵進我退、敵駐我擾、敵疲我打、敵退我追」のわずか四行であるが、これも大いに有効性を発揮したのであった。

(3)　唯物史観は哲学ないし思想であるが『資本論』は科学であって、これが唯物史観を基礎づけたとする見解が一部の学者から主張されている。梅本克己や佐藤昇も口をそろえてこの見解を支持している。これは唯物史観と『経済学批判序説』と『資本論』の論理的な連関を理解できぬところから生れた謬見であり、また唯物史観を科学から哲学ないし思想にひきもどして哲学者の存在理由を確保しようとする意図の所産でもある。労働の対象化による生活の社会的生産について、その論理構造を科学的に把握しないかぎり、労働力の生産およびその価値を正しくとりあげることもできず、労働力と労働との矛盾もとらえられず、剰余価値を通じての資本主義的生産の秘密の暴露もありえず、古典派経済学を止揚することもできなかった。だからこそエンゲルスは『経済学批判の書評』において、「このドイツの経済学は、本質的には、歴史の唯物論的把握に立脚しており」（強調は原文）と、唯物史観こそがマルクス経済学を基礎づけたことを指摘しているのである。

(4)　イデオロギーを大別して、封建的イデオロギー・ブルジョア的イデオロギー・プロレタリア的イデオロギーなどとよんでいることは、個々の特殊なイデオロギーのありかたを無視してもいいということを意味するものではない。体系的なイデオロギーたとえば宗教にしても、大衆の中へ入っていくときにはバラバラになり、「諸行無常」のようなかたちで世界観がとらえられる。ことわざの中には人生観的なものが多く見うけられるが、これらも一つの自立した存在として、具体的な生活経験とむすびついて豊富なものに発展していく。いわばイデオロギーの萌芽形態である。

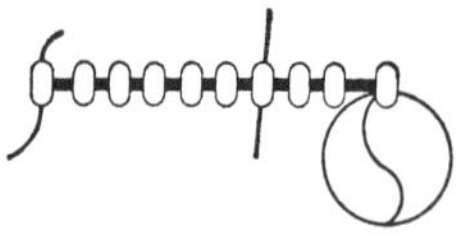

(5)　鉄道が駅に自社の路線を図示するときにも、駅の名称や順序をPRすることが重点になるから、自社の路線だけは太く大きく誇張し、単純化して描くけれども、それと交錯している他社の路線は細く目立たないように描いておくのが普通である。

(6)　マルクス主義者の中には、エンゲルスの著作を軽視したり誤解したりする傾向が昔から見受けられる。その原因の一つは、彼の文章特に晩年のそれが、この意味で大きく単純化されているところにある。

(7)　レーニンは急激に変化する情勢の中で、その時々にそれぞれの局面に対して多くの評論や見解を書きのこした。それゆえこれらをその書かれたときの情勢や与えられたスペースから切りはなし、研究室で書かれた学術論文と同じように扱って適当に引用したり編集したりすれば、どんな主張の合理化にも使うことができる。トロツキーを最悪の裏切者とすることもできれば、最高の革命家にすることもできる。

（8）　これは後に述べる蔵原の対象内容説から生れた偏向である。
（9）　この蔵原の主題の解釈は、文学者および国文学者を通じてひろく教育者にもひろがっている。「作品の主題なるものを還元的に分析すれば、作者の世界観とか人生観とかいうような理念とそれによって把握せられた、自然・人生における題材的事実とに帰着するであろう。」（西尾実『日本文芸入門』）

六　科学と芸術

科学と芸術とを平面的に位置づけて論じるのは観念論および観念論美学の伝統であるが、自称マルクス主義者がこれをうのみにする根拠の一つに、マルクスが唯物史観の定式の中で同じように平面的に位置づけて論じているという事実がある。

「……このような変革にあたっては、自然科学の正確さで確認できる経済的生産条件における物質的変革と、人間がこの衝突を意識しかつこれをたたかいぬくところの法律的、政治的、宗教的、芸術的あるいは哲学的な、つまりイデオロギー的な諸形態（ideologischen Formen）とを、つねに区別しなければならない。」（マルクス『経済学批判』序言）

ここでは「芸術的」「哲学的」とならべてあって、どちらも「イデオロギー的な形態」だというのだから、哲学を科学にまで拡張して、科学と芸術とを平面的にならべこれらはイデオロギーすなわち認識なのだと解釈すると、(1)ベリンスキイとも一致するわけである。マルクスだってそういっているじゃないか、ベリンスキイを支持してどこがあやまっているか、とマルクス主義芸術理論家はいうわけである。しかしながら、事物を平面的に位置づけていいか否かは、そのとりあげかたで決定される問題である。馬とトラクターとは、農業で労働手段としてとりあげるときに平面的に位置づけるが、自然科学で生物学の観点からとりあげるときに同列に扱うことはしない。川の底から掘り出した石も地中から掘り出した石炭もカナリヤもシェパードも、価格をつけられて商品となっているという観点からは同列に扱うことができるが、自然科学で同列に扱うことはできない。マルクスは唯物史観の定式で**歴史の原動力は究極的にどこに求められるかという観点から**人間の生活をとりあげ、物質的な生活こそ究極的な第一義的な原動力で、精神的な生活はそれに規定された第二義的な原動力だと述べている。社会の変革は、観念論的な史観のように、法律や政治や宗教や芸術や哲学などのイデオロギーを究極的な原動力として解釈してはならないが、それらの持つ能動性を決して否定するものではない。第二義的ではあってもやはりこれらに「衝突を意識しこれをたたかいぬく」原動力の役割を認めなければならない。それゆえ、唯物論的な歴史観においては、究極的な原動力と第二義的な原動力とを「つねに区別しなければならない」ことになる。

歴史の原動力という観点から芸術を扱えば、イデオロギーを扱わざるをえないのであって、作品それ自体は空気の振動や紙の上のインクの描線や大理石のかたまりやスクリーンの映像として存在し、芸術理論ではこれらを対象にするがこれらは何ら歴史の原動力にはなりえない。これらを鑑賞する人びとの頭の中に形成される意識こそ歴史の原動力であり、ヘーゲルも芸術作品がギリシア人の意識となってギリシアの歴史を動かしていたと考えたのである。日本でいえば、浪曲の持つ忠君愛国のイデオロギーが、大衆の意識としてどのように歴史の動きを規定したかというような問題であって、これを哲学たとえば神国日本の「皇道哲学」などの役割と同列に置いてとりあげる扱いかたがマルクスによって提出されているだけのことである。[2] 芸術とはイデオロギーにして哲学および科学と同列に置いて科学的に研究すべし、などとはすこしも主張していないのであるから、唯物史観の規定をそう解釈するのはひどいやぶにらみであるといわなければならない。

科学と芸術とは人間の高度な精神的活動の所産であり、人間の物質的・精神的生活を高めるために重要な役割を果している。それゆえ古くから、これらの性格および連関について論じられて来たのであるが、それらの多くは観念論の立場に立つ人びとによって論じられたために、そのままでは使えない部分がすくなくない。しかしそこに観念論の特徴が露骨にあらわれていないことと、右に述べたマルクスの誤読とがあったために、観念論的な解釈が自称マルクス主義者の主張にも大きく流れこむこととなった。そこにはいくつかの特徴を見ることができる。

まず第一に、創造の主体である科学者・芸術家と、創造物である科学・芸術との関係が明かにされていないばかりでなく、特殊な科学者・芸術家を持ち出して説明する御都合主義が顕著である。

「われわれは科学と芸術とは同一の目的を持つものと看做す。科学と芸術の差はその認識・表現の差にあると主張するものである。」

「この二つの差は、芸術家と科学者の差としても、また芸術的才能と科学的才能の差としても把握することができる。」

「客観的真理の表現を共に目的とする科学と芸術は、一つは感性的個別を一般的な論理規定によって再現し、一つは一般的なるものを感性的（表象的）個体の形で表現する。これが両者の区別である。」（甘粕石介『芸術論』[3]）

これはベリンスキイ＝蔵原理論の系列に属する解釈である。すでにベリンスキイも科学と芸術とを比較するに当って、科学者と芸術家を経済学者と詩人というかたちで持ち出し、彼らが階級の状態が悪化したことを訴えるという同じ目的を設定してから、経済学者が数字をあげて証明するのに対して詩人は想像力に働きかけて具体的なイメエジを示し、「一方は証明し、他方は示し、そして両方とも説得する」のだと、そのちがいと共通点とを論じた。蔵原はこれについて、「ここには芸術と科学とのあいだの統一と差別がもっとも明確な形で規定されている。ベリンスキーの芸術論における個々の見解には賛成できないものも、芸術と科学との関係についてのこの見解には反対しえないであろう。(4)」と強い確信を持って支持を表明している。それはさておき、目的は人間の脳にしか存在しないから、甘粕がヘーゲルやデューリングとロを合せて事物それ自体が目的を持つものと解釈するのは、唯物論の名の下に観念論を提出するものである。科学者や芸術家が目的を持って創造したからといって、創造物である科学や芸術が目的を持っていることにはならない。さらに芸術家にしても、客観的真理の表現を目的として芸術を創造するとは限らない。ポオの『赤死病の仮面』やベートーベンの『月光のソナタ』やロダンの彫刻やライトの建築などに、現実の反映をうかがうことはできるけれども、これらを真理を訴え「説得する」ことを目的として創造されたものと解釈するのは、こじつけになろう。本多秋五のことばを借りるなら、そこに客観的真理の表現があるのは「結果であって目的ではない」のである。特殊な現実に対する特殊な芸術家の活動と「説得」を持ち出して、これこそ芸術一般のありかただと主張するのは、芸術の側から科学に近づくための御都合主義にほかならない。また科学者にしても、何も証明や「説得」を目的として科学を創造するとは限らない。自然科学者が自然を研究する目的は、その研究成果を生産技術に応用することにおかれている場合が多く、企業に附属している研究所へ行って見れば蔵原でもすぐわかる事実である。科学の発展は直ちにナイロンの生産やビタミンの合成や新型テレビの生産などに役立てられている。特殊な現実に対する特殊な科学者の研究と「説得」を持ち出して、これこそ科学一般のありかただと主張するのは、科学の側から芸術に近づくための御都合主義にほかならない。特殊性を普遍性にスリ変えるのはスターリンの発想法の特徴であるから、スターリンの主張を正しいものと信じているような学者の頭の働きかたではベリンスキイの「見解には反対しえないであろう」と思われる。

科学は認識であって、表現されることを必要条件としない。芸術は表現であって、認識ではない。川端康成のことぱを借りるなら、「作家の胸中にあって、考えられている一つの物語は、表現されぬ限り、永久に小説としては存在できない」のである。科学が論文として表現されることが多いところから、科学を表現と規定するのも、科学の側から芸術に近づくための御都合主義であるが、観念論は両者を平面に置いて扱うことになるからこれを御都合主義だとは思わない。

第二に、すでにここにも見られるように、科学は現実の世界ととりくんでその法則性をとりあげるのであるからノン・フィクションであるのに対して、芸術は作者の認識を直接の基盤とするからフィクションであることを許されるという重要な差別については、まったく無視されているのである。だがこれに対しては、科学でも意識的にフィクションの創造がなされているではないか、数学でも虚数などというものが堂々と使われているではないか、と反駁する人びともあるはずである。それは芸術におけるフィクションと科学におけるフィクションとのちがいを理解しないものであり、科学における矛盾のありかたを理解できないところからくるものである。

虚数は疑いもなく一つのフィクションであって、これだけをとりあげるなら非現実的なまったくの背理である。もっとも合理的であると思われる数学にこのようなものが存在している事実は、数学をもふくめたすべての科学が現実の世界の忠実な反映であるという主張を、根底からくつがえすように見える。科学ひいては真理とよばれる認識は、現実の世界から与えられたものではなく、先天的に人間に与えられている思惟能力の産物であって、人間の側から現実の世界へ与えるものであるかのようにも思われてくる。カント主義者をはじめとして、多くの観念論者はこの事実をとらえこのような結論へと持っていったのであった。だがこの問題は、二つの点に注意する必要がある。その一つは、虚数がその名の示すように、自らフィクションであると名のっており、われわれはこれをフィクションであると自覚して使っている点である。いま一つは、これが計算の過程において使われているだけであって、結果においては消失してしまいその答は現実のありかたと照応する点である。一言でいうなら、虚数はフィクションであっても、真理を獲得するための一つの手段として使われるにすぎないのだ、という点である。

数学におけるフィクションの使用は、何も虚数からはじまるわけではない。すでに初等数学においても、目的的にフィクションが使われている。戦前の小学生は、中学校の入学試験にはひねった応用問題が出されるというので、進学の希望者は特別にその種の問題の解き方を勉強したのであるが、その一つにツルカメ算とよばれるものがあった。「ツルとカメの頭数を見たら六二匹、足数をしらべたら一八〇本あった。ツルとカメはそれぞれ何匹か。」これを算術で解くには、まず全部ツルであったらどうなるかと仮定して、この仮定にもとづく計算をすすめてみる。仮定を導入することは、とりもなおさずフィクションを使うことであり、フィクションとして前進することである。ツルの足は二本であるから、全部ツルだとすると $2\times62=124$ の足があるという答が出てくる。もちろんこの答はまちがいであることも、承知の上である。現実にはカメがいるし、カメの足は四本であるから、一匹について $4-2=2$ 本ちがってくるにもかかわらず、これを故意に無視したために、$180-124=56$ という、現実と計算の答とのくいちがいが出て来たわけである。それゆえ、全体のくいちがいを一匹のくいちがいで割った $56\div2=28$ が、はじめに故意に無視したところのカメの数である。つまり、フィクションを使って計算することによって、はじめ排除したカメの数を見出すことができ、そこから $62-28=34$ とツルの数もわかるのである。カメを排除することによってまずカメがとらえられるということも、矛盾のありかたとして注意する必要があろう。

同じ問題を代数で解くときには、ツルとカメを x と y にして

$$\begin{cases} x+y=62 & (1) \\ 2x+4y=180 & (2) \end{cases}$$

と置き　(1)を　$x=62-y$　として(2)に代入すれば

$$2(62-y)+4y=180$$

$$124-2y+4y=180$$

$$2y=180-124$$

$$y=28$$

となる。見るように、算術にあっては意識的にフィクションを使ったが、代数にあっては機械的に方程式をつくって計算するだけである。とはいえ、意識的にフィクションを使って計算したときのまちがった答124は、代数の計算においてもその中途に出現しているのであって、フィクションを排除したものではなく止揚したものといわなければならない。したがって、算術のやりかたは不自然だが代数のやりかたはそうでないというような解釈[5]は、まったく現象的なとらえかたでしかないことも理解できよう。問題を解決するために、まずフィクションに移行し、そこで前進し、またフィクションから脱出するのは、一つのまわり道の設定であって、弁証法でいうところの否定の否定を実践することにほかならないのである。虚数が工夫されたり微積分が考案されたりしたのも、この否定の否定の形態がさらに高度の発展をとげたものと見るべきなのである。

ツルカメ算は、子どもの毎日の生活と直接にむすびついていない。そのために、このような算術を小学生にやらせるのは無意味であるとして、排撃する数学者や教育者もすくなくない。しかしこれを破りすてるのは、必ずしも賛成できないのである。われわれの生活はツルカメ算とまったく無縁ではなく、科学者が目に見えない世界の探険に出発するとき、現実がツルカメ算をつきつけて来るからである。これまでの研究によって、ツル的な存在は一応認められているのだが、カメ的な存在はまだ知られていないことも起りうるし、そのために両者が混在しているにもかかわらず、すべてをツル的存在だと誤認することも起りうるのである。この場合の計算は、当然に現実とくいちがってくる。現実はたしかに180なのに計算では124にしかならないということになると、ある学者はこれまでの理論が根本的にあやまっていたのではないかとツル的な存在まで疑うであろうし、またある学者は何かツル的な存在以外に未知の存在がかくれているのではないかと進んで仮説を立てるであろう。この場合、計算の現実とのくいちがいは、真理へ進むための契機として役立つことになる。ディーツゲンのいうように「すべての誤謬は、真実の理解を助ける」のである。科学が相対的誤謬を通じて発展していくことを、ここからも読みとることができよう。

芸術のフィクションは中途に出現してまた中途で排除されるのではない。終始一貫してフィクションであり、フィクションから脱け出すことは芸術の創作ないし鑑賞を中止することを意味している。これは、芸術が直接に基礎としているのは作者の認識であって、その認識がどのようにして成立したかを問わないと同時に、それはそれとして統一のある世界であることが要求されるからである。芸術の作者は、ノン・フィクションであれフィクションであれ、自己の体験を訴えようとする。現実の世界での自己の体験として自らがとらえたものを、観念的な自己の体験として地図的に綜合していくこともあれば、はじめから空想の世界を創造してそこへ観念的な自己として入りこんで体験をすすめていくこともあるが、これらの体験を鑑賞者に追体験させるところに芸術の役割がある。

第三に、これもまた科学と芸術との本質的な差異から出て来ることであるが、科学は個人の創造によって発展していくとはいえその成果は個人を超えた体系のかたちをとり、芸術はこれに反して個人の創造としてそれぞれ自立したかたちをとっている。これは、科学の認識は現実の世界の法則性に基礎づけられているために、現実の世界の連関に照応して体系的になることが要求されるのに反し、芸術は作者の観念的な世界に基礎づけられているために、作者の創造がそれぞれ自立しているのに規定されて作品が自立するのである。ベリンスキイ的解釈はこれらの本質的な差異を無視して、認識のありかたが論理的かそれとも表象的かというところに差異を解消させてしまうのである。歴史科学はノン・フィクションとして、歴史の忠実な把握を要求されているから、大石良雄の放蕩が本心かそれとも苦肉の計略か、原田甲斐は逆臣かそれとも忠臣か、事実を検討して正しい結論を出さなければならない。個人が研究するのではあってもその結論は個人を超えた動かしえないものである。文学はフィクションとして、個人の創造した観念的な世界がそれぞれ自立したものと認められるのであるから、大石の放蕩を本心とした作品も苦肉の計略とした作品も、甲斐を逆臣とした作品も忠臣とした作品も、それぞれ別個の独立した芸術として認められる。歴史科学がどう結論を出そうと、それに反対の立場をとる芸術が抹殺されるわけではない。科学と芸術との差異を問題にするならば、このような事実を無視することはできないはずであるが、現実を凝視するよりも権威とされている解釈を受け入れるほうが容易であるために、安易な道を歩みたがる人びとが現実から目をそらしてしまうのである。

科学はその認識が生産あるいは生活に応用されるところに、有用性がある。いわば認識としての存在が現実への方向へ働きかけることによって、役立つのである。芸術は表現として現実の世界の一部をかたちづくり、ここから鑑賞において満足感をえられるところに、有用性がある。いわば表現としての現実的な存在が認識への方向へ働きかけることによって、役立つのである。鑑賞の結果として生れた認識が、さらに現実への方向にどう働きかけるかは、また別の問題であって、これがどうであろうと芸術であるかないかには無関係である。ナンセンスな喜劇を見て、ただゲラ笑ってそれで終ろうと、あるいは深刻な悲劇を見て、そのあとで自分の現在の生活を反省しようと、それらのちがいは鑑賞の対象が芸術であるかないかとは別の問題なのである。芸術は現実的な有用性を持たなくても、作者の体験を観念的に追体験することによって満足感を与えるようなものであるならば、それで芸術としての資格をそなえているのであるから、フィクションでもさしつかえないばかりでなく、フィクションでなければ与えられないところの満足感を与えようとする多くの作品が創造されるのである。

フィクションには、自らフィクションと名のりフィクションと自覚してそれを役立てるものと、ノン・フィクションと名のりフィクションであることを隠蔽してそれを役立てるものとがある。芸術のフィクションは前者で宗教のフィクションは後者である。雑誌にフィクションの文学を掲載するときには、「小説」とか「戯曲」とか題名に肩書きをつけるのが普通であるが、特にことわってなくても作者の名まえや文章のスタイルなどで見当がつく。それゆえ、作者と読者との間には、「この作品はフィクションなのだからそのつもりで」という、公然の・あるいは暗黙の・諒解がチャンと成立しているわけである。読者はフィクションと承知で観念的な自己分裂を行って、作者の提供してくれた世界に観念的に入りこみ、その中でノン・フィクションの場合と同じように作者の体験を追体験し、最後にまたその世界から脱け出してくる。世界に入っている間が、芸術の鑑賞であって、そこで悲しんだりよろこんだり感動したりするからこそ、脱け出して後も「ああよかった」と満足感がのこるのである。

人間は未知の世界をのぞいてみたい、まだ体験しなかったことを体験してみたい、という意欲を持つ。それゆえ他の人間の体験を追体験することに対しては、井戸端会議的なかたちでも満足感を覚えるわけである。また、体験には現実的な自己としてはのぞまないものもすくなくない。山で遭難して凍死するとか、ジャングルで敵の砲火をあびながら敗走し餓死するとか、炭坑の爆発で生埋めになり窒息死するとか、航空機のテスト中に墜落して不具者になるとかいう体験を、現実にするのはまっぴらであるが、夢の中で観念的に体験するなら夢から覚めればもとどおりの健康な自己をとりもどせるわけであるから、現実的な自己としては体験できない・体験したくない・事件でも、芸術のフィクションの世界でなら体験できるしまた体験してみたいという気持になる。海賊のかくした財宝を発見するとか、世界一の富豪になって世界一の美人を妻に迎えるとかいう体験も、フィクションの世界なら容易であるが、これは夢から覚めれば財宝も美人も消失してしまい、現実的な自己にもどったことを味気なく思う人びともあろう。ここからフィクションを現実化そうとする人びとも出てくる。ギャング映画に魅せられて、自分もギャングを実演しようとする人びともあらわれてくる。フィクションの長所は同時にまた短所でもあることを、知らなければならない。

芸術は鑑賞者に満足感を与えるように意図して創造される場合が多い。中には大衆の感情に迎合して、お涙頂戴の悲劇やくすぐりの喜劇や性的好奇心をそそる情痴の世界を、これでもかこれでもかとくりひろげる作者もあり、すぐれた心理描写や複雑な精神の葛藤を展開して、高度に知的な理解や感動に伴う満足感をねらう作者もある。いずれにしても、それらは観念的であるとはいえ現実の世界と同じ具体的な世界での追体験であり、現実的な自己と同じように知的な認識も情感も生れるのである。これは科学が法則性の認識として、感性的な認識を捨象しているのに比較すると、著しく異っている。ここから、科学の認識は論理的であるのに対して芸術の認識は感性的表象的であるという現象的なとらえかたが生れ、科学は認識において科学とよばれる資格をもっているが芸術は表現においてはじめて芸術とよばれる資格をもつのだという事実や、両者は直接の基礎が異っているのだという事実を無視する人びとは、ここから直ちに科学と芸術との本質的な差別はこれなのだと結論づけるのである。

芸術が表現においてはじめて芸術であるということから、芸術における認識は一つの特殊性を受けとることになる。ノン・フィクションとフィクションとに関係なく、日常の認識とは異った形態をとることになる。同じ対象をながめても、日常生活での感覚と、カメラのファインダーから受けとる感覚とは同じではない。後者は、印画に表現することを予想して、対象を写真的な目でながめるよう強いられるからである。カメラにカラーフィルムが入っているときはそれなりに対象のカラーを意識して、モノクロームのフィルムが入っているときはそれなりに黒白の印画のありかたを意識して、ながめるようになるからである。同じ富士山を見ても、ハイキングの青年がながめるのと、カンバスを前におき絵筆をにぎっている画家がながめるのとはちがっている。画家の場合は、絵画表現を予想して、画家独自の色彩を持ちデテイルを捨象したところのイメエジが成立し、対象から与えられたものといわば二重うつしになっている。この画家独自のイメエジが、表現形式を創造するための観念的な原型としてカンバスの上にうつし変えられることになる。観念論哲学者あるいは美学者は、この芸術における特殊な認識に目をつけ、この作者の特殊な創造がそのまま「外化」して作品が成立するかのように解釈した。それで、芸術家は単に思惟するのではなく、このような特殊な感性的な思惟をするのだという意味で、これを形象とよび、芸術は「形象における思惟」であるなどと論じたのであった。対象は現実的な自己の目をもってながめていても、それに二重うつしになっている形象のほうは、観念的な自己の目をもってながめているのであるから、唯物論の立場で芸術の認識を論じるときにも観念的な自己分裂についての正しい理解がないならば、形象の問題を正しく解明することができなくなる。マルクス主義者と自称する人びとが、観念論美学を批判的に改作することができないでそのとりこになってしまっているのも、ここに一つの原因があるといってよい。

(1)　戸坂潤も『科学論』でこのような解釈を行っている。

(2)　「哲学的」とあって「科学的」と書かれていないのも、哲学が歴史を動かすイデオロギーとして存在していた歴史的事実によるものである。原光雄のいうような科学非上部構造説の根拠にはなりえない。

(3)　これは戦前に『唯物論全書』の一冊として刊行されたものである。

(4)　岩波講座『文学』第一巻のために一九五三年に書かれた『文学と思想』の中のことばである。戦前のプロレタリア芸術運動の苦い経験もベリンスキイ盲従に対する反省にまでは行きえなかったことを示すものとして、注目すべき論文といえよう。

(5)　「鶴の数を x 亀の数を y として聯立一次方程式を立て、これを機械的に解けばひとりでに答は出てくる。鶴亀算といわれる中のどんな複雑なものでも、大抵は聯立一次方程式を解くことに帰着する。代数を知ってしまうと算術は非常に不自然なものだということが分ってくる。」（湯川秀樹『科学的思考について』）

七　宗教的自己疎外

人間の認識能力は可能性として無制限であるが、個々の人間はそのときどきの現実の条件に規定されており、認識は制限されている。真理を獲得すべく努力しながら、現実につくりあげる認識は相対的誤謬におちいりやすい。宗教とよばれる認識もまたこの相対的誤謬の一つの形態であり、現実の世界の空想的反映である。これも純粋に偶然的な存在ではなく、やはり人間の認識の持つ矛盾の発展した形態として、それなりの必然性(1)において理解すべき存在である。

人類がまだ原始的な生活をいとなんでいたいわば人類としての幼年時代においては、自然についての認識ははなはだ不十分であって、多くの空想が入りこんでいた。そのために太陽・月・火・風・雨などの自然の事物や、火山・雪崩・洪水・落雷などの自然力の作用も、神秘的に解釈された。そのころにあっては、人間の外部から人間の生活に影響を及ぼしてくるさまざまな自然の存在を認めながらも、それらを正しく認識できなかったために、それらを人間のありかたに擬し、それらの活動を人格化して解釈したのである。これによって、神とその活動なるものが考えられることになった。火山が爆発して熔岩が家を焼いたり、地震で大地が裂け家が倒れたり、洪水で河があふれ家が流されたりするのも、超自然的な存在である神の怒りのあらわれであり、神の意志(2)によって起ったのであると解釈されるようになった。生命は神によって授かるのであり、死は死神の訪れによって起るのだという説明や、男と女がむすばれるのは縁むすびの神のひき合せによるのだという説明や、さらには貧しくて不幸な状態や富んで幸福な状態も神の意志によるのだという説明が、ひろく信じられるようになった。

この自然の事物の擬人化と平行して、人間自身もまた神となっていった。人間の脳の機能である表象や思惟なども、身体の中に存在している特殊な一つの実体――「霊魂」とよばれる――の機能と解釈され、人間が死ぬときにはこの「霊魂」が人間の身体から出ていくかのように説明されたからである。われわれが夢の中で、すでにこの世を去った人びとの姿をながめ、その人びとが生きていたときと同じように行動したり語りかけて来たりするのは、その身体から出ていった「霊魂」にわれわれの夢の中に入ってくる能力があってわれわれに働きかけてくるからだと説明された。これを「夢まくらに立つ」などとよんだのである。このように身体から出ていった「霊魂」には、身体の中に存在しているときよりもさらに神秘的な能力があるとするならば、生きているときに偉大な才能を発揮した人びとの「霊魂」はこの意味で絶大な能力を持つものと考えなければならなくなる。この人間の外部から人間の生活に影響をおよぼしてくる人間よりも優越した存在が、神となったのは当然であろう。自然の事物を擬人化するということにしても、これは自然の事物が感情や意志を持つものすなわち「霊魂」を持っているものとして扱うことにほかならない。この自然の「霊魂」は人間とのコミュニケーションを可能ならしめるわけであり、人間の願いを聞いて雨を降らしたり風を止めたりすることができるのだと解釈されたのである。自然の「霊魂」も人間の身体から出ていった「霊魂」も、このようにして多くの神々となっていった。

日本の風神や雷神も、ギリシア神話の神々も、あるいはヨーロッパの伝説に出てくる木の精や山の精も、すべて人間と同じような外貌を持ち同じような服装をつけて登場してくる。そしてこれらが「霊魂」のありかたであり、また人間の身体からも「霊魂」が出ていってこれらと同じ神々になるということを、ひっくるめて一言でいうならば、それは人間の持っている本質や機能やすがたかたちが頭の中で観念的に人間からひきさかれ、これらが空想的に人間の「外部」に持ち出されたということである。「神それ自体は人間の自己が疎外されたもの」「人間は自分の本質を対象化し、そしてつぎにふたたび自己を、このように主体や人格へと転化され対象化された本質の対象とする。」（フォイエルバッハ『キリスト教の本質』）という指摘は、宗教の秘密を明るみの下にさらしたものといってよい。

神の存在を承認する人びとは多いが、その神についての考えかたはさまざまである。神のありかたをどのように考えるかによって、宗教の性格も異ってくる。そして宗教にあっても低い段階から高い段階への発展を見ることができるのであって、宗教の教理の発展段階からヘーゲルは自然宗教・芸術宗教・啓示宗教を区別し、キリスト教をその最高の段階に位置づけている。自然宗教すなわち自然の事物を擬人化して神々をつくり出すときには、それらの神々はそれぞれ自然の事物のありかたに規定されて、それぞれ限界を持つことになる。神々はいわばそれぞれの縄張りの中に固定されており、自己の縄張りを超えて能力を発揮するわけにはいかない。火の神と水の神とは、自然の事物のありかたに規定されて、対立を押しつけられることにもなる。死神に生命を誕生させる能力はない。しかしながらこの自然の事物の擬人化も、個人的なかたちを与えられるだけでなくさらに社会的なかたちをとり、人間の集団のありかたを空想的に神のありかたに持ちこむことも行われていく。雷神にもやはり女房があり子どももいるというように、家族のありかたが持ちこまれ、神々に対してそれを支配するもっとも偉大な大神が存在しているというように、人間の社会の権力者のありかたが持ちこまれることにもなる。そして、多くの自然の縄張りに固定され能力もまた制限されている神々から、縄張りを超えて無限の能力を持つ神へと抽象化がすすんでいくと、結局のところ宇宙全体を支配下におくところの万能の神という考えかたに落ちつくわけである。キリスト教はこの段階の神の存在を主張するところの、いわゆる一神教である。しかしこの万能の神にしても、決して孤独な存在ではない。神の原型である人間が孤独な存在ではなく、すべて家族の一人として存在していることは、神のありかたにも空想的に反映している。そこには聖家族が存在するのであって、「三位一体」とよばれる父・子・精霊の関係が説かれることになり、さらに聖母マリアすなわち母が加えられることにもなった。

われわれが与えられた宗教に入りこむ場合には、イデオロギー的に入りこんでそこから生活全体を規定させていくこともあれば、また生活的・儀式的に入りこんでイデオロギー的にはそれほど深い関心を持たないこともある。前者が正しい意味の信者であって、この場合は一つの宗教を信じることが他の宗教を拒否する方向へとすすんでいく。キリスト教の神を信じるとすれば、天皇を神として認めよといわれても拒否しなければならない。ある万能の神を信じる以上、それと異った万能の神の存在を主張する宗教に対しては、イデオロギー的に敵対する立場に立つからであり、それは邪教だということになるからである。しかし後者の場合には、儀式に熱心に参加するところからかたちの上では熱烈な信者に見えても、イデオロギー的に入りこんでいないために、その宗教の教理に忠実に行動するとは限らないし、他の宗教を特別に邪教だとも思わない。家では毎朝仏壇をおがみ、自家用車には成田山のお札をはって交通事故の起らぬよう祈りながら、結婚式のときは教会でキリスト教の神の前に誓いを立て、新婚旅行では神宮に参拝するというような宗教生活も、現実に行われている。教理的に相いれない二種類以上の神々を、事実上認めているわけである。日本人の宗教生活は、このような重層信仰において特徴的である。

芸術と宗教との間には、共通点がありまた差異がある。観念論の立場に立つ哲学者は、宗教を空想とかフィクションとか理解できずに、真理のありかたと解釈して、芸術も真理であるが宗教も真理であると真理というところに共通点を認め、宗教のほうがヨリ高度の真理だというところに差異を主張した。われわれは、芸術も宗教も認識のありかたであり、芸術のフィクションも宗教のフィクションもフィクションであるというところに、共通点を認めるのである。銭形平次もキリスト教の神も、現実に存在しない空想の産物だという点では変りがない。けれども芸術のフィクションはフィクションであることを自覚して創造するのであり、この創造は表現のための創造であるから、創造した世界が表現に定着すればもはや用ずみである。消滅してさしつかえないのである。これは鑑賞者にしても同じであって、作品を鑑賞しているときはそのフィクションの世界をある程度具体的に記憶していなければならないし、事件の過程や登場人物の動きなどについて忘れたときには前のページをめくってみたりするのだが、鑑賞が終ればもう用ずみであって、消滅してもさしつかえない。宗教はこれとちがって、そのフィクションをあくまでも真理として提出するのであり、信者もまたこれを真理として受けとるのであるから、理論的にさらに発展させたり生活に応用して具体化していったりすることになる。消滅させるのは真理を放棄することで、許されないことである。鑑賞者も信者もフィクションの世界に入りこんでいる点では同じであって、空想的な存在である銭形平次を目の前に実在するものとしてながめたり、神が現に存在して自分の運命を規定しているものと思っていたりしている。ところが鑑賞者はフィクションの世界から自由にぬけ出して、あれは長谷川一夫の演技だなどと現実的な自己の立場でとりあげたりしているのに反し、信者はフィクションの世界へ入りこみっぱなしであり、現実的な自己の立場での現実の世界のありかたと観念的な自己の立場でのフィクションの世界のありかたとを二重化したままつなぎ合せ、この現実の世界の向う側に天国や地獄や神や悪魔が実在するもの、現実の世界での毎日の生活はそのフィクションの世界とむすびつき相互に規定されているものと信じているのである。

フィクションの世界は、現代のありかたとして現実にきわめて忠実であろうと、あるいは百年後のありかたとしてすこぶる現実ばなれしていようと、その世界を構成する材料は結局のところ現実の世界から供給してもらわなければならない。宗教のフィクションも本質的には同じであって、どんな超自然的な存在も能力も結局のところ現実の世界のそれの誇張でしかない。芸術における材料の供給にあっては、作者のそれまでの生活経験はもちろん、調査活動や科学的な研究やそれらからつくりあげた社会観や人生観がそれなりの役割を演ずるし、これらはフィクションの世界が消滅したときも材料に還元され維持され、作者の精神的な財貨としてその後の精神生活を高めゆたかにしていく。

鑑賞者にしても同じである。フィクションの世界としては、「ああ楽しかった」という満足感を与えて消滅しても、そこにふくまれている真理や教訓や社会観や人生観はその満足感とはまた別な鑑賞者の精神的な財貨として保存されることが可能である。これらは鑑賞者の精神生活を高めゆたかにしていき、現実の生活の変化をも媒介していく。もちろん、プラスではなくてマイナスの方向に精神生活を変え現実の生活を変えていくこともある。いづれにしても、作者も鑑賞者もそれなりに自己の観念的な創造を対象化するにはちがいないが、それらはふたたび自己へ復帰するのであって、自己の本質や能力を何一つ失わないばかりでなく、作者としての創造や鑑賞者としての追体験における創造を媒介することによって、自己をヨリ高めゆたかにすることができる。(3) 作者の創造して対象化した空想的な人物は、作者と無関係に自主的に生活し活動するかたちをとってはいるが、これは作者がフィクションと自覚して創造した人物であり作者の統制の下にある人物であって、銭形平次が犯人を捕えて入獄させようがあるいは哀れと思って見のがしてやろうが、それは作者の自由である。宗教では現実の世界とフィクションの世界とがむすびつけられ、現実の世界での真理や教訓や社会観や人生観もフィクションの世界のありかたとむすびつけてとりあげられるために、そこにさまざまな逸脱が生れてくる。人間がつくり出した道徳や掟も、神にむすびつけられて神の与えた道徳や掟となり、同じく人間がつくり出した言語表現のための規範も、神にむすびつけられて神の与えた表現能力と解釈されることになる。しかも神の場合の観念的な創造の対象化は芸術の場合とちがって、人間からひきさきとりあげるかたちで対象化されるのであるから、人間はもはやそれらを失った存在になってしまうのである。神が智慧であり道徳であり愛であるといわれる場合は、人間はそれらを持たない存在であって、現に持っているのは人間自身がつくり出したものではなく、神によって与えられたものにすぎないことになる。それゆえ、神が万能になるに従って人間は無能になっていき、神が偉大になるに従って人間はみじめな貧弱なものになっていく。反対に人間の努力や創造を認めれば認めるほど、神の能力は制限されないわけにはいかない。神と人間とは、この意味で敵対的な関係におかれているといわなければならないのである。そして、芸術における作者の創造した人物が作者の統制の下にあるのとは逆に、宗教における人間の創造した**神は人間をその統制の下におく**ことになっているのであるから、人間は自己の観念的に創造して対象化した存在に支配されるということになる。

宗教の信者は「神は愛なり、慈悲なり」と信じていて、神と人間とは敵対的な関係におかれているなどとは夢にも思わない。それはフィクションの世界の中で転倒させられているからであり、非敵対的なすがたでながめているからである。資本主義社会も、資本家は働く場所を持たぬみじめな労働者に仕事を与え、賃金を払って、労働者の生活をささえてやり日々の幸福をつくり出す人間であるという、非敵対的な見せかけを示している。だがその本質は、資本家の利益は労働者の不利益、労働者に多く賃金を払うことは資本家にとって利潤の減少を意味するという、敵対的な関係である。宗教では観念的に人間の本質が対象化されるのだが、資本制生産では現実的に人間の本質が対象化される。すなわち生産における労働の対象化において、労働者は自己の対象化した労働に支配されるのである。ここには**現実の転倒が存在している**。対象化された労働は、生活をささえるだけの部分が復帰して来るだけで、あとは少数の人びとの私有財産となって労働者の外部に存在し、資本として自己増殖するために労働者を支配することになり、資本家はこの対象化された労働の人格化されたものにほかならない。それゆえ、観念的と現実的とのちがいはあっても、宗教と資本制生産とは人間が自己を敵対的に疎外するという点で共通した論理構造を持っているわけである。

資本主義社会の経済は、絶えず人びとに脅威を与えている。激烈な競争の中での没落や、恐慌や不景気のための破産や、職場から追われての失業に当面するとき、人びとは外部から生活に影響をおよぼしてくる打ち勝ちえない力の存在を感じないわけにはいかない。これを正しく理解できない人びとが、この力を自然力と同じように神秘化して、

神の意志にむすびつけたとしても不思議はない。(4)

法律とよばれるものは、のちに述べるように意志の一つのありかたであって、国家によって制定されるところからこれを国家意志の表現と理解することができる。国家が能動的に、この意志に服従せよと国民に要求するかたちをとるのである。この国家意志は、国王個人から発することもあれば、議員が国民の意志にもとづいて議会で成立させることもあるが、いづれにしても人間の頭の中にしか存在しない意志が観念的に対象化されて、すべての国民の「外部」に存在するものとして国民を支配するのであるから、これもまた人間の自己が疎外されたものといわなければならない。歴史は、国王の意志が神の意志とむすびつけられて、神の意志──→国王の意志──→国家意志という過程が存在するものと解釈された事実を教えているが、これは神のありかたと国家意志のありかたとが共通点を持っていたからこそ可能であったわけである。われわれが現に使っている「国家」という文字には、「国」すなわち「家」であるという、国家のありかたを家族のありかたにたとえる発想法が明かに示されているが、国王あるいは支配者を親や父にたとえ、王妃あるいは支配者の妻を母にたとえ、国民を子にたとえる支配階級のイデオロギー政策は、古今東西にわたっていくらでも指摘することができる。これらにしても、家族が集団として協力し合いながら生活を向上させるためには、秩序を維持するための何らかの掟が必要であるということから、国家意志を合理化しようとするものである。共同体における掟は全体の利益をはかるものであるが、階級社会における法律は支配階級の利益に重点をおいている。法律は原始共同体における掟が階級社会においてその性格を変えたものであり、形式的には全体の利益をはかるものとされてはいても内容的にはそうではない。マルクスのことばをかりるなら、法律は「見せかけの共同体」(scheinbare Gemeinschaft) の掟にほかならないのである。

フォイエルバッハが批判したところのキリスト教における「三位一体」も、一つの空想的な家族すなわち空想的な共同体であった。このように宗教と法律とは、ともに人間が自己を疎外してそれによって支配される点で共通しているし、ともにありかたこそちがえ空想的な共同体を設定してそれが実在するかのように主張する点で共通している。それゆえ、宗教に対する本質的な批判は、直ちに法律に対する本質的な批判へと発展していく可能性を持っているし、さらにすすんでは資本制生産の本質を解明する道も開けてくるというわけである。フォイエルバッハは宗教の批判にとどまったが、マルクスはそれを越えてさらにすすんだのであった。

「人間の自己疎外の聖像が仮面を剝奪された以上、神聖でないすがたでの自己疎外の仮面を剝奪することが、歴史に奉仕する哲学の任務である。かくして天上の批判は地上の批判に変り、宗教の批判は法の批判に、神学の批判は政治の批判に変る。」（マルクス『ヘーゲル法哲学批判序説』(5)）

「フォイエルバッハは、宗教的な自己疎外の事実、宗教的な世界と現世的な世界とへの世界の二重化（Verdoppelung der Welt）の事実から出発する。彼の仕事は、宗教的な世界をその現世的な基礎に解消させることにある。しかし現世的な基礎がそれ自体から浮き上って、一つの独立王国が雲の中に定着するということは、この現世的な基礎の自己分裂および自己矛盾からのみ説明されるべきである。それゆえこの現世的な基礎そのものがそれ自体その矛盾において理解されなければならないとともに、実践的に革命されなければならない。それゆえ、たとえば地上の家族が聖家族の秘密として発見されたからには、いまや地上の家族それ自体が理論的および実践的に破壊されなければならない。」（マルクス『フォイエルバッハ・テーゼ』第四）

神を信じるのは古代の迷信の残存でしかなく、自然科学の立場から啓蒙活動をすすめることによって一掃できると信じている無神論者・反宗教宣伝家も多い。問題はそれほど単純ではないのである。宗教の必然性が、観念的な条件によって与えられているときめてしまうのは正しくない。

「現実的世界の宗教的反映は、総じて、実践的な日常生活の諸関係が人びとに対し、彼らの相互間および対自然のすきとおるような・理性的な・諸連関を日常的に表示する場合にのみ、消滅しうるのである。」（マルクス『資本論』）たしかに対自然では、実践的な日常生活においてすでに自然力をその統制下においており、電気も風も水もそのありかたはすきとおるように理解されている。もはやこれらは神秘的な存在でも何でもない。しかし人間相互の関係では、いまだに人間の生活条件である生産や交通をその統制下においていないし、社会主義国家においても人間関係がすきとおるように理解されているとは限らない。スターリンの粛清が行われていた時代に、ソ連の国民は目に見えない暗黒な力が動いていることを感じ、いつそれが自分や自分の家族をとらえるかと恐れていた。このような社会においては反宗教宣伝を行っているにもかかわらず、宗教が消滅するどころかむしろ盛んになったとしても、不思議はないのである。そしてまたこの事実は、宗教の永遠性を実証したわけでもないのである。

（1）この宗教の必然性は資本制の必然性と同じように、発生の必然性ばかりでなく消滅の必然性をも意味している。一定の条件において不可避的に発生し、その条件が失われるとともに不可避的に消滅する。

（2）人間の能動的な活動が、能動的な認識すなわち意志から出発することは、経験的に自覚している。それで自然それ自体の能動的な活動を擬人化するときにも、やはりそれが意志から出発しているものと見たのであった。

（3）このことが理解できないで、宗教のフィクションも芸術のフィクションも現実ばなれした空想だという共通点しか見ないと、共産主義社会においては宗教のみならず芸術もまたその存在理由を失って消滅するという主張が、マルクス主義芸術論と名のって提出されることにもなるのである。一九二〇年代のソ連にも、この種の芸術消滅説があらわれ、日本でも戦後同じものがあらわれた。

（4）一八世紀の反宗教闘争では、宗教を無知や恐怖の所産と見たり、大衆支配のための創造物と見たりして、人間が自ら創造した社会力の支配を受けていることを正しくとらええなかった。マルクス主義がこの宗教の社会的基盤を明かにしたのである。

（5）法律を宗教と同じく人間の観念的な自己疎外ととらえるところに、マルクス主義の認識論の一つの特徴がある。新カント派的な法理論ないし法哲学の批判は、このことを無視しては行いえない。

第三章　規範の諸形態

一　意志の観念的な対象化

われわれには常識的に良心とよばれているところの精神活動があって、さまざまな機会に心の中で「かくせよ」「かくすべからず」と命令してくるのを経験している。心の中から出てくる命令であるから、現実の世界とはまったく別のところに由来するようにも思われるし、現に哲学者たちはこれを経験を超えた「価値の世界」から出てくるものだなどと説明している。このような心の中から自分自身になされる命令を**規範**とよぶのであるが、先験的だとか別世界だとかいう観念論的な解釈はすこしも必要ではない。これは認識の受けとる一つの社会的性格であり、われわれが社会的な関係で規定されながらもさらに社会的な関係を発展させるためにつくり出す、**意志の特殊な形態**である。規範にはさまざまな形態があるが、誰でも毎日のようにつくり出している約束と称するものもその一つである。約束を守るとかそむくとかいうことは、時には生活のありかたを大きく変えてしまう。約束を立てるとか実行するとかいう問題は、その人間の能力に、ひいてはその人間の現実の認識いかんに規定されているものとして考えなければならないし、実行できないような約束を平気で口にするということになれば、これは道徳の問題としても考えなければならなくなってくる。この、日常生活に欠くことのできない、実践的に非常に重要な役割を果している約束といわれる認識を、理論的に正しく解明した書物はどこをさがしても見当らない。それは約束が意志の一つの形態であって、意志の自由という難題がここにもつきまとってくるからである。

服従あるいは隷属といわれる社会的な関係も、われわれの日常生活につねに存在している。一時的な服従もあれば持続的な服従もあり、双方の利害が一致する場合も相反する場合もあるが、この人間関係は認識の媒介なしには成立し持続することができない。これも現象的にはさまざまなちがいがある。莫大な報酬をもらうことで話がまとまって殺人の命令を実行する、ギャングのボスに対する殺し屋の服従もあれば、理想に対する献身にむすばれて地下活動の指令を実行する、指導者に対する党員の服従もある。鎖につながれた奴隷が鞭の下で反抗の目を光らせながら労働するような隷属もあれば、入社を志願し試験を受けて合格したサラリーマンがよろこびいさんで出社時刻前にかけつけるような隷属もある。けれどもこれらはある人間の意志を他の人間が受けとってそれを実践にうつすという、意志関係がむすばれている点で共通しているのである。それが自由意志であるか否かは、また別の問題である。(1)「自由意志の形式がまもられようが、ふみにじられようが、隷属はあくまで隷属である。」（エンゲルス『反デューリング論』）ということは、現代の賃金奴隷と古代の奴隷との共通点を理解している人びとにとって、自明のことであろう。

前にもすこしふれておいたが、意志をその発展においてとらえ体系的に論じた最初の人間はヘーゲルであった。(2)だが彼は観念論者であるから、意志から実践への過程を意志それ自体が人間の頭からぬけ出していくかのように解釈し、また意志それ自体が低いものから高いものへと連続して発展していくかのように解釈した。マルクス主義は、これを唯物論の立場でつくり変えたのであって、その出発点においてすでにヘーゲルとは異っている。ヘーゲルにおいては意志それ自体が物となるのに反して、マルクスにおいては意志はあくまでも物から独立して存在するのである。

「各人は自分の意志を物とする権利、もしくは物を自分の意志とする権利、すなわち換言すれば、物を止揚して自分のものにつくり変える権利を有する。」（ヘーゲル『法の哲学』第四四節補遺）

「私が何かを私自身の外的な力のうちに持つということが、所持であり、また私が何かを自然の欲求、衝動および恣意によって私のものとするという特殊面が、所持の特殊的関心である。けれども自由な意志としての私が、自己を対象化し、この対象化によってこそはじめて現実の意志をなすという面が、所持の真実にして合法的な要素、すなわち所有という規定をなすのである。」（同第四五節）

「人間は彼らの生活の社会的生産において、一定の・必然的な・彼らの意志から独立した・諸関係を、すなわち彼らの物質的生産諸力のある一定の発展段階に照応する生産諸関係を、とりむすぶ。」（マルクス『経済学批判』序言）

人間の頭の中で、意志は対象化された表象のかたちをとり、それが実践にうつされる。このようにして、現実の世界に働きかけてそこに「自己を対象化」し、何かを「私のもの」にするという生産的な労働が行われるとき、労働が対象化され「物を止揚して自分のものにつくり変える」活動がなされたということが、所有として法的に承認されるための根拠になる。そもそもヘーゲルにあっては、自然の持っている法則的な関係も絶対的なイデーの論理のかたちを変えたものとして考えられ、その意味で精神的な存在とされていたのであるから、労働によって「意志を物にする」とか頭の中の意志が「現実の意志」になるとかいって、人間がつくり出す現実の生産関係あるいは所有関係も意志それ自体がかたちを変えたものであるかのように考え、その意味でやはり精神的な存在だと主張するのは、むしろ当然のことである。こうなると、この場合の労働もまた精神的な存在になってしまう。マルクスは唯物論の立場からこのような説明をつくり変えなければならなかった。現実の物質的な関係あるいは所有関係は「彼らの意志から独立した」ものであることを強調し、(3)「ヘーゲルが知りそして認めている唯一の労働は、抽象的に精神的な労働である。」（マルクス『哲学手稿』）であることを確認して、批判し訂正したのであった。

意志は認識のありかたであるから、その運動も究極的には現実の世界から媒介されたものとして理解されなければならないが、同時にそこには意志それ自体が自分のかたちを変えていくという直接性をも見なければならない。さらには服従や隷属のように、他の人間の意志を受けとってそれに制約されるという人間と人間との媒介関係も成立している。それゆえわれわれの実践は、これらのさまざまな意志のからみ合いによって直接に規定されているということになろう。たとえば、よく使われる意志薄弱ということばにしても、大きくわけて二つの使いかたが存在する。一つはその人間が事物についての認識が不十分であることから弱気になり、意を決して実践すべき場合にも躊躇しているような、自分の意志を持ちえない場合である。いま一つは、何もかもよく認識していて、なすべきだとかしてはならぬとか承知していながらも、欲望に負けてそれと反対の行動をとってしまうような場合である。後者の場合には、すでに意志が成立してはいるのだが、それと相反する意志のほうが強力でそれを押えることができなかったという、押える意味での意志の弱さが問題になるのであって、とりもなおさず**意志の持つ矛盾**の検討が要求されるわけである。

酒とタバコを楽しんでいる者が、医師から「おやめなさい。あなたのからだではやめないと長生きできませんよ。」といわれたとしよう。ここには医師としての意志が示されている。これに服従するか否かは、患者の自由意志である。医師が強力を用いて患者に服従を強制しているわけではない。この命令は、患者にとって一つの矛盾を意識させることにもなる。酒やタバコを楽しむならば短命に終るが、やめれば長生きできるという認識において、楽しみと長生きとどちらを選択するか決定しなければならないが、楽しみたいという欲望も強烈であってそう簡単に無視するわけにもいかない。「やめよう」という命令への服従と、「楽しもう」という命令への拒否と、どちらの意志を行動にうつすか、迷うことにもなる。自由意志で医師の命令を受け入れることになれば、(A)のようにこの医師の**命令の複製**が患者の頭の中で彼の意志として維持され、これに従うのである。医師の命令は患者にとって外界であったが、命令の複製もまた(A)のように患者にとって観念的な「外界」として、すなわち観念的に対象化されたかたちをとって、維持されていく。

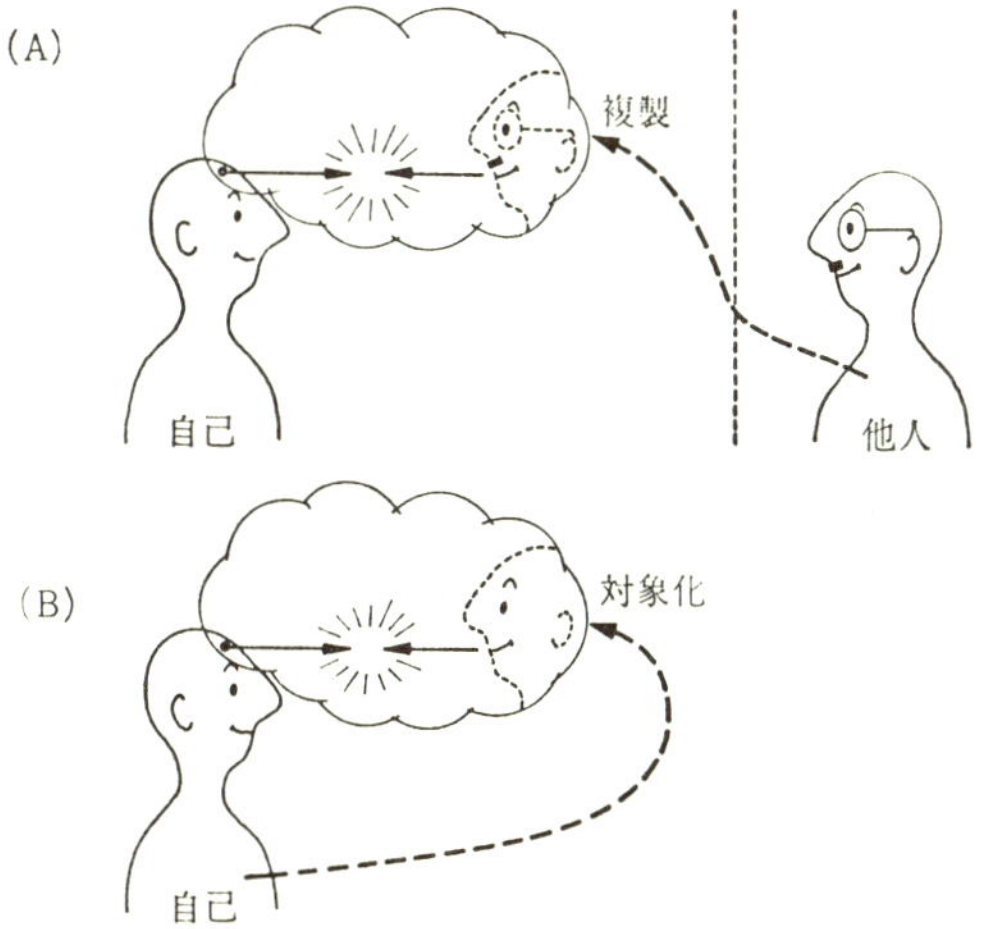

医師から命令されるのではなく、患者が自分で酒やタバコを有害だと判断し、ここから「やめよう」という意志をつくり出す(B)の場合もある。この場合にも一方で「楽しもう」という意志が生れて、闘争の結果これを押しつぶすことも起りうる。そしてこのときには、**自分でつくり出した「やめよう」という意志を自分から観念的に対象化して、「外界」から「おやめなさい」と命令されているかたちに持っていく。**この観念的に対象化された意志を維持して、これに対立する「楽しもう」という意志が生れてくるのを押えつけていく。結果としては医師の命令と同じである。いづれにしても、このように自己の意志が観念的に対象化されたかたちをとり、「外界」の客観的な意志として維持される場合には、ここに規範が成立したのであって、単なる意志と区別する必要がある。

　右の例のような規範は、個人が自己を規定するために自由意志によってつくり出したものであって、その個人以外の何人に及ぶものでもない。これを個別規範とよぶことができる。これは違反しても、他の人間から「なぜ違反したか」と責められ、処罰されることはない。自由意志で規範を破棄しても、さしつかえないわけである。けれども規範を維持することは長生きのためであり、これに違反したりこれを破棄したりすることは自己にとって不利益だとすれば、無意識のうちに違反しないように、つねに規範が維持され役立つような方法も工夫しなければならない。それで紙に大きく「禁酒禁煙」と書いて、目につくところに掲げておいたりするのである。忘れっぽい人間でせっかくつくり出した個別規範が意識の外におかれたとしても、この文字を読んで追体験することでまた思い出せるからである。受験生が、誰からも命令されないのに、自分の机の前に「がんばれ！」「テレビを見るな！」などと紙に書いて貼っているのは、しばしば目にする光景であるけれども、これも自由意志で勉強のための個別規範をつくり出しているのである。

このような簡単な規範のありかたに、すでに規範の本質が示されている。まず規範は、究極的にはわれわれの生活の利害によって規定されているのであり、規範の根拠を現実の世界から切りはなして頭の中に求めてはならない。カント主義者の主張するような、先験的にそなわっているものでも何でもないのである。長生きよりも酒やタバコを楽しみ、太く短く生きるほうが利益だと思っている人びとは、「禁酒禁煙」の規範などつくりはしないし、この規範に従っている人びとを冷笑することにもなろう。つぎに規範は、一つのフィクションである。意志はどうかたちを変えようと依然として頭の中に存在するのであって、これが頭の外へ出ていくということはない。「やめよう」という意志を観念的に対象化して「おやめなさい」のかたちに自己を対象とする意志に変えても、頭の中に存在することに変りはないが、それにもかかわらずこれは「外界」に客観的に存在する意志として扱われるのであるから、その点でフィクションだということができる。規範がわれわれの生活にとって欠くべからざる存在であり、多くの有用性を持つことは、一種の「嘘の効用」と見なすことができよう。さらに、規範はよかれ悪しかれ生活に一つの秩序をつくり出し、維持していくことになる。人間の行動は直接には意志を原動力として生れるのであるから、個人の意志の形成に干渉することによって行動に干渉することが可能なわけである。それゆえ、ある種の行動がのぞましくある種の行動がのぞましくないと思えば、それらの意志の形成に対して規範を与えて干渉し、ある種の意志の形成を促進しある種の意志の形成を抑圧することができる。これは特に**集団における意志の統一**のために重要な意味を持つものであって、集団にのぞましい秩序をつくり出し、秩序を維持し、秩序の破壊を防止することができる。

　約束が一種の規範であることも、以上から容易に理解しうるであろう。「五時に有楽町で会いましょう」という約束が恋人同士の間に成立したとすれば、これに従って二人は行動することになる。忘れたり違反したりしないように、手帳に「五時に有楽町へ」と書いておいたりする。これを見れば思い出せるからである。けれどもこれに違反すれば「なぜ来なかったの？」と責められるし、一方の自由意志で規範を破棄するわけにはいかない。これは個別規範ではなく、特殊な人びとを共通に規定するところの特殊規範と見ることができる。この場合は、二人にとって共同の利益であるということに基礎づけられて、**共通の意志**がつくり出されたのであり、「会いましょう」は観念的に対象化されてそれぞれの頭の中に「お会いなさい」という客観的な意志のかたちをとったのである。

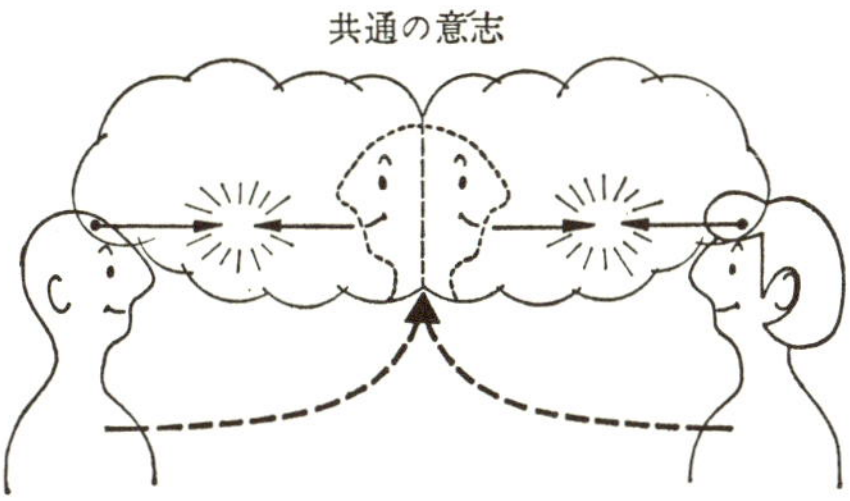

この共通の意志に従って二人が共通の行動をとって、はじめて共同の利益が実現するのであるから、それゆえ、約束した相手にことわりなしに、共通の意志に反し共通の行動が不可能になるような新しい約束をむすんだとすれば、その個人ははじめの約束以上の利益をえられるかも知れないが、約束をすっぽかされた相手にとっては損害を蒙むることになってしまう。非難されてもしかたがないわけである。

　われわれが日常生活で約束とよんでいるものは、法的にいうと契約に属している。契約は当事者の共同利害にもとづいて成立するところの特殊規範であるが、これについてヘーゲルの説明を聞いてみよう。

　「私は所有を単に外面的な物として手放すことができるのみならず、概念によって、所有を所有として手放さざるをえない。それによって私の意志が、定在するものとして、私に対し対象化せんがためである。けれどもこの契機によれば、放棄されたものとしての意志は同時に他人の意志である。この契機にあっては概念のこうした必然性が実質をなし、それは区別された意志の統一であり、したがってこの統一のうちには両者の区別と独自性とは消失している。けれども両者の意志のこの同一性には（この段階においては）それぞれの意志が他と同一ではなく、それだけで独自の意志をなしかつそれを持続するということがふくまれている。」（ヘーゲル『法の哲学』第七三節）

「契約関係はしたがって独立して存する所有者同士の絶対的な区別のうちに潜む一個の同一なる意志が媒介作用をなすことであり、かつそれは、各所有者が自己と他者との共通の意志によって、所有者たることを止めたり、所有者にとどまったり、また所有者となったりすることを意味する。——すなわちそれは、一つのしかも個別的な所有を手放そうとする意志と、このような所有、したがって誰か他人の所有を引き受けようとする意志との媒介であり、しかも、その一方の意志は、他方の意志が現存する限りにおいてのみ決意に到達するという、同一関係によって生ずる媒介である。」（同七四節）

ここには、契約とよばれる意志の持つ矛盾がみごとに指摘されている。商品交換における契約関係においても、商品の所有者は契約に際して自分の意志が同時に他人の意志でもあるような、両者に共通の意志を成立させるのであるが、これは両者がそれぞれ独自の意志を持つことを否定しないばかりでなく、それとの正しい調和を維持することによって契約が実現するのである。共通の意志の成立を認めるだけではなく、その媒介作用を検討することが重要である。マルクスの『資本論』が、ヘーゲルのことばそのままに、「一方の人格は他方の同意をもってのみ、つまりいずれも、両者に共通な一の意志行為に媒介されてのみ」商品の交換がなされるとのべたゆえんである。この共通の意志も、表現されて契約書あるいは証書のかたちをとることが多いが、それは忘れた契約を追体験によって思い出す手段であるというよりも、後になって共通の意志の存在を否認されることのないように、客観的なかたちを与えて証拠とするためである。

ヘーゲルは契約を特殊意志とよんでいるが、この特殊意志あるいは特殊規範は、商品を売る側にとっても買う側にとっても利益であるということの上に、成立する。売る側では、売ることによって利潤がふところへ入るとか、当面の生活をささえるに必要な現金が手に入るとかいう点で利益であり、買う側では、買ったものを使ったり消費したりして生活がささえられるとか、他のものでは満足できなかったがこれなら満足できるとかいう点で利益である。金を貸借するときの契約にしても、金を貸す側では、いま必要としていない金を貸して利殖をはかることができるという点で利益であり、金を借りる側では、生活の破滅や破産をくいとめるためにぜひ必要な金が手に入るという点で利益であるというように、どちらにも利益なのである。その利益のありかたは、それぞれの契約においてすべて異っているし、当事者はそれぞれ相手の利益のありかたを予想して、かけひきないし妥協を行いながら意志を統一させるのであるから、自由意志による契約とはいいながら事実上強制に近いような契約も成立することになる。契約書あるいは証書は、その文面に従って行動することを要求していて、もし契約を実行しなければこれらに「ものをいわせる」ことになる。シャイロックと同様に「証文どおりにねがいます！」というわけである。

借金の契約にあっては、貸し手が「早く返せ」と個人の意志で実行を要求したり、あるいは「返すにおよばない」と個人の意志で不履行を認めたりすることがある。ここから、借り手の意志を規定しているのは貸し手の意志であるかのような錯覚も生れやすい。この錯覚は契約書のありかたを無視している。契約書は、いわば客観的に存在する観念的な人格として、共通の意志をになっている。貸し手はこの契約書をにぎっているからこそ、その実在しない観念的な人格になりかわって行動を要求できるのである。もし貸し手がこの契約書を第三者に譲り渡したとすれば、こんどはその第三者が行動を要求し、返した金はこの第三者のふところに入る。すなわち契約書の持ち主は、個人の意志として行動を要求するのではなく、契約書のになっている共通の意志を代行するだけのことである。貸し手が「返すにおよばない」という場合、借り手が承諾すれば、そこには新しい共通の意志が成立し、それによって契約が消滅するのである。貸し手が申し出ただけならば、それは新しい共通の意志が成立したのではなく、返した金を受けとらなかったとしても、それは契約不履行の一つの形態にほかならない。

(1) 服従ということは、ある人間が他の人間に対して暴力をふるう結果として、すなわち強力による不正としてもたらされたのだとデューリングは主張した。つまり自由意志による隷属ということを、論理的に認めないのである。ところが現在の政治学者は、「奴隷の主人に対する服従においては、服従の自発性は零あるいは零に近い程度を出ないから、そこには本来服従行為があるというよりも服従という事実状態があるにとどまる。」(丸山真男『現代政治の思想と行動』)という。つまり自由意志による服従しか服従行為とは認めないのであって、デューリング的発想の裏がえしにほかならない。

(2) マルクスはフォイエルバッハ・テーゼで、それまでのすべての唯物論が、現実を「感性的な人間的な活動として、実践として」把握しなかったために、「活動的な側面は、唯物論とは反対に抽象的に観念論によって展開された」と認めている。それは労働を人間の自己創造行為としてとりあげたばかりではなく、実践的認識としての意志について展開しているところのヘーゲル哲学を念頭においているのである。

(3) これは文字どおりに、意志と生産関係は精神と物質という別個の存在であると主張しているにすぎない。それだけのことである。スターリンのように、「一定の時期までは、生産力の発展と生産関係の領域における変化は、自然発生的に、人間の意志とは独立に行われる」と、意志の内容と物質的諸条件の発展との照応という問題までもこれに押しこんで解釈するのは正しくない。原光雄もスターリン的に解釈した上で、今度はマルクスの規定は不十分だというやぶにらみの「批判」を行っている。

二　対象化された意志と独自の意志との矛盾

規範の形成される過程と、規範に従って実践が行われる過程とは、方向が逆なばかりか、時間的・空間的に異っているから、両者は正しく区別されなければならないけれども、これは両者が無関係だということを意味しない。大きな観点からすれば、規範の形成される基礎も、規範に従って働きかける対象も、同じ現実の世界であり、両者の間にはそれなりの客観的なつながりがある。それゆえ前者の過程での現実の認識は、後者の過程においてそれなりに役立つことになる。規範は抽象的な形態をとるけれども、そのときに捨象された現実の認識が、規範に従って実践が行われる過程での表象化に役立つからである。

われわれの日常生活でつくり出す約束も、抽象的な意志の統一であって、それは当事者のそれぞれの条件において具体化されなければならない。「五時に有楽町で会いましょう」ということでは二人の意志が一致しても、彼女は丸の内の事務所に勤めているのに自分は横浜で仕事をしているという条件のちがいがあれば、彼女は事務所からあるいて来るが自分は国電で有楽町の駅まで乗って来るというように、異った交通のしかたを予想しなければならない。約束をするときには前もっておたがいに交通のしかたを予想して時刻をきめるのであるから、すでにそこに二人の独自の意志がそれぞれ存在しているわけであって、これが約束の実行に当って役立つことになる。また、会いたいという意志の背後にあるもの、それをささえている情感または考慮にしても、必ずしも同じではない。彼女は会ってからいっしょに映画でも見たいと、ただ楽しむことだけを考えているが、彼はよそながら母親に見せたいと、母親の待っている喫茶店にそれとなくつれて行くことを考えているかも知れないのである。人生の大きな転機となる契約、たとえば婚約についても事情は同じであって、婚約が成立したときの男性の意志を規定しているものは異性としての肉体であったり、持参金や財産などの物質的な富であったり、あるいは哀れな人間を救いたい気もちであったり、男性仲間に見せつけて自慢したい気もちであったり、時には家族を失って孤独な魂を抱いている人間の気まぐれであったりする。女性の意志を規定しているものと大きなくいちがいのあることも珍しくない。そしてまた、悪友がけしかけるとか、善友が早く身をかためろと意見するとか、親戚や先輩が写真を持って来て見合いをすすめるとか、他の人間の意志や行動がこれとからみ合ってくることもしばしばである。

抽象的な意志の統一は成立しても、それぞれが異った条件に規定されてこの意志をつくり出したのであり、またそれぞれ異った独自の意志を持ちうるということは、二つの重要な問題をはらんでいることを意味している。

第一に、この規範は当事者の意志の一致というかたちをとってはいても、必ずしも本質的にそうとは限らないという問題である。いつもは東京駅で会っていたのに、今度に限って有楽町を主張したのは、彼の意志ではなく母親の意志によるものだというように、他の人間の意志が当事者の意志にかたちを変えることもありうる。この程度ならそれほど重大な結果をもたらすわけではないが、女性が親のため兄弟のため家のためあるいは国のためと外部から強いられて、泣く泣くその意志に従って結婚を承知するような場合は、本質的には親や親戚やその他の人びとの意志がかたちを変えたものであり、これは女性にとってもまた相手の男性にとっても重大な結果をもたらしかねない。また男性も自発的に結婚の意志を示したとはいえ、そこに示された情感や考慮と実際とはくいちがっていることもある。口では「財産なんか眼中にない、あなただけを愛している」とか何とかいってはいるが、真の目的は財産だという場合もある。女性側の出した条件に反対でありながら、結婚してしまえば何とかなるだろうから、OKだといっておけと、これまた本心をかくして婚約を成立させる場合もある。自分が前から思っていた人が、他の人と結婚することになったので、心を傷つけられヤケになって好きでもない人のプロポーズを受け入れることもある。ヘーゲルのいうように、そこには「それぞれの意志が他と同一ではなく、それだけで独自の意志をなしかつそれを持続するということ」が見られるのであって、彼女の財産をものにしようという意志や、もし自分の思っている人が気もちを変えて自分にプロポーズして来たらこんなやつとの婚約なんかパアにしようという意志や、極端な場合には新婚旅行のときにこの人間を殺して遺産を手に入れて愛人といっしょになろうという意志などが、それぞれ独自に持続しているわけである。商品の売買契約に、はじめから相手をだます意志を伴っていて、契約はしてもそれを忠実に実行しようという気もちのまったくない、とりこみ詐欺とよばれるものがあるけれども、婚約にもこれと同じように、はじめから相手をだます意志を伴っていて、忠実に実行しようという気もちのまったくない、結婚詐欺とよばれるものがある。

ここから第二の問題が出て来る。契約はその時点における意志の統一において、観念的に対象化され、客観的な意志として維持されているのであるから、それ自体は固定化された存在である。ところが、当事者の独自の意志はそうではなく、絶えず変化している。独自の意志は契約の実行に役立つものとして、いい変えるならば対象化された意志と調和するものとして、形成され発展させられることが要求されてはいるものの、必ずしもそうなるとは限らない。たとえはじめは調和するものとして存在していても、一変して敵対的なものになる可能性がある。結婚したあとで家族関係が円満にいくようにという意志で、婚約中に前もって彼女の妹に好感を持たれるよう心をくばるのは調和のためであるが、そのうちに妹に自分への恋愛感情が生れ、自分も彼女より妹のほうに愛情がうつったとすると、彼女との婚約は一変して邪魔な存在になってしまう。前に述べたような、はじめからひそんでいた敵対的な意志が頭をもたげて来ることもある。こうして、対象化された意志に対する独自の意志のありかたが、調和を失って敵対的なものに変り、敵対的矛盾になったとすれば、そこに闘争が生れ、矛盾を打ち破ることによって解決しなければならない。婚約をあくまでも重んじて妹への愛情を殺すか、それとも愛情を重んじて婚約を破棄するか、彼の内的な闘争がはげしくなり、愛情を殺しえないときには婚約を破棄する方向へすすまないわけにはいかない。商品の売買契約も、はじめは代金を期日に払う意志があって金策に努力していたにもかかわらず、不渡手形をつかませられるなど思わぬ障碍が起ってどうしても金の工面がつかないとわかれば、ええいまいましい代金をふみ倒そうかという気もちにも変って来よう。このように、契約と独自の意志との間の矛盾が存在し、質的な転化の起る可能性がひそんでいることは、誰も経験を通して納得できるはずである。

契約は抽象的であるから、これを実行するためには表象へと具体化していかなければならないし、これも「私にとって対象」であるようなかたちをとるのである。婚約の具体化は結婚式の具体的なプランや新家庭の具体的な設計へとすすんでいく。だがこれは、共通の意志の具体化であるから、やはり共通の表象として成立するところが個人の場合の単なる表象化と異っている。婚約が成立する以前から、二人はそれぞれ結婚式や新家庭についての夢を持っており、個人的にそれなりの表象をつくり出していたであろう。また二人でそれらの夢を語り合いながら、そこである程度共通の表象をつくり出したこともあろう。けれども婚約の成立は、かつての夢がいよいよ実現する新しい段階に入ったことを意味しているのであって、かつての夢の場合のような現実ばなれした空想の混入はもはや許されない。婚約後の新しい現実をふまえながら、共通の意志の具体化として共通の表象を目的的につくり出していくに際しては、かつての夢はいわば素材として・参考資料として・役立つにとどまるのである。

共通の表象をつくり出す活動は、それぞれの独自の意志によって行われるのであって、この表象の形成をめぐって当事者の間にくいちがいが生れ、争いの起ることもしばしばである。商品の売買契約にしても、代金を取りに来てくれ、いや届けてもらいたいと、押し問答する場合がある。結婚にしても、女性は外国映画に見るような衣裳を身につけて、キリスト教の教会で結婚式をやりたいと、ムードにあこがれるのに対して、男性は家の伝統を重んじて神前結婚がいいと、これに反対するようなことも起りうる。女性はアパートで二人だけの新家庭を営みたいと主張するのに対して、男性は経済的条件が許さないから両親の家の二階に住むことにしたいと反対するようなことも起りうる。この共通の表象の形成は、婚約から相対的に独立した、意志の発展の新しい段階であるから、そこでは当事者の独自の意志が具体化するだけでなく、さらに他の人間の意志がからみ合ってくることも一つの特徴である。これらは、婚約に賛成だという点ではいずれも共通しているが、その具体化に当って協力するかたちでのからみ合いだけでなく、そういう具体化では反対だと変更をせまるかたちでのからみ合いも生れてくる。親の意志・親戚の意志・友人の意志・職場の仲間の意志・雇主の意志というようなものが、あるいは結婚式とか新婚旅行とかいう一時的な行事のありかたについて、あるいはどこにどう新家庭をつくるかという当面の生活のありかたについて、あるいは自分の一生の仕事を何に求めるかという生涯の生きかたについて、いろいろなかたちで関係を持ってくるから、それらの意志との調和や闘争の中で結婚式のプランや新家庭の生活の設計を具体化していかなければならないことになる。友人たちが結婚記念に、新家庭で必要な家具をプレゼントしたいという意志を持っているならば、もちろんよろこんでそれを受け入れるであろう。また、雇主と休暇を交渉したが二日しか認めないとすれば、やむなく妥協して新婚旅行のプランもそれに合せなければならない。結婚式にはたくさんの友人をよんで楽しいパーティを開こうと思っても、親のほうでは親戚縁者を集めて昔ふうの宴会をやろうと考えているのでは、ここでも意志の衝突が起らざるをえない。交渉すなわち闘争の結果、午前に親ののぞむようなかたちで式をあげ、午後にパーティをするという妥協が成立したりする。彼女の父が重役で、彼にその会社のいいポストを与えようといっても、それが彼の理想とする生活の設計と大きくくいちがう内容のものならば、簡単に受け入れるわけにはいかない。当事者は婚約以前からいろいろな契約をむすんでいるので、それらも婚約の具体化に際してからみ合ってくる。雇傭契約はもっとも大きな制約の一つであるが、彼女が学校時代の友人と「あなたが結婚するときは私をよんでね、きっとよ」と約束しているとすれば、結婚式のプランを具体化するに際してこの意志関係の存在を無視するわけにはいかない。

契約は一つの独立した規範であるが、孤立した規範ではなく、他の諸規範とむすびついている。道徳とよばれる規範が、商業道徳とか男女交際のモラルとかいうかたちでついてまわるし、契約をむすびながら相手がそれを実行しない場合には、法律の力によって強制することもできる。商品を受けとりながら代金を払わないとか、借金を返さないとか、婚約しても式をあげないで他の女性にのりかえたとかいう場合、契約不履行のかどで相手を訴え、法律とよばれる規範の力で金を払わせたり慰謝料を出させたりするのである。契約不履行をそのままにすれば、経済はじめ社会生活全体の秩序を混乱させることになるから、これを防止するための別の規範がどうしても必要である。法律はそれを意図してつくり出されるのであって、この法律にも服従しない場合には、国家が強力すなわち警察や軍隊の力によって実践的に干渉してくる。また、契約の中には、法律に対して敵対的な性格を持つものもあって、法律が禁止している密輸された麻薬の売買契約をむすぶような場合、これは不法とよばれることになる。法律は特殊な人びとの間にではなく、社会全体に適用されるものとして成立するのであるから、ヘーゲルはこれを普遍意志とよんでいる。われわれも、一般的意志とか全体意志とか普遍規範とかよぶことができよう。

個別規範が「禁酒禁煙」や「がんばれ」などのかたちで、個人の意志から直接に成立することから、普遍規範である法律に対しても、個人の意志から直接に成立するという解釈をとる人びとが現れてくる。現に国王個人の意志から法律がつくり出されるという事実は、この解釈の正しさを証明しているかに見える。けれどもこの解釈は逸脱であって、規範が何に基礎づけられているかという問題を無視するところから出て来たあやまりである。国王にしても、彼個人の利害の上に法律をつくることはできないのであって、やはり国民全体の共同利害を考慮しなければならないのである。普遍規範である法律は、その適用される社会の共同利害に基礎をおくのであって、個人の恣意でどうにでもつくれるわけではない。

「分業の出現と同時に、各個人もしくは各家族の利害と、相互に交通し合うすべての個人の共同利害との間における、矛盾が与えられる。……そして他ならぬ特殊利害と共同利害とのこのような矛盾に基いて、共同利害は国家として、現実の各個の、また総体の現実の利害から分離させられて、一個独立な態容をとる、と同時に、それは幻想的な共同社会性として出現するのである。」

「共同の、あるいは幻想上共同の諸利害に対して、絶えず現実的に対立しているところのこれら特殊利害は、国家としての幻想的な『一般』利害による実践的な干渉と制御とを、蓋し当然に必要ならしめる。」

「各自の単なる『意志』に何らよるところなき諸個人の物質的生活、すなわち相互に制御し合う彼らの生産様式および交通形態が国家の現実的な基礎であり、そして分業と私有財産とを未だ必要とする段階にあっては、各個人の意志とまったく無関係に常にどこまでもそうなのである。……かかる諸関係において支配する個人たちは、彼らの権力を国家として構成しなければならないばかりでなく、かかる特定の諸関係によって制約された彼らの意志に、国家意志、すなわち法律という一般的な表現 (allgemeine Ausdruck als Staatswillen geben als Gesetz) を与えなければならない。——この表現の内容がいつでもこの階級の諸関係によって与えられていることは、私法や刑法がきわめて明らかに証明するとおりである。」

「かかる全体意志 (Gesamtwillen) の執行は、ふたたび種々の鎮圧手段と一つの公的強力 (öffentlicher Gewalt) とを必要ならしめるであろう。」（マルクス＝エンゲルス『ドイツ・イデオロギー』）

家族はいわば社会の細胞であるが、家族にも全体としての共同利害があるから、これを処理するための家族内での意志の統一や素朴な規範が必要になってくる。原始共同体にあっても、全体の生活条件を向上させるとともに、自然の脅威や外部からの侵略や内部の破壊分子の活動に対処して秩序を維持するという、共同利害に基礎をおくところの掟がつくり出されていた。個人もしくは集団が、その特殊利害を追求して共同利害を侵した場合には、この掟とよばれる幾百年の慣例から生れた暗黙の規範にもとづき、民主的に選ばれた代表たちが公開の席上の討論で処置を行っていたのである。この、共同利害を侵す者は規範に照らして処置するというたてまえは、階級分裂後の国家においても変ってはいない。しかしながら国家において権力をにぎっているのは、経済的に支配している階級である。支配階級の利害は共同利害ではなく特殊利害である。彼らはこの特殊利害を共同利害であるかのように偽装し合理化しながら、権力によって実現していくのである。そこでは現実的な共同利害から遊離した幻想上の共同利害が強調されることになる。たとえば、労働者のストライキは支配階級にとっての害悪であるから、特殊利害であるにもかかわらず、これを「公共の福祉を害するもの」とよんで共同利害を侵すものだと強調し、ストライキ禁止法案を国会に提出したりするのである。法案は政府の意志あるいは政党の意志の表現であるが、これが国会を通過するときは、全体意志として観念的に対象化されることになり、国家意志が成立する。もし労働者が、これまた特殊利害の一つである労働者の利害を追求して、この国家意志に服従することを拒否するならば、幻想上の「一般」利害による公的強力の干渉と制御が行われるであろう。法律に反したストライキは弾圧されるのである。[1]

契約にあっては、当事者が共通の意志をつくり出して観念的に対象化するから、それぞれどのような規範が成立したかを知っているのだが、法律の場合はそうではない。現在では、国会でどんな法律が可決成立したかを、マス・コミがひろく国民に知らせているとはいえ、知らない国民もすくなくない。この「法律として表現された一般的意志による各個意志の被拘束」（マルクス＝エンゲルス『ドイツ・イデオロギー』）が、その法律について何ら知るところのない個人に対しても適用されるのであって、法律を知らずに違反したという理由で処罰を免れることはできない。法律を「知る」ということは、医師が酒とタバコをやめなさいと命令するのに耳をかたむけることと同じであって、条文として表現されている国家意志を追体験によって自分の頭の中に複製するのであるが、この複製は自分の頭の中に存在しながらなお「外界」にあるものとして、個人の意志に対立し個人の意志を規定し拘束してくる。また、契約が対象化された意志として当事者の独自の意志から相対的に独立して存在しているように、法律もまた対象化された意志としてこれをつくり出した階級の独自の意志から相対的に独立して存在している。(2) それゆえ、当事者の独自の意志が契約と敵対的なものになった場合には契約の破棄が行われるように、階級の独自の意志が法律の規定に対して敵対的なものに変化した場合には、当然法律の改正が日程に上ることになろう。憲法すなわち最高の国家意志にあっても、このことに変りはなく、現にわれわれは憲法改悪の問題にぶつかっているわけであり、利害の反する人びとの反対闘争も生れているわけである。

契約がそれを実行するために表象のかたちに具体化されていくように、法律もまたそれを実行しその国家意志を現実化するために表象のかたちに具体化されていく。ここに政策が生れる。憲法に示された国家意志はきわめて抽象的であるから、どんなりっぱな条文が存在していてもそれが法律から政策へと正しく具体化されるのでなければ、その精神・その意志が生かされているということはできない。法律は必ずしも支配階級の特殊利害を露骨に押し出しているとは限らないのであって、共同利害のためにというたてまえからそれらしくふるまっているし、また現実に共同利害が存在してそれを反映しているものもある。しかしこれらが表象化される場合には、階級としての独自の意志が露骨に示されてくる。青年の非行を防止するのだと、共同利害を口にとなえながら、実は大衆運動の弾圧という階級的な政策を意図していたのが、反対運動でつぶされたかの警職法改正であった。また公共事業のための諸法令は、たしかに共同利害を反映したものであって、それによってつくられ運営されている国鉄や都営の水道は超階級的に奉仕しているかに見える。労働者が買っても資本家が買っても切符の値段は同じであるし、労働者の家でも資本家の家でも水道料金に変りはない。ところが独占資本が貨物を輸送していて、このほうの採算は赤字であるのに、大衆が通勤でゴッタがえす乗客のほうの採算は黒字であって、これで赤字を埋めるという政策がとられているならば、乗客大衆は自分の知らぬうちに切符代の中から独占資本にサービスさせられていることになろう。都営の水道を建設するに必要な資金を銀行から借りているならば、金融資本はその水道の収入から利息をゴッソリとまきあげるのであって、この利息を計算に入れて料金が決定されるから、水道を利用している都民大衆は自分の知らぬうちに水道料金の中から金融資本にサービスさせられていることになろう。

　婚約がその具体化の段階で他の人びとの意志とからみ合うように、国家意志も政策化の段階でいろいろな個人や集団の意志とからみ合ってくる。資本主義を維持し恐慌や不況や経済界の混乱を防止するために、国家が財政的にバックアップする法律をつくるのは、資本家階級にとっての共同利害に基礎をおくのであるから、どの資本家も歓迎する。しかし、国家が投融資や補助金や補償金をどこへどういうかたちで出すか、その具体的な政策になるとそれぞれの企業の特殊利害がからんでくるために、対立抗争が起るのである。企業の意志を政策に具体化させるために、役人を買収することもしばしば行われている。さらに、他国の支配階級との間の共同利害あるいは幻想上の共同利害にもとづいて、国際的なひろがりを持った全体意志が成立することもある。これが国際法とか条約とかよばれるものである。(3) この場合にも、これらの国際規範にもとづいてその具体化として国内法がつくられ政策が生れてくるし、段階が異るとやはり階級の独自の意志がからみ合ってくる。国際法や条約には異議がなくても国内法や政策については特殊利害からの対立抗争が起ってくる。たとえば日米安保条約には賛成しても、貿易の自由化や中国貿易や軍事基地の問題では反対の意志を持って動く個人や集団があるというわけである。

　国家意志と個人の独自の意志とは相対的に独立しているから、法律についてはよく知っているのにそれに従わないという人びとも存在する。交通取締法や食糧管理法を無視して自動車をブッとばしたりヤミ米を買いこんだりする人びともあれば、刑法なんかおかまいなしに他人の家へしのびこんで貴重品をだまっていただいてくる人びともある。これに実践的に干渉して服従させるのは、警官であり裁判官であるが、彼らは国家意志によって規定された制度の中の位置につき、(4)国家意志によって規定された給与を受けとって、国家意志によって規定された服務上の生活規律に従いながら、国家意志に従わせるための実践として犯人を追跡し逮捕し裁判するために法廷へ入っていく。彼らは国家意志の人格化されたものにほかならない。それゆえ天皇の意志が国家の最高の意志であった天皇制の時代には、裁判官は「天皇の名において」判決を行ったのである。被告は警官や裁判官の意志のかたちをとって示されるところの国家意志に服従しないわけにはいかない。留置場や刑務所に入れられて、物理的に行動を阻止されるのであるから、彼の意志で出ることができず、どんなに不満でも国家意志に服従しないわけにはいかない。

(1)　国民のわずか数パーセントの人びとにとっての利害であろうと、それを除いた大部分の人びとにとっての利害であろうと、全体からすれば特殊利害であることに変りはない。ただ、どちらが共同利害に近いのか、どちらを尊重しなければならないかという、ちがいを無視することが許されないだけである。

(2)　「観念的な自己疎外の論理構造を理解しない人たちは、疎外された意志の相対的な独自性とそれによる媒介作用を理解できない。そのために、階級国家の国家意志は支配階級の意志を反映し且つこの国家意志が支配階級の意志をも規定してくるのだとは理解しないで、国家意志と支配階級の意志とを混同する。この俗流反映論の立場での単純化された論理が、ソビエト法学者の法の規定の基本的な特徴であって、ヴィシンスキイにしても、ゴルンスキイ＝ストロゴウィッチにしても、成文法を『支配階級の意志の表現』あるいはソビエト法を『全人民の意志の表現』と表現して、国家意志という概念をぬきとっている。」（三浦つとむ『ヘーゲルの法理論とマルクス主義』――『思想』一九六〇年一二月号）

(3)　法律や条約はすべて階級の利害のためだと頭からきめてかかっている学者は、この現実にぶつかって当惑するが、郵便や伝染病に関する国際条約などもその一つである。

(4)　国家機関それ自体を国家と規定する理論は、この機関が国家意志の規定によって存在している事実を無視している。

三　自然成長的な規範

以上検討して来たのは、われわれが目的的につくり出す規範であるが、規範はすべて目的的につくり出されるとは限らない。われわれの実践はすべて意志によって直接に規定されているから、同じ種類の実践をくりかえすときにはそこに共通の意志が前提されていることになり、意識することなしにこの共通の意志が固定化していく可能性が存在する。別のことばでいうならば、**われわれは習慣の中で規範をつくり出していき、しかもそれと意識しないばかりか、これを生れつき与えられた性質であるかのように解釈しさえするの**である。「習慣は第二の天性」ということばは、この意志の固定化をとりあげたものである。子どもは家族の中で同じ種類の実践をくりかえすが、この場合に親の側では規範を育てようという目的意識を持って働きかけ、いわゆるしつけを行っていく。これは親としてのぞましいと思う種類の生活実践をくりかえさせ、そこから親としてのぞましいと思う生活規律を育てていこうとするのである。ところが、子どものそのぞんでいるままにさせておく、自由放任の態度をとった場合でも、子どもはやはりそれなりに同じ種類の実践をくりかえし、やはりそれなりの生活規律を育てることになる。子どもの要求するものは何でも買ってやるという態度をとると、子どもは自分の意志はすべて実現するもので、もし拒否されたら泣いてあばれればいいのだという生活規律をつくり出すであろう。そしてこの生活規律を自分の家庭生活だけでなく、他の家へお客に行った場合にも適用することになろう。そして他の家の大人たちが、こんなことをするのは親のしつけが悪いからだ、と苦い顔をするわけである。「三つ児の魂百まで」ということばも、この意志の固定化の生涯におよぼす影響をとりあげたものである。

実践のくりかえしによる意志の固定化は、子どもに限らず大人の生活にもいろいろなかたちで生れてくる。道をあるくような場合にも、多くの人びとが衝突することなしに前進していくためには、こちらから行く人びととあちらから来る人びととが、それぞれ道の別の側をあるいて、人の流れがよどむことなしにすれちがうようにしなければならない。その時々によって、道をあるく目的も具体的な道のありかたも異っており、意志の表象化も異っているとはいえ、一方の側をあるくことが自分にとってもまた他人にとっても利益であるという共同利害に基礎をおいた認識は、実践のくりかえしの中に意志の共通面となって意識することなしにいわば「蒸溜」され、固定化していく。どの道をあるく場合にも、無意識のうちに一方の側をあるくようになる。これを合理的なものとして意識的にとらえかえすところに、「左側通行」という交通道徳が説かれるわけである。組織の決定で定められた時刻に集合する場合にも、その時々によって集合の目的や集合の場所が異っており、意志の表象化も異っているとはいえ、ここでも組織としての共同利害に基礎をおいた正しい組織生活の規律が要求されている。自分が時刻におくれるなら、集っている他の同志たちに迷惑をかけるばかりか、組織全体の活動にもマイナスになるという認識から、「時刻厳守」をみんなが実行しなければならないし、みんなが自発的に実行すればそれが組織生活の規律として確立するのである。けれどもこの認識が欠けていて、共同利害のことなど頭にない人間は、平気でおくれたり来なかったりする。そういう習慣から、どうせきめられた時刻に行っても誰も来ていないだろう、三〇分すぎぐらいに行くのが適当だ、という規範をみんなが持つようになれば、それが組織生活の規律として確立するのである。誰がきめるともなしに、家庭・学校・職場・組織など、さまざまな社会生活の分野で自然成長的に規範が成立し、これらが目的的につくり出される規範とからみ合うことになる。

　これらの自然成長的に成立する規範は、まだ明文化されずにたがいの暗黙の諒解の段階にとどまっているものが多い。これには生活にプラスに作用するものもマイナスに作用するものもあるが、それらの規範を一括して「風《ふう》」ともよんでいる。家風・校風・社風・組合風・党風など(1)がいろいろ論じられている。家庭にあっては、起床・食事・掃除・洗濯・就寝など、毎日同じようにくりかえされる生活のありかたや、さらには経済や娯楽などのありかたについて、全体としての共同利害と各個人の特殊利害との関係を処理するために、暗黙ないし公然の諒解をつくり出し、協力の体制へ持っていかなければ、トラブルが起って生活が不安定になってしまう。「食事の前には手を洗いましょう」というのは衛生・健康という共同利害に基礎づけられた生活規律であり、テレビのチャンネルをめぐって特殊利害が対立し争奪が起るのを防止するために、どの番組は誰と誰とが見るという約束をつくりあげるのも、家庭の秩序を乱さないための規範である。意志は思想・理論をふくんでいるから、家庭の自然成長的な規範にもさまざまなイデオロギーがむすびついてくることになる。民主的な家庭での家風が身についた娘さんが封建的な家風の維持されている家庭へ嫁として入って来て苦しむという例もすくなくない。

道徳は集団の共同利害に基礎づけられて自然成長的に生れた、その集団にとっての普遍規範である。兄弟がそれぞれ異なった野球チームのメンバーで、明日は両チームが試合するというときに、すでにベテランである兄がまだ新人の弟を出世させてやりたいという気もちから、自分のチームの作戦を弟にもらしたような場合には、個人の利益のためにチーム全体の利益を傷つけたことになり、チームのメンバーとして守るべき道徳に反したものとして、非難をあびることになろう。味方をだまし味方を傷つけることは、道徳に反すると非難されるが、敵をだまし敵を傷つけることは非難されないばかりか賞讃されるのであって、一つの集団の道徳は必ずしも他の集団の人びとにあてはまるとは限らない。この規範は、個人が自主的に従うように要求されているのであって、規範それ自体の中に社会的な処罰の規定をふくんでいないから、これに反しても非難されるにとどまっている。法律のような強力を用いての干渉は存在しない。法律は「……すべし」「すべきでない」と文章で表現されているのに対して、道徳は「こうするのは善だからすべきだ」「こうするのは悪だからすべきでない」という意志が頭の中で対象化されているだけである。いわゆる不文律である。「風」とよばれる自然成長的な暗黙の規範は、善悪の判断がむすびつくことによって、道徳としての性格を与えられるわけであり、善悪の判断がむすびついた規範から独自の意志が規定されてくることを「良心のささやき」などとも名づけている。

階級も一つの集団であるから、やはり階級としての共同利害に基礎づけられて、自然成長的に道徳が生れて来るけれども、これは支配階級によって目的的に支配の手段として使われることになる。支配階級にとっての共同利害は、社会全体としては特殊利害でしかないが、法律の場合と同じように、この特殊利害を社会全体の共同利害であるかのように偽装して、これにもとづく道徳を国民全体の守るべき道徳であるといい、被支配階級に押しつけにかかるのである。このような、幻想的な共同利害としての道徳を身につけ、これに自主的に従うような国民こそ、国家権力にとってもっとものぞましい国民のありかたである。なぜなら、法律および強力による干渉で取締らなくても、国民はつねに自主的に支配階級の利害に忠実に行動し、それを善なるものと思いこんで満足しているからである。戦前の天皇制においても、目的的に道徳教育が行われたが、ここでは教育勅語という形態をとって支配者側のつくった生活規律が与えられた。「斯ノ道ハ」「之ヲ古今ニ通シテ謬ラス、之ヲ中外ニ施シテ悖ラス」と、日本国民ばかりか世界の人類に対してもあてはまる規範として、いわば絶対的真理として教えこまれた。これは抽象的な規範であるから、さらに「修身」の教科書という形態に具体化され、道徳の徳目すなわち個々の規範と、それを実行する場合の模範となるようなエピソードが与えられることになったのである。

この場合には、道徳も目的意識的にとらえられ文章表現がなされるが、法律と異ってまず文章のかたちで案がつくられるのではない。すでに自然成長的に成立している規範を、支配の手段としてふさわしいものに訂正しながら体系化し[2]、文章に表現するのである。それゆえこの場合の道徳にしても、文章に表現されたものだけが道徳ではない。国民が自然成長的につくり出した家風や校風に、教育勅語の立場からの善悪の判断がむすびつくならば、それは支配者側としてもっとものぞましい道徳の発展なのである。それゆえ、表現された道徳だけが道徳でないばかりか、その表現もまた固定されたものではない。道徳をまだ身につけていない者に教えるとか、道徳に反した者に注意するとかいう場合には、道徳が表現されるが、人によってその表現のしかたは異ってくる。

道徳もやはり観念的に対象化された意志であって、個人の独自の意志から相対的に独立している。この独自の意志とは調和するように要求されてはいるが、現実の利害のありかたいかんでは敵対的になり闘争が起るわけであって、そこに「良心の呵責」といわれるものが生れてくる。電車に乗るときは列をつくって順番に乗るようにとは、各自がさきを争って乗ろうとする場合の混乱や発車の遅れを防止するための、交通道徳の一つであるが、これに従ったのでは電車に乗りおくれて遅刻してしまうという、個人の特殊利害を優先させ、道徳を無視して列の横から割りこむ者が出てくる。これは道徳を知らないのではなく、よく知っていてそれに従おうという気もちはありながらも、現実の利害のありかたがそれに従わないようにしむけるのである。われわれの日常生活の条件が変化すれば、利害のありかたが異ってくるから、道徳のありかたもまた変化しないわけにはいかない。一方でイデオロギー的条件が変化すれば、善悪についての考えかたも変化しないわけにはいかない。これまでは道徳によって自主的に秩序を維持しようとして来たが、道徳を身につけていながら従おうとしない人びとが多くなり、もはや個人の「良心」に訴えるだけでは秩序の維持が不可能だという状態になれば、法律により強力をもってする干渉によって秩序を維持することも考えなければならない。家庭生活でも、「良心」に訴えて自主的な行動を求めたのではもう処理できなくなり、家庭の平和が乱される状態ともなれば、父親が命令に従わない者をなぐりつけたり、「おれのいうことに反対な人間はこの家から出ていけ」とどなったりすることになろう。父親の意志が家族にとっての全体意志となり、彼の腕力が強力として実践的に干渉するのである。これは規範として見るなら、ヨリ高い段階への発展であるが、社会としては「人心の悪化」であり堕落したことを意味している。但し、「人心の悪化」それ自体が堕落であるのか、それとも法律をつくること自体が堕落であるのか、(3)それはまた別の話であって、ある首相が労働運動を「不逞の輩」とよんだような意味での、堕落意識も存在するのである。

法律は目的的につくり出され、文章に表現されている。六法全書に印刷されている条文が、法律の現象形態であるから、誰の目にもわれわれの日常生活のありかたから独立した存在としてうつるわけである。税務署から納税通知書が送られて来ると、これを持ち現金をふところにして、郵便局や銀行に税金を納めに行く。これは税法とよばれる法律に従っての行動であるが、この法律の存在を十分承知の上で税金をごまかす脱税者もあって、法律と行動とをいっしょくたにする人はまずいない。(4)それどころか、法律はそれをつくり出した人びとにとっても客観的に存在する意志だとされていて、それに従わなければならないだけに、つくり出した人びとやそれの基礎になっている現実の利害からも切りはなしてしまって純粋に客観的な存在として扱う学者もある。ところが道徳のほうは法律と現象形態が異っている。われわれの目にうつるのは、道徳に従って行われる行動だけである。道徳は生活の中で自然成長的につくり出され個人の頭の中に存在するにはちがいないのだが、この存在を外部から直接に見ることはできない。ある人間がどんな道徳を身につけているかは、その行動から背後にあるものへと推察していかなければならない。この現象形態のちがいが、理論的なふみはずしの原因となる。法律を論じる学者は条文を法律とよんでそれに従う行動は法律と区別するにもかかわらず、道徳を論じる学者は規範だけでなく行動をも道徳のうちに押しこんでしまうのである。

「道徳を定義することは、むずかしいことですが、一般的にいえば、一定の社会が是認している行為の規範に関係して、その規範的な価値を選択する人格の目的的な行為において成立するといえましょう。」（勝田守一『道徳教育をどう考えるか』）

「規律と呼ばれるものは、設定されている秩序の厳格な正確な遵守、全権を持つ人びとの命令の実行、じぶんの義務への服従のことである。」（カイーロフ監修『教育学』）

このような発想は、長田新の「生活即道徳であり、道徳即生活」であるという西田哲学的解釈と本質的に同一である。規律あるいは規範とよばれる存在は、意志のありかたであり精神にほかならないのに、これと行為・実行・生活など物質のありかたとをいっしょくたにするのであるから、精神と物質とを混同することになり、観念論的な発想の一つだということになろう。ソ連の学者たちの規律論であるから、唯物論の立場をつらぬいているにちがいないときめてかかるのは、危険であることの一例である。

道徳が支配の手段として目的的に使われたり、あるいは道徳から法律へと転化させられたりする事実は、これらが規範として本質的に同一であることを物語るだけでなく、自然成長的な規範を目的意識的な規範への過程的な存在として理解する必要のあることや、自然成長性を目的意識性の萌芽形態として理解する必要のあることを、われわれに教えているものといえよう。言語表現にも社会的な規範が伴っているが、これも自然成長的に生れてくるばかりでなく、一方ではつねに目的意識的につくり出されているという、矛盾をふくんだ存在であって、この矛盾が言語学者をして言語規範の理解を困難にさせ、理論的なふみはずしへとみちびいているのである。

(1)　毛沢東は、経験主義的ではあるが、党員の風について具体的に説き、風を整頓せよと強調した。政党の活動家は、高度の理想と知性をそなえた革命家として、それにふさわしいレベルの高い生活規律を身につけていなければならないからである。そこでは、学習のしかたについての学風や、文章についての文風なども問題にされている。文風というのは表現それ自体の規範である語法や文法をさすのではなく、「人を見て法を説け」のたぐいに属する精神的な交通を正しくすすめるための自主的な規律である。訴える相手をよく理解して、それにふさわしい表現をするように努力し、むづかしいことばを使っておどかすようなことをしてはならないと、自ら戒めるわけである。

(2)「夫婦相和シ朋友相信シ」はそれ自体として見るかぎり異論はない。けれどもこれは「一旦緩急アレハ義勇公ニ奉シ、以テ天壌無窮ノ皇運ヲ扶翼スヘシ」にむすびつけられているのであって、このような国民の生活の一側面として位置づけられ体系化されているところに問題がある。

(3) 家風が封建的であるところに、子どもが民主的な思想や生活を持ちこむと、もはや古い意味での「平和」は破られることになり、おやじ天皇制の父親は自分の意志を絶対的な規範としてあくまでも押し通そうとする。この規範は反動的なものである点で家風と変りないが、自主的なものから強制へと変ったことは退歩なのである。

(4) 残念ながら、自称マルクス主義者の中にはつぎのような主張がある。「法律は各人が社会状態に関して持つ観念にあるのではなくて、国家権力によって強制せしめられているところの一個の現実的状態であり」「それゆえ、法律は一面において観念系であると同時に他面においては現実的状態であり、かかる矛盾の統一であるところの一個の両面の怪物であると考えなければならぬ。」(北条元一『芸術認識論』) 泥棒にあっては、法律があって従わないのではなく、法律それ自体が観念としての一面しか存在しないと考えなければならないわけである。

四　言語規範の特徴

言語には語法・文法とよばれるものが伴っている。これは表現上の秩序を維持するために、人びとの間の社会的な約束として成立したものであるから、これも一種の規範として扱わなければならない。いわゆる民族語は、民族全体の言語表現を規定するところの言語規範によって、すなわち言語表現についての全体意志によって、ささえられている。さらに、方言その他特殊な地域あるいは特殊な集団の言語表現を規定する特殊な言語規範、すなわち特殊意志も、これらとむすびついて存在している。それゆえ、言語理論にあっては、これらの規範の成立過程を理論的に明かにするとともに、これらの規範が個々の言語表現においてどのように役立てられるか、その表現過程をも理論的に明かにすることが要求されているわけである。

個々の特殊な規範の具体的な成立過程を明かにすること、いわゆる「語源」を研究することは、それほど困難ではない。困難なのは、規範の成立過程の一般的な・理論的な把握である。これは正しい規範論が確立していないことにも影響を受けていて、言語規範についての理論的な説明はそのほとんどすべてが歪められてしまっているばかりでなく、神秘的な解釈を与えられているものも多い。ソ連の哲学教科書『哲学教程』にも規範論の体系的な展開はなく、言語については「人びと相互の交際の幾世紀にもわたる実践から、諸民族によって確立された約束的な記号である。」といいながらも、つぎに「しかし、言葉がどういう音からできているかということは、約束的で偶然的であっても、これらの言葉と言葉との組合せがまさになにを指示するかということは、約束的でも偶然的でもない。」(強調は原文)とのべて、規範による対象と表現とのむすびつきを事実上否定しさえしている。(1)さらに、入谷敏男の『ことばの心理学』にいたっては、人間に「文をつくり出すのに必要なルールが先天的にそなわっている」のだと、規範をア・プリオリに生れつき持っているものにしてしまっている。

われわれは言語規範がどういう性格の規範であるかを考え、規範全体の中に位置づけてみる必要がある。言語規範はいわば精神的な交通に伴って生れた規範であるから、これを物質的な交通に伴って生れた規範すなわち鉄道やバスを運転するための時刻表と比較し、その目的意識的な部分と自然成長的な部分との関係について検討してみることも、決して無駄ではないであろう。

時刻表は運転の関係者が机に向って目的的につくり出すものであり、文章の形式をとって表現されている。この点からすれば、時刻表は法律と共通したところがある。現に、全国の国鉄・私鉄・さらには汽船や旅客機などの時刻表が一冊の書物に編集され印刷されて書店で売られているが、同じように法律も一冊の書物に編集され印刷されて六法全書として書店で売られていて、ここにも共通点があらわれている。(2)乗客としては、その乗りものが特定の時刻に発着してくれないと自分の予定を立てることができず、生活の設計が困難になるし、また乗りものを経営する側としては、乗客がなければ収入がなく経営できなくなるのであるから、時刻表をつくって一般にひろく知らせることは共同利害に基礎づけられた合理的なやりかただということができる。運転の当事者は、自分たちのつくり出したこの時刻表の示すところに従って行動し、乗りものを動かしていかなければならない。時刻表は観念的に対象化された「外部」の意志のかたちをとって、その時刻を守るように要求しているのである。しかしながら、列車の運転台に時刻表の複製をかかげて、つねにそれを見ながら自分の頭の中に規範を維持している運転手にしても、これから相対的に独立した彼独自の意志を持っている。ある駅で乗客の乗り降りに時間がかかり、おくれて発車したようなときには、つぎの駅へ定時に到着するために意識的に列車のスピードをあげるというように、彼の独自の意志を規範に調和させるのが原則であるけれども、時には意識的にこの「外部」の意志に従うことを拒否したり、乗客の共同利害にもとづいて自然成長的に規範をつくり出したりすることも、しばしば起るものである。たとえば、乗客の中に急病人が出て、医師の手当を受けなければ生命の危険も考えられるような場合、一刻も早く医師の手に渡すことがこの乗客にとっての利益であり、そのために数分停車をしてもそのあとでスピードをあげればおくれはとりもどせるし、他の乗客の利益を傷つけることにはならない。そこで彼は時刻表を無視して、停車しないはずの駅で途中停車をし、病人を下車させるのである。新幹線の実状にも見られるように、豪雨や豪雪のときには乗客の生命を守るという共同利害にもとづいて徐行したり運転を中止したりするので、その結果ダイヤが大きく乱れることもしばしばである。乗客があまりにも多すぎて、どの駅でも乗り降りに予定以上の時間をとられたために、つぎからつぎへと発車がおくれて時刻表を変更しなければならぬ破目になるのも、自然成長的な規範の修正といえよう。

乗りものを運転することと、それに必要なものとしてつくられた規範とは、関係があるにもかかわらず別個の存在であるということを、誰もが経験的に認めている。時刻表とは何かと問われた場合に、運転手の人格の「目的的な行為において成立する」という者もなければ、「運転即時刻表で、時刻表即運転」であるというような西田哲学的発想を持ち出す者もない。現に、時刻表という規範の示すところに反して、列車が大きく延着したような場合には、急行料金を払戻すと規定した別の規範もつくられている。運転のための規範と実際の運転との間に、くいちがいの起ることを認めているのであって、両者が相対的に独立していることを疑う者は観念論者以外まずあるまい。

ところが、言語表現に必要な語法・文法などの規範は、鉄道やバスの運転に必要な規範に比較すると、成立のしかたも現象形態も異っている。語法・文法は時刻表とちがい、運転をはじめるにさき立って目的意識的につくり出されるものではなく、表現生活の中で自然成長的に体系化していくものである。もちろん、言語が生れると「命名」ということが行われ、これは目的意識的に規範をつくり出すことではあるが、これは各個人が目的的につくり出すにとどまって、時刻表のように規範全体が統制・支配の下におかれているわけではない。それゆえ言語規範全体はやはり自然成長性にゆだねられているものといわなければならない。ある集団が、その中で通用する特殊な語法をつくり出し、いわゆる隠語を使う(3)ことも自由であり、これがその集団の枠をはみ出してひろく国民全体に使われるようになったとしても、別に禁止されるわけではない。テレビのコメディアンが、アドリブで「新語」をつくり出すと、それがたちまちに流行したりしている。これらを見ると、まったく恣意的につくり出せるもののようにも見えるのである。また、運転に必要な規範は、実際の運転のありかたを見てそこから読みとることもできないではないが、ふつうはそんな手数のかかることはしない。書店から時刻表を買ったり、駅や停留所に掲げてあるのを見たりして、覚えるのである。

しかしながら言語表現に必要な規範は、まだ幼いときから日常生活の中で聞いたり話したり読んだり書いたりする訓練を受け、実際に表現についての経験を重ねるうちに、いつしか身につくという方法をとっている。もし規範を忘れたときには、家族にそのものを何とよぶのかそのことばは何をさすのかたづねて、このむすびつきを教わることから規範をとらえなおすのがふつうである。けれどもこの幼いときの訓練で身につけることのできる規範は、全体のわずかの部分でしかない。子どもにとって「むずかしい」多くのことばは、学校教育の中で教えたり、規範について記した印刷物から読みとらせたり、しなければならない。それに、「やさしい」ことばも、経験のままに放任するのではなく、正しい発音や意味や使いかたや書きかたを示してやることがのぞましい。それゆえ運転に必要な規範である時刻表と同じように、言語表現に必要な規範を知るための手びきとなる特殊な書物が編集され、印刷され、書店で売られるようになった。これが**辞書**である。

言語表現に必要な規範は運転に必要な規範と成立の条件もありかたも異っているので、時刻表のように現に存在するすべての規範を集めた辞書をつくることは不可能に近いし、またその必要もない。地名や人名などは、必要に応じてそれだけを集めた辞書がつくられているし、日常の用語にしても小辞典・中辞典・大辞典と語彙の数の少いものや多いものがつくられている。われわれが机上において常用している国語辞典も、いわば小辞典に属するものが多い。これは比較的広く使われている語彙を中心にして、それらがどんな対象に用いられるのかを簡単な文章で説明しているだけであるが、ふつうはけっこうこの程度のもので役立つのである。専門家として知らねばならぬ科学の特殊な分野で使われる特殊な語彙、たとえば電気・医学・薬学などの術語については、それだけを集めた特殊な辞書がつくられるわけである。同じ小辞典に属する辞書でも、編集者が異れば語彙のえらびかたが異ってくるし、説明の文章もちがってくる。ここで注意しなければならないことは、この説明の文章それ自体が規範を表現しているのではないという点である。辞書は記号のサンプルを掲げて、それがどのような対象について用いられるかを知らせるために、その対象について説明しているだけである。対象と語彙との間のむすびつきに関する社会的な約束が規範なのであるから、ここでは対象の説明を読みながらそれと語彙との関係を推察できるように、記号のサンプルと説明とをならべて示しているのである。

運転に必要な時刻表は運転する当事者だけがいくら知っていても意味がないから、運転をはじめるに先立って時刻表をひろく知らせようと努力する。時刻表を改正するときも、大きな改正は十数日も前から予告する。ところが言語にあっては、毎日多くの新しい規範が生れているにもかかわらず、直ちに辞書にのせるわけにはいかないし、またのせなければならないというわけでもない。「新語」といわれるものも、合成語あるいは比喩などの場合が多く、これまでの規範から推察して大体見当がつくからである。ただ、固有名詞のように、成立や変更を知ってもらわないとすぐ実践上に支障を来す場合には、新しい商品の名称をマス・コミでPRするとか、子どもの誕生や改姓改名をハガキに印刷して知人に配るとか、当事者がしかるべき方法で知らせるようにしている。科学者の術語や暗黒街の隠語などで、新しい語彙が生れた場合も、それらは従来の術語や隠語と似た方法でつくられるのがふつうであるから、これらもその道に通じている人びとなら経験的に推察して大体見当がつくけれども、マス・コミが非常な発展を遂げている今日では、それらの特殊な語彙も新聞・雑誌・ラジオ・テレビなどを通して、一般の人びとの日常生活に直ちに入りこんでくることが珍らしくない。そこで、このような新語の規範について知るための、「新聞用語辞典」や「流行語辞典」なども出版されるようになった。

現象的に見ても、運転に必要な規範はまた現実に運転が行われない以前から独立して存在している。時刻表と運転とは関係があるが明かに別個の存在である。言語表現の規範はこれとちがって不文律として成立するために、現象的には表現しか存在しないように見える。規範の存在を認めるにしても、表現それ自体のありかたとして、物質的な存在であるかのように誤解されたりする。言語について論じる人びとも、もちろん辞書の存在は知っているが、ふつうは辞書の助けをかりずに話したり聞いたりしているのであるから、辞書を徹底的に検討してここから言語の本質に迫ろうとするような人がほとんど存在しない。辞書と時刻表とを規範の観点で比較してみようとする人もない。言語規範の正しい理解がなければ、辞書を正しく理解できないから、辞書には「言語をおさめてある」とか、そこから「言語をとり出して来て使う」とか、道具箱と道具との関係に似た解釈がひろく行われることにもなった。しかし時枝はこの種の解釈に反対する。

「辞書は語彙の登録であつて、こゝに我々は主体的活動を離れた言語の記載を認め得る様である。しかしながら詳に考へて見るのに、辞書に登録された語彙は、具体的な語の抽象によつて成立したものであつて、宛も博物学の書に載せられた桜の花の插画の様なものであつて、具体的個物の見本に過ぎないのである。辞書は具体的言語に対する科学的操作の結果出来上つたものであつて、それ自身具体的な言語ではないのである。……辞書の言語について猶一言加へるならば、先に私が辞書を語の登録であるといつたのは、厳密にいへば正しい云ひ方ではない。辞書は語を登録したものではなくして、言語的表現行為、或は言語的理解行為を成立せしめる媒介となるものに過ぎない。例へば辞書に『あなづらはし』と標出されてゐても、それ自身は、語とはいひ得ないのであつて、単なる文字であり、厳密にいへば線の集合に過ぎないのである。しかしながら、この標識とそれに加へられてゐる説明、釈義等によつて、辞書の検索者は一の言語的体験を獲得することが出来るのである。この様に見て来るならば、辞書に言語が存在するといふことは、尚更いひ得ないこととなるのである。」（時枝誠記『国語学原論』）

辞書は「媒介となるもの」で、そこに示されている文字は「語とはいひ得ない」のだという指摘は、まったく正当である。けれども時枝は、辞書をひく者の「一の言語的体験」がいったい何であるかを説明していない。辞書が単に偶然的な存在でないことは、諸民族がその文化のある段階において申し合せたように辞書を編纂するという事実からも、推察できることであり、その必然性は言語の性質それ自体の中に求められなければならないはずである。その意味では、博物学の書物の插画と辞書の記号のサンプルとの間のちがいを、説明する必要があったのである。時枝がこれらの説明にすすみえなかったのは、規範論を欠いていたからであって、このことは後にまたとりあげることにしよう。辞書の中に言語がおさめてあると解釈するのは、時刻表の中に運転がおさめてあると解釈するのとあまりちがわないのである。辞書をひく者が「一の言語的体験」によってそこからとり出してくるのは、言語それ自体ではなくて、辞書を編纂した人間の規範についての認識である。であるからこそ、言語表現あるいは理解を阻んでいた壁をのりこえることが可能になるわけである。

現象的に見るならば、言語表現は話し手や書き手の能力によって可能となるもので、先天的にそなわっているとまではいわないにしても、経験的に身にそなわっていくように思われる。そこに社会的な規範の存在を認める人びとも、規範それ自体が現象的に独立して存在していないから、表現である音声や文字のありかたを通してその背後へとさぐって行かなければならない。言語規範は音声や文字のかたちをとって現象している、といってもいいが、この現象から直ちにそこに規範が存在していると考えるのはあやまりである。この現象にまどわされて、ほとんどの者が言語規範と表現との正しい区別と連関を与えることができず、混同しがちなのである。規範それ自体が不文律として存在し、現象的に独立していないために、その相対的な独立が無視されがちな点では、道徳と言語規範とは共通している。そしてこの共通したあやまりのちがっているところは、道徳は規範それ自体をよぶことばであるにもかかわらず、行動までもいっしょくたにしてしまうのに反して、言語は表現それ自体をよぶことばであるにもかかわらず、規範までもいっしょくたにしてしまうという、ちょうど逆のかたちの混乱におちいっている点である。

言語について論じる人びとが、表現だけでなく規範をもいっしょくたにしてどちらも言語とよぶあやまりは、さらに二つの傾向に整理することができる。その一つは、両者を理論的に区別できないか、あるいは区別しようとしない傾向である。この傾向は言語学者以外の言語に関心を持つ人びとに多く見られる。スターリンの言語論の発想はこの傾向に属している。この傾向は言語学者以外の言語に関心を持つ人びとに多く見られる。スターリンの言語論の発想はこの傾向に属している。スターリン批判がはじめられてから二年後に出版されたものであるが、その内容はスターリン的発想を受けついでいるものが多く、言語の項の説明またしかりである。

「発声・聴覚運動（話す、聞く）で組立てられた記号系を手段として一定社会の成員の間で営まれる表現・了解の交信活動をいう。その社会とともに歴史的に形成され、社会の個々の成員に対しては選択の余地のないものとして与えられ、かつ受けつがれる。」（粟田賢三・古在由重編『哲学』）

この説明は二重にあやまっている。言語は表現それ自体をよぶことばであって、これを「交信活動」といい人間の活動をよぶものにスリ変えるのは、機能主義的解釈におちいったものである。さらに、歴史的に形成され、「選択の余地のないもの」としてそれに従わねばならないし、また親から子へと「受けつがれ」ていくのは、言語ではなくて言語規範である。言語と言語規範とはこのような説明のしかたでいっしょくたにされるわけである。

いま一つの傾向は、表現と規範とを一応別の存在として理論的な区別を与えようとする点で、前者よりもすすんでいる。だがそれにもかかわらず、両者をともに言語であると解釈し、しかも規範の側をこれこそ言語とよぶべきものだと逆立ちさせてとりあげるのである。(4) この傾向は言語学者に多く、その代表的なものがソシュール言語学である。ソシュールが「言語」(langue) とよぶのは規範の側なのであるが、彼は対象の認識と規範の媒介との間の論理構造を正しくとらえることができなかったために、彼の「言語」も規範にとどまらずそれに媒介された認識のありかたをもふくんだものになっている。

(1)　パヴロフ学派は、意志を媒介とした実践を、条件反射に解消させて解釈する傾向がある。その言語の解釈にも、規範についての説明が欠けている。この解釈を支持するソ連の哲学者が、規範の存在を事実上否定するような説明をのべるのも、うなづけることである。

(2)　目的的につくり出された規範が書物になることは、娯楽やスポーツのための規範たとえばトランプ・花札・マージャン・野球・ゴルフ・ボーリング等の手引書にも見られるところである。花札で遊ぶときにかけ金をきめるのは、従来の規範に参加者の統一した意志で新しい規範をつけ加えることであり、これまた観念的に対象化された意志として、参加者全員がこれに従うことになる。

(3)　隠語は特定の人びと以外には理解できない言語表現を意図するものであるから、恋人や夫婦の間で使われる特殊な愛称も一種の隠語である。さらに、外国語を知らぬ警官に捕えられた革命家たちが、外国語の語彙を利用して意志を通じるのも、隠語でないものを隠語化することである。

(4)　表現過程としては、規範による認識活動がまずあって、これを直接の基盤として表現が行われるのであるから、言語とよぶ場合に還元論的にこの基盤へ持っていく行きすぎは起りうることである。だがそれだけではなく、観念論にあっては物質と精神との関係を正しく説明できず、精神それ自体が物質化するかのように解釈するから、頭の中にまず言語が存在してそれが音声や文字のかたちに変るのだという考えかたで、規範の側を言語だと主張する学者も出てくるのである。

五　言語規範の拘束性と継承

規範は「外界」の意志としてわれわれの行動を規定してくる。それゆえこれは他からの拘束ということもできるが、この拘束に対して必ずしも不満や抵抗を感じるわけではないし、またいつでも拘束を意識しているわけでもない。娯楽やスポーツの規範は、この拘束によって楽しむことが可能になったという意味で、歓迎すべき拘束だといってよい。ポーカーや花札なども、特殊な札をそろえることによって多くの点数を獲得できるという、特殊な規範が設定されていることによって、楽しみは一層大きなものになる。ただし、たくさんの金をかけたが敗けて取られた者にとっては、規範の拘束から受ける苦痛をいやというほど感じるかも知れないし、一回で連続安打をあびせられ八点も取られたチームにとっては、九回戦うという拘束をやり切れないものと感じるかも知れないが、これらにしても、勝った側が拘束をありがたいものうれしいものと感じていることを無視して論じるわけにはいかない。法律がわれわれの行動をつねに拘束していることは疑いないが、その拘束をつねに意識しているのは犯罪者くらいなものである。言語規範もたしかに表現上の拘束として存在するし、外国語を学習するときには規範を意識して身につけようと努力するのだが、やがては規範を意識せずに表現できるようになる。これは、嫁に行った女性がその家の家風を教えられ、はじめはこれを意識して気を使うが、そのうちに意識することなしに行動できるようになるのと似ている。規範は意識して規定されるばかりでなく、無意識のうちに規定されるように変化していくのであって、意識しないから存在しないとか拘束されていないとかいうことにはならない。それは、自分の外部でつくり出された規範による規定であっても、外部から直接に行動が規定されるのではなくて、自分の頭の中に複製された意志が「外界」となってこれから媒介的に規定されるという、観念的な対象化のありかたを検討してはじめて理解できる問題である。

それゆえ、法律や道徳や時刻表や言語規範の存在を、よく知っていながら従わない場合があるという経験的な事実から、その拘束力を否定したりこれに規定された行動を単なる習慣に解消させたりすることはできない。われわれが日常の会話において規範を意識しないという経験的な事実から、直ちに規範やその拘束力を否定することはできない。この点で時枝の主張はあやまっていた。

「言語においても、最も明瞭な外部的拘束力――例えば、仮名遣の厳守、漢字の制限、方言の矯正――の如きすら、時に甚しく無力なことがある。又例へば、我々が母語を語る時と、外国語を語る時とは、何れに於いて規範を感ずることが濃厚であるか、そして更にその結果を考へて見る時、我々の言語は、規範或は外部的拘束力の故に遂行されるのでないことは明かである。拘束性を形成する重要な要素の一として習慣性と技術性を挙げることが出来る。言語に於ける習慣性は、受容的整序能力の結果であつて、習慣に逆行した言語的表現は、それ自ら表現とは認められない。」

「かかる習慣性の成立には、勿論条件としては個人間の社会的交渉といふことが必要であるが、本質的には、個人の銘々に、受容的整序の能力が存在することが必要である。」（時枝誠記『国語学原論』）

規範を外部にあるものと考え、その拘束力を否定し、しかも言語における頭の中の拘束性を認めなければならないのであるから、これを規範と無関係の・言語表現以前から持っている・「整序能力」の作用として説明するのは時枝の解釈からの論理的な強制の結果なのである。事実は反対であって、頭の中の規範が無意識のうちに表現や理解の成立を媒介するようになることが、「整序能力」を獲得したことなのである。これは、日常生活のための個別規範や道徳が、無意識のうちに独自の意志を規定して行動を媒介するようになることが、「人格」の形成とよばれるのと似ている。いずれも単なる習慣性ではない。見たところ同じようでも、規範の存在しないところに行動をくりかえして成立した、よっぱらっても道をまちがえずに帰宅するような習慣性と、規範を与えられはじめは意識してそれに従いながらも、くりかえす中で意識しなくなった習慣性とは、区別しなければならない。

言語表現は規範にもとづく習慣性として行われるから、たとえ習慣に「逆行した」場合でも、そこに新しい規範を設定して行われるならばそれは言語表現なのである。死語を使うのは疑いもなく習慣に逆行したことであるが、科学者が死語であるラテン語の規範を用いて学名をつけるのは、言語表現以外の何ものでもない。東京の「上野」を「ノガミ」とよぶのも習慣に逆行したことであるが、ある人びとの間で隠語として使われることになれば、これは規範にもとづく表現であり言語表現と認めなければならない。習慣に反するということも、規範を無視したいいそこないの場合と、新しい規範を設定した新語の場合と、二つを認めなければならないし、平仮名・片仮名・漢字の相互の関係も、はじめは単なる習慣であったが現在では規範として与えられていることを無視してはならない。時枝にはこれらの区別が欠けている。

「我々が『イヌ』という音声、『いぬ』『犬』という文字によつて、相互に共通の概念内容を獲得するのは、何故であらうか。それは、我々の過去において、『イヌ』『犬』という音声、文字の連合習慣を、相互に修正して来た結果、同一の連合習慣が形成されてゐる為である。」

「思想を、音声や文字に移行する連合習慣が、不完全であつたり、粗漏であつたり、誤つたりした場合、即ちいいそこないの場合には、伝達が成立しないか、不完全になる。『猫』を『イヌ』と表現したり、『いぬ』と記載する場合である。」(同上『続篇』)

いいそこないの一例として、落語の『子ぼめ』に出て来るものを考えてみよう。子どもが誕生してから七日目を、われわれは「お七夜」とよび、人が死んでから七日目を、「初七日」とよんでいる。七日目だという点では両者が共通しているから、そそっかしい人間が子どもの誕生に「初七日」という表現をすることもあり得るし、それがまた笑いを誘うことにもなるわけである。これは無意識のうちに、規範の対象領域を不当に拡大したことを意味している。たしかに、初めての七日目ではあるが、人が死んだとき使うことに定められている社会的な規範を、子どもが誕生したときに使ったのであるから、聞き手は「不吉な」表現だと苦い顔をしたり、非難したりするであろう。ここでは「お七夜」という規範をえらぶべきであって、「初七日」という別の規範をえらぶ余地が与えられていないのである。また、「池袋」を「ぶくろ」としか発音しなかったとすれば、それはふつうの人びとにあってはいいそこないであり、規範に忠実な表現ということはできないし、聞き手も正しく理解できないかも知れない。けれども特殊な人びとの間では、「ぶくろ」が「池袋」の隠語として用いられているのであって、そこでは「ぶくろ」を規範にもとずく忠実な表現として扱っている。いいそこないではないし、聞き手も正しく理解できる。すなわち、いいそこないか否かは、規範にもとずいているか否かによって区別されるのである。

言語規範の拘束性を問題にするときには、さきにとりあげた意志の自由の問題について、「自由が意志の根本規定である」ことについて、ふりかえってみる必要があろう。娯楽やスポーツの規範を新しくつくるときは、それによってわれわれが楽しむための新しい方法を獲得したことになり、楽しむ自由がこれによって拡大したことを否定できない。言語規範が一つの精神的な拘束性であることにはまちがいないが、まさにこの拘束において精神的な交通という共同利害が実現し、自由に会話を交すことが保障されているのであるから、拘束性と自由とを一つの矛盾として統一してとらえず、これを切りはなして拘束性のないところに自由が与えられるかのように即断してはならない。言語規範の発展は矛盾の発展であるから、一面拘束性の発展であるとともに、他面では自由の拡大でもある。「お七夜」と「初七日」という規範が成立して、これらを使いわけなければならず、規範をあやまってえらんだときに相手の感情を害したり苦い顔をされたりするのは、拘束性の発展ととらえることができる。けれどもそれと同時に、単なる時間的経過ばかりでなく特殊な人間のありかたをもとりあげ、さらには話し手の慶弔意識さえもふくませて表現することを可能にした点で、表現の自由が拡大した事実を見のがすわけにはいかない。ことばをえらぶという意識的な活動には、規範のあやまった使いかたをしないようにという場合と、いろいろな規範があるがどれがもっとも効果的かという場合と、これまた二つの場合を区別することができる。「おかみさんいるかね」と「奥さんいらっしゃいますか」とは、相手によってえらばなければならないのであって、虚栄心で気ぐらいの高い相手には後者が効果的であるが、気さくで親しく交際している相手に後者を使ったのでは他人行儀だときらわれたり、時には皮肉をいっていると受けとられたりする。(1) 敬語とよばれる特殊な規範の発展は、拘束性の発展であり煩雑さをますものとして、国語改革論者の目のかたきにされているのであるが、一定の限界でのこの種の規範の存在は表現の自由を拡大し相手に対する自分の尊敬感を示すものとして、その合理性を認めなければならない。(2) 国語改革論者の多くに、規範を単純化することがすなわち合理化であるという考えかたが見られるが、これは規範の持つ矛盾を正しく理解しないところからくる一面的な真理の絶対化である。芸術家や科学者がこの種の合理化に反対の態度をとるのも、それだけの根拠があるのであって、規範の発展が表現の自由を保障していることを経験的につかんでいるために、これを無視する改革の行きすぎを不合理と感じるのである。

習慣の獲得には、よっぱらっても道をまちがえずに帰宅する場合のように、個別的な事物についての経験がくりかえされる中で、その感性的な認識が頭の中に固定化されて意識せずにこれから規定されてくる場合もある。言語表現の習慣の獲得には、個別的な事物についての経験ではなく、その特殊性を超えて普遍性をつかむ経験が必要であり、さらにこの認識とどのような音声あるいは文字の種類とをむすびつけるかを教えられなければならない。それゆえ、この教えられたものが経験のくりかえしおよび習慣の獲得から、相対的に独立して維持される点で、前者の習慣の獲得と区別されなければならない。時枝はこの教えられたものと習慣の獲得との区別と連関をとりあげていない。

「言語の習得は何を意味するのであるかといへば、それは、素材とそれに対応する音声或は文字記載の習慣を獲得することを意味するのである。……例へば、小児が四本足の動物を『ワンワン』と教へられたとする。その時、この小児は、この動物と、『ワンワン』といふ音声の聯合を教へられたのであつて、この様なことを繰返すことによつて、この小児は、この動物を指す必要が生じた時は、これを直に『ワンワン』といふ音声に聯合さす処の習慣を獲得するのである。」(時枝誠記『国語学原論』)

親は自ら四本足の動物をさして「ワンワン」と表現する。子どもにもこれを模倣させる。これが条件を変え対象を変えて何度もくりかえされる。経験としての音声と動物との「聯合」は、個別的であるから、これの持つ特殊性を超えなければならない。このくりかえしの経験から、子どもはその特殊性を超えて共通面のあることを認識しこれを「蒸溜」させていく。このような種類の事物についてはこのような音声がむすびつくのだという共通面の認識が「蒸溜」され、これが固定化してつぎの表現に役立てられるようになれば、ここに規範が成立したことになる。親はこのように、自ら規範を役立てる模範を示し、子どもにも模倣させることによって、経験を通じて子どもの頭の中に規範を育てるのであり、客観的には親の頭の中の規範が子どもの頭の中に複製されたということができる。教えられたのは表現を模倣することではなくて、模倣の結果「蒸溜」されたところの表現のための規範なのである。

スターリン的発想では、この事実を言語が「与えられ、かつ受けつがれる」ものと解釈するのであるが、言語それ自体の受けつぎは、親の書いた論文の原稿が子どもの手に渡るとか、著者の表現が活字で印刷されコピイとして読者の手に渡るとか、あくまで表現それ自体の移動あるいは複製として理解しなければならない。テープレコーダーを使えば、音声言語のコピイをつくることができるが、これを現象的に見ると、まず親が「ワンワン」と発音してそれを子どもにまねさせる、人間が音声言語のコピイをつくる場合に似かよっている。それで、テープが音声をくりかえす能力を持ち、ここに言語が「受けつがれ」ているように、子どもにも親の言語が「受けつがれ」るかのような錯覚が生れて来る。だがテープと子どもの頭とをいっしょにすることはできない。テープは機械的に音声をくりかえすが、それはテープに吹きこんだ話し手の言語の複製であり、この話し手の認識の表現でしかない。子どもが親の発音をまねるのは、たとえそれが音声の模倣でしかなかったとしても、子どもの認識の表現であり、さらにすすんではくりかえしの中で規範を抽象し固定化することができる。音声の模倣も、自主的な表現の萌芽形態なのである。

（1）　時枝のいう言語における「技術性」も、規範を導入して説明されなければならない。言語表現の技術とは、規範の持っている拘束性を正しく把握することによって、これを表現の自由のためにどのように役立てるかという、現実的な条件における規範の意識的な使いかたを意味するのである。

（2）　敬語の合理性を認めることは、特殊な敬語の存在やその背後にあるイデオロギーやさらにはそれを成立させた現実の制度を是認することではない。敬語のありかたを変えていくことは必要であるが、敬語的規範それ自体を否定するのは行きすぎである。

六　国際語とその規範

スターリンの論文や演説をしらべてみると、それらに共通した発想法が存在していることに気がつく。それは特殊性を特殊性として正しく位置づけることができないで、これを直ちに普遍性と規定してしまう発想法である。(1)この種のあやまりは、何も彼に特有なものではなく、いわゆる経験主義者にひろく見られるものであるが、スターリンにあってはこの発想がさまざまの分野の基礎的な理論に具体化されているだけでなく、マルクス主義の諸文献がこの発想法によって修正されて説かれているところに問題がある。彼の言語論においては、民族語のみを言語と認めている。民族の普遍規範による表現が言語なのであって、その内部の諸グループの特殊規範による表現を言語と認めることはできぬというのである。民族語といえども、言語全体から見ればそれらはいずれも言語の特殊なありかたにほかならないし、それらの規範はいづれも特殊規範にほかならない。それゆえスターリンは、ここでも特殊性を普遍性と混同し、スリ変えたわけである。

「人間、個々の社会グループ、諸階級は、けっして言語に対して無関心ではない。彼らは、言語を自分たちの利益のために利用し、独自な語彙や独自な用語や独自な表現を言語におしつけようとつとめる。特にこの点で目立つのは、人民からはなれ人民をにくむ有産階級の上層部、すなわち門閥貴族やブルジョアジーの上層部である。『階級的な』方言や隠語や『サロン』語ができあがる。文学では『プロレタリア語』『農民語』に対立する『貴族語』『ブルジョア語』というように、これらの方言や通用語は、まちがって言語として評価されることがしばしばある。」

「これらの方言や通用語は言語とみなすことができるだろうか？　無条件にできない。できないのは、第一に、これらの方言や通用語は、文法構造をもっていないし、また基本単語のたくわえをもっていない、――それは民族語からそれらを借りてきているからだ。できないのは、第二に、方言や通用語は、ある階級の上層部の人々の間で狭い通用範囲を持ち、社会全体にとって、人間の交通手段としては役立たないからである。これらの方言や通用語には何があるのか？　そこにあるのは、貴族やブルジョアジー上層の特殊な趣味を反映する若干の特殊な単語のよせあつめであり、洗練といんぎんなこととを特色とし、民族語の粗野な表現や言いまわしを持たない若干の表現や言いまわしであり、最後に、若干の外来語である。それでもやはり、基本的なもの、すなわち圧倒的大多数の単語と文法構造は、全人民的民族語からとっている。したがって方言や通用語は、全人民的民族語の分枝であり、何ら言語としての独立性がなく、生きているというだけの運命にある。」（スターリン『言語学におけるマルクス主義について』）

このような混乱した非科学的な主張が偉大なる業績として国際的に絶讃されたのは、言語学の歴史においてもはたまたマルクス主義の歴史においても、空前のできごとであったといってよい。「人民をにくむ」「ブルジョアジーの上層部」の「階級的」方言を言語から追放するというと、いかにもマルクス主義らしく、階級的立場に立つ言語論らしくきこえるが、誰がつくり出そうとどこで使われようと、それは言語の本質とは関係のないことである。もし方言であるという理由でこれを言語から追放すべきだというならば、民族語たとえばロシア語もまた世界全体からは方言でしかないという理由で、これも言語から追放しなければならないことになる。スターリンがそれを反省できず、言語の本質と関係のないさまざまな特殊性を持ち出して言語と非言語とを区別する基準にしたのは、その発想法の論理的なあやまりや言語研究の未熟だけではなく、彼に民族主義的な傾向があったことと関係しているように思われる。

スターリンのあげた基準を適用すると、科学者という「社会グループ」の中では通用するが社会全体では使われていない術語や学名も、言語ではないということになるし、いわゆる国際語も「全人民的民族語」ではなく人工的につくられて民族を超えて使われることを目ざしており、しかもまだ「社会全体にとって」役立っていないのであるから、これも言語と見なすことはできなくなる。このような言語論も、学者が書物の中で主張しているならそれほど害毒も流しはしないが、政治家の理論としてここから言語政策が展開されることになると、現実に害毒が起ってくる。学者の術語や学名を禁止するようなことはさすがにしなかったが、国際語はソ連はもちろん東ヨーロッパの社会主義国においても弾圧されたのであった。ザメンホフの創案したエスペラント（Esperanto　一八八七年）は、一九二〇年代から三〇年代のはじめにかけて、労働者階級の国際的な理解と協力のための武器として用いられ、プロレタリア・エスペラント運動が各国で展開されていた。ソ連その他の国々に労働者エスペランティストの組織がつくられていた(2)ばかりでなく、国際組織（ＩＰＥ）さえ成立していたのである。この運動は革新的な運動の一環として圧迫を受け、またザメンホフはユダヤ人であったためにその点からもヒトラーの狂暴な弾圧の対象となった。そればかりでなく、同じ陣営からもスターリンおよび小スターリン的な政治家の圧迫を受けて、非合法的状態に追いこまれてしまった。

世界中どこでも共通的に使われるような言語表現を工夫したらという発想は、すでにベーコンやデカルトも抱いていたのだが、最初の国際語は一七世紀の後半に誕生したといわれている。それは民族語の言語規範と関係なしに、いわば「無」から出発して論理的に規範を考案したものであった。これに対してライプニッツは、現在使われている民族語の言語規範や死語のそれを基礎にして、これらを改良するという発想を持っていた。そしてこの種の国際語もいろいろつくられたが、エスペラントもその一つである。また、民族語の語彙を制限して学習を容易にしようとする発想から生れたものに、オグデン＝リチャーズの基礎英語（Basic English 一九三〇年）がある。国際語はすでに五〇〇種以上も考案されたといわれているが、この種の言語がどれだけの役割を果しうるかについては言語学者の間にもいろいろ意見がある。とはいっても国際語が言語であることを否定する学者はないように思われる。ただしスターリンの言語論からすれば、国際語を言語と見なすわけにはいかなくなる。これは民族語とちがって人工的に創造されたものであるから、言語の習得を単なる習慣の獲得だとする主張や、言語規範と言語表現とをいっしょくたにして言語それ自体が「受けつがれる」のだとする主張などは、あてはまらないのである。これが言語だとすれば、従来の言語理論を修正しなければならなくなるし、スターリンの言語論をも批判しなければならなくなるのである。

民族語の規範は自然成長的に生れたが、国際語は人工語であるから、その規範も目的的に創造しなければならないわけである。国際語の考案者は、語法・文法の全体をまず机の前でつくりあげるという点で、乗りものの時刻表のつくりかたと共通しており、それゆえ両者は同じようなかたちをとって現象する。鉄道やバスが実際に運転をはじめる以前に時刻表をつくって、乗ってもらおうとする人びとにひろく知らせるのと同じように、国際語も実際に表現をはじめる以前に語法・文法をつくりあげ、辞書や文法書を印刷して、このことばを使おうとする人びとに渡さなければならない。それゆえ国際語にあっては、言語表現に必要な規範は人間が創造したものであり、表現を媒介するものであり、表現とは相対的に独立した存在であることが、現象的にも明かである。言語学者の中でも、イェスペルセンは国際語に深い関心を持っていたばかりでなく、自らもノヴィアール（Novial 一九二八年）と名づけた国際語を考案しているくらいであるから、言語規範と表現との区別についても経験的に理解していたものと想像できる。ソシュールは、自然成長的に頭の中につくり出される民族語の規範を「言語」とよんで、これは「言」（parole）の運用によって頭の中に貯蔵されるものだと転倒させた説明を行っているのに対し(3)、イェスペルセンが批判的な態度をとっていたのもうなづけることである。

言語は精神的な交通のための表現であって、現実の生活に新しい種類の事物が誕生したときにはそれについて語れるように工夫しなければならない。従来の規範の対象領域を変えたり、新しい規範をつくり出したりしなければならない。この、現実の生活の変化に対応して規範を変化させていくという問題は、民族語ばかりでなく国際語にあっても回避することができない。それゆえ、国際語はまず目的的に全体の規範を創造するのであるが、この創造に際しては、現実の生活の変化に対応して規範が自然成長的に変化し発展することを保障するように、心をくばることが必要になってくる。具体的にいうならば、一度全体の規範が創造され辞書がつくられたとすれば、そのあとで必要に応じて規範を創造することまではじめの考案者をわずらわしたり、まず辞書にのせてから使うというかたちをとったりするのではない。それは国際語を使っている人びとがそれぞれのイニシアティヴでその国際語の性格に沿った規範を創造しながら、維持し発展させていかなければならない。この点では民族語と同じような規範の創造形態をとるのである。いうまでもなく、これは目的的な創造と自然成長的な発展とを統一させることであるから、一つの矛盾であり、この矛盾が調和したものとして実現し維持されていくように、前もって心をくばることが必要である。さもないと、規範が現実の生活のありかたに対応できなくなって、言語としての機能が麻痺し、これを使おうとする人がなくなってしまう。ヴォラピューク（Volapük　一八七九年）が、一時非常な勢力をえたにもかかわらずたちまち消滅したのに反して、エスペラントが今日なお支持者を失うことなく、全世界に根を下しているのも、この点の配慮いかんによるものである。

国際語は、まず日常生活に必要な程度の語彙を用意して、これを辞書にまとめ、さらに文法によって造語のしかたを規定する。すなわち文法的に新しい規範を創造する道を示しておくのである。けれどもこれにも限界があって、それでは表現が煩雑になったり、まわりくどいいいかたのために誤解されたりするという問題に当面する。この限界をどうのりこえるかに言語としての生命がかかっている。エスペラントにあっては、最初に用意された語彙それ自体が、ヨーロッパのさまざまな民族語のそれの最大公約数的な性格を持たせられていた。それゆえ現実の生活から強いられて、与えられている語彙の枠を超えなければならない場合にも、同じように民族語のそれの最大公約数と思われるものを適当にえらび出し、それをエスペラントの文法に従って改作して使用することができる。いわばエスペラントの考案者の精神なり方法なりを、使用者たちがそれなりにうけついで生かすことができ、そこに自然成長性と目的意識性とが統一されていくわけである。国際交通の発展によって民族語の新しい語彙もそれぞれ近似したものが使われるようになっているから、エスペラントの使用者が新しい語彙をえらぶこともそれほど困難ではないし、辞書にのっていない新しい単語にぶつかっても文脈や民族語の語彙から推察してその意味をつかむことができる。こうして生れた新しい語彙が、やがて一般的に用いられるようになったり、語彙としてふさわしいものだと認められたりすれば、公認して辞書にのせればよいのである。

国際語は人工語として、言語全体から見ればまさしく例外的な存在である。特にエスペラントは、その語彙をさまざまな民族語のそれから借りているのであるから、純粋に人工的ともいいえない、不明瞭な存在である。この点も「全人民的民族語」を強調し、これから「借りもの」をしている方言を言語から追放するスターリンとして、純粋に人工的なもの以上に気にさわる存在であったかも知れない。しかし弁証法を理解する者にとっては、エスペラントはきわめて興味ある存在である。フーリエがそしてエンゲルスが、例外もしくは不明瞭なものに関する理論を軽視することのあやまりを説き、この軽視が科学にとって失敗をもたらすことを指摘したのは重要な警告であって、言語学における国際語の研究についても彼らの指摘はあてはまるものといわなければならない。

以上は言語規範が規範としての本質において他の諸規範と一致していること、および言語規範の持ついくつかの特徴についての検討である。ソシュールは「集団が認めた法則は各人が受容すべきものであって、自由勝手に協約できる規則とは自ら選を異にするということを、言語ほど能く立証して余すところなきものはない。」とのべたが、この拘束性の一面的な強調に対する批判が裏がえしになり、規範の拘束性の否定となったところに時枝の弱点があったわけである。いずれも、規範の持つ矛盾についての理解が欠けていたためということができよう。

(1)　機能を直ちに本質と規定したり、機能の変化を直ちに本質の変化と断定したりする機能主義も、やはり特殊性と普遍性の混同である。スターリンは、この機能主義的な解釈をいたるところでふりかざしているにもかかわらず、マルクス主義哲学者と自称する人びとはそのあやまりを見ぬくことができなかった。

(2)　日本においても、戦前にプロレタリア文化運動の一翼として日本プロレタリア・エスペランティスト同盟（ＰＥＵ）が結成され、『コップ』の加盟団体として活動した。

(3)　これは交互関係の一面をとりあげたものであって、子どもが親の言語表現を模倣しながら自分の頭の中に規範をつくり出すという事実を、現象的にとらえるとこの説明が正しいように思えてくる。

第四章　パヴロフ理論とフロイト理論の検討

一　パヴロフの人間機械論と決定論

脳科学（brain science）は、脳の物質的・生理的な側面の検討と、精神的・認識的側面の検討とが、正しく統一されることを要求しているのだが、そのために必要な脳観さえまだ確立していない状態にある。生理的な側面の検討をすすめて来た生理学と、認識的な側面の検討をすすめて来た心理学とを、統一して一つの体系をつくりあげようとする試みがみじめな失敗に終ったとしても、それはやむをえなかったのである。(1) どの側面を検討するにしても、陰然あるいは公然に他の側面の問題に立ち入らないわけにはいかないという事情が、この二つの学問を仲の悪いものにした。いづれも科学と名のりながら、方法論的に共通した地盤が、脳の特殊性をふまえて設定されるまでに至っていないからである。その意味では、生理学で仕事をすすめて来たパヴロフと、心理学の分野に入れられている独自の理論を打立てたフロイトとの間にも、共通の地盤が存在しなかったのである。それゆえこの二人の学者ののこした業績も、正しい脳観によって建設される脳科学の中に止揚さるべき存在として、理解すべきものであろう。

パヴロフは一八七〇年代に生理学の研究をはじめたロシアの生理学者であるが、ここで彼の仕事を問題にするのは、それが「心理学、教育学、言語学にとってあらそえない価値を持っている。その意義は、弁証法的唯物論の哲学からもますます大きく評価されている。(2)」とまでいわれているからである。パヴロフは消化過程の研究からその仕事をはじめ、生理的な過程に対する神経系の影響をとりあげて、この検討を次第にいろいろな過程へとひろげていった。これが消化腺の活動機構における中枢神経系の調整作用の研究となり、精神的唾液分泌の現象に目をつけて、ここから条件反射学説の研究がはじまったのであった。彼が生理学者として、いくつかの重要な発見をしたことは事実である。けれども歴史も教えているように、発見とその解釈とは区別しなければならない。コロンブスはアメリカを発見したが、それをインドに到達したものと解釈した。酸素の発見者プリーストリーはフロギストン説を信じていた。後に述べるフロイトにしても、エディプス・コンプレックスとよばれる事実とその解釈とは大きなくいちがいがある。パヴロフの解釈や弟子たちの解釈やさらには哲学者の解釈などを、そのままうのみにするのは学問にたづさわる者の態度ではない。

パヴロフはその生涯を通じて唯物論の立場に立っていた。これはいわゆるブルジョア学者もひろく認めている。一九一二年にはその理論が唯物論だという理由で、ペテルブルグ医師会の会長候補者から除かれた。そして彼は観念論的な心理学に対して絶えず批判的であった。心理学者が人間の精神活動のありかたをそのまま動物に押しつけて、動物心理学を説いたのに対し、彼は動物の外界に対する反応を実験的に研究しながら強い反駁を行った。この意味で、彼の批判は多くの正当なものをふくんでいる。しかしながら、パヴロフ学派の学者たちがパヴロフは素朴唯物論を克服したかのように説いているのは、無知あるいは故意にもとづく不当な評価であって、パヴロフは俗流唯物論者としての限界を出ることができなかったのである。このことは、彼が晩年に記した自然観・科学観が何よりも雄弁に語っている。

「客観的研究の道を進むことによってのみ、われわれは次第に地上の生命にそなわっているあらゆる方向への、無限の適応を完全に分析することができるようになるのである。光へ向う植物の運動と数学的解析による真理探求とは、本質から見て同一系列の現象ではないだろうか。これは全生物界に存在するほとんど無限の適応の連鎖環の両極端ではなかろうか。

われわれは、客観的事実の上に立って適応をもっとも単純な形態で分析することができる。高次の適応を研究するにあたって、このやりかたを変えねばならない根拠があるだろうか。

これに関する仕事は、生命の種々な段階においてはじめられ、障碍にも出会わず、はなばなしく前進している。生物の客観的研究は、原始的な生物の向性の学説にはじまったが、動物体の最高の表現としての、いわゆる高等動物における精神現象に到達したときにもやはり同じでありうるし、またそうでなければならない。」（一九〇三年）

「神経組織におこる物理化学的過程の研究こそが、われわれにあらゆる神経現象の真の理論をあたえるだろうこと、この物理化学的過程の諸相が、神経活動のすべての外部への表現、その連続性とその結合、を完全に説明してくれるであろうことは、ほとんど否定することができない。」（一九二六年）(3)

条件反射の研究をはじめた当時のパヴロフの発想法は、このように晩年に至ってもそのまま堅持されていた。植物にも、日光その他外界のエネルギー形態からの影響を受けて、特殊な運動を示す事実があるとはいえ、これを人間が外界からの影響で頭脳を活動させ行動をしていることと同列に扱うわけにはいかない。人間は生物として異った段階にあり、ヨリ発展した細胞構造による特殊な機能をそなえ、特殊な活動を行っているからである。パヴロフは、植物の向日性も人間の頭脳の活動も同一系列のものと見て、そこからこれらは「もっとも単純な形態で分析」できるものと解釈していた。これはエンゲルスがきびしく批判したところの、俗流唯物論者デューリングの方法と同じものであって、還元論的方法ともいうべき考えかたである。そこには質的に異った段階があることを無視して、単純な形態に還元して研究した結論を、そのまま高い段階へ押しつけようとするからである。この考えかたからすると、犬における興奮と制止という生理的過程は同じように人間にも適用され、犬の行動が両者のバランスのいかんによって決定されるという結論は同じように人間にも適用されることになる。この興奮と制止のありかたの物理化学的過程を研究しさえすれば、人間のすべての行動は完全に説明できるのだということになる。

パヴロフは二〇代のはじめにドイツに留学したのだが、当時のドイツの生理学者をとらえていたのは一八世紀の唯物論をさらに俗悪化した生理学的唯物論であった。彼もそれの限界の中にとじこめられ、人間機械論のとりこになっていたのである。八三歳のとき（死の三年前）にも、つぎのように主張している。

「多くの人びとは、科学的にものを考える方々でさえも精神現象を生理学的に説明しようと試みると憤慨し、これらの説明に対し腹立たしげに『機械論』という汚名を着せています。この用語は主観的な体験を機械論と近接させることのあきらかな矛盾、不合理性を強調することを勘定に入れています。しかし私にはこれは明瞭な誤解であるように思うのです。

現在われわれの精神現象を字義どおり機械的に表現できるなどはもちろん考えることもできません。それは生理学的なすべての現象、あるいはそれより程度は異っても化学的な現象あるいは物理的な現象についてさえ完全にはいいかねることであります。真に機械的な説明は自然科学の理想に止まるものであり、われわれを含めた現実全体の研究はこの理想に向ってただのろのろと近づいており、また長い間かかって接近するものと想像されるにすぎません。現代の自然科学はすべて全体として機械的な説明の方向へ段階的に接近する長い連鎖にすぎないのであります。この接近の連鎖はつねに原因のない作用はないという因果律、決定論の最高原理によって統一されております。

いわゆる精神現象を生理学的なものに帰着させる可能性が開けてくるにしても、それはただわずかばかりの、しかもきわめて遠方からする機械的解釈への接近です。しかし私には今日少なからぬ例においてこれが実現されているように思われます。

あなたは心理学的な段階の上に立ち収用感情の解釈をするためにそれが生ずる条件を確立され、それを構成している基本的な現象に帰着させ、こうして全般的構造、つまりその機構をも明らかにされました。しかしそれはごく特殊な機構にすぎないのであります。私は生理学の立場からわれわれの共通の問題を真の一般的な機構の方へ少しばかり進めようと試み、努力しているのであります。われわれはあなたがとりあげられた対立概念の混同という事実を、神経の興奮と制止という生理学的な基本現象の特殊な相互作用として理解いたします。そうすることによってこれらの現象とそのメカニズムは、逆にますますその究極の課題に近づき、まず化学が、続いて物理学がそれを解明するでありましょう。」（一九三三年）（強調は原文）

これはフランスの心理学者ジャネにあてた公開状の一節であるが、パヴロフは自分の理論が「機械論」とよばれるのに大いに不満なのである。われわれは自分の経験から、パヴロフが不満を訴えたと聞けば、それはおそらく自分の唯物論が機械的唯物論と見られるのに反対なのであろう、精神現象はフランス唯物論者の考えたような人間機械論では説明できないものと主張しているのであろう、と速断しかねない。しかし事実はまったく逆なのであって、彼は自分の理論がまだ「真に機械的な説明」にまですすんでいないという観点から、そして精神現象を機械的に説明するのはあやまりだという意味での「誤解」にもとづく「機械論」ということばの使いかたに、不満なのである。パヴロフはその還元論的方法を自然科学全体に持ちこんで、すべての存在を機械的に説明することこそ自然科学の「理想」であると、自分がその「理想」に向って努力している真の科学者であると、思いこんでいる。これこそ機械的唯物論の典型であり、彼こそ正しい意味での機械論者なのである。ジャネは被害妄想について論じたのであるが、被害妄想はいうまでもなく空想的な所産を頭の中で観念的に対象化し、この「客観化された世界」を現実のありかたと思いこむものである。空想的な加害行為を対象化し、自分自身に向けるかたちをとることによって、被害を受けるものと信じこむのである。これは彼の社会的な生活のありかたおよび過去の認識のありかたと無関係ではないし、この空想がどんな条件下で生れたのか、彼が自分の体験からつくり出したのかそれとも他の人間の空想を受け入れたのか、それらを検討することによって、理由も判明するわけである。パヴロフはこのような人間と犬とのちがいを、社会関係という特殊性を、見ようとはしない。「この理由は神経活動の基本法則の中に求めることができ、またそうしなければならないと思う」とあくまでも生理的過程へ還元していく。犬が餌を与えられるときのメトロノームとそうでないときのメトロノームとに異った反応を示すという、物理的条件の差異による反応の差異とその「相互誘導の法則」を、人間社会関係から規定された頭の中の対立観念にも「同じように適応されるに相違ありません」とそのまま押しつけていく。これは人間の認識における特殊な矛盾とその発展およびそれに対する特殊な社会関係からの規定を、具体的に検討していこうとはせずに、犬的な法則を押しつけて解釈しようとする非科学的な態度だといわなければならない。ソ連の精神医学者はこのような方法に批判的だったために、パヴロフの忠実な弟子たちはそれに観念論とか二元論とかいうレッテルを貼って攻撃した(4)が、たとえそれらの精神医学者の主張に多くの欠陥があったとしても、彼らがパヴロフ理論を「きわめて機械論的で危険なもの」と見たのは正当であった。

パヴロフ理論の「反射」という概念は、デカルトから受けつがれ、しかもデカルト的な機械的な解釈において受けつがれた。

「自然科学の発展を考慮すれば、大脳半球の生理学に手をかすべきなのは心理学ではなくて、逆に、動物の大脳半球の生理学的研究が、人間の主観的世界を厳密に科学的に分析する基礎とならねばならない。そう期待するのは当然である。したがって、生理学者はみずからの道を進むべきである。そして、この道はすでにずっと以前から踏み出されている。三〇〇年前にデカルトは、動物の活動を人間の活動と対立させて機械的なものと考え、神経系の基本的な活動として反射の概念を確立した。生体のあれこれの活動は、あれこれの外からくる要因に対する法則にかなった応答であり、そして、この活動している器官とあたえられた要因との結合は、原因と結果との結合として、一定の神経路によって確立されている、とのべた。こうして、動物の神経系の活動の研究は、しっかりとした自然科学的土台の上にたてられた。……

われわれの場合、基本的な出発点となった概念は、デカルトの概念、すなわち反射の概念である。もちろん、この概念であらわされる現象は、厳密に規定されるのだから、それらは十分科学的である。」（一九二四年）

デカルトは精神と物体をたがいに独立した実体と解釈し、二元論の立場に立って動物と人間を区別した。動物は機械だが人間は「霊魂」を持っているというのである。パヴロフはこの二元論に反対して、動物のありかたを人間に延長しようとするのであるから、唯物論の立場を堅持するのではあるけれども、事実は一八世紀の唯物論者と本質的に同じ道をすすんだのであった。したがってパヴロフ理論は機械的唯物論として、かつてのフランス唯物論と同じ問題に当面しないわけにはいかなかったのである。その第一は、パヴロフが「正確な科学的研究に欠くことのできない……基本原理」の第一にあげている「決定論」である。第二はそれにつながる問題であるが、例の意志の自由という事実をどう理解するかである。彼は一八世紀的な決定論を基本的原理であると信じ切っていたから、「完全な決定論が原理的に不可能だという人びと」は科学の立場を理解しない観念論的な考えかたに毒されているものとしか、考えられなかった。心理学の雑誌に発表した『生理学者の心理学者への答』と題する論文で、彼はつぎのように主張した。

「諸君の前には、人間をもふくめた生物体が存在し、一連の活動、力の発現をしている。これを随意性とか偶発性とかいったもので表現しやすいのであるが、この印象はなかなか打ち破ることがむづかしいものである。この印象がほとんどすべての人に自明なこととしてとられているほどで、反対論をとなえるのはばかげているかのように思われるのである。ミレトスのロイキッポスが、原因のない作用はなく、すべてのものは必然的に起ると宣言した。しかし、生体には偶発的に作用する力が存在しているということが、人間を除いたほかの生体についても、いまなおとなえられてはいないだろうか。さらに、人間については、われわれは意志の自由ということをいまだにきかされてはいないだろうか。決定論に従わない何ものかをわれわれは持っているのだという信念が、識者の間に強く根を張ってはいないだろうか。……つまり例の信念は、精神現象の独自性の確信によってごまかされている心理学者の一部にも、なお生きているといいたいのである。精神現象の独自性を確信する裏には、科学的妥当のように装っているにもかかわらず、宗教心のあつい人びとはもとより、多くの思想家がわかち持っているアニミズムと二元論とがやはり感じられるのである。(5)」(一九三二年)(強調は原文)

三二年といえば、ソ連ではすでに『自然弁証法』が公刊されていたのであるから、その中でエンゲルスが決定論を批判しているのを読む機会は与えられていたわけである。パヴロフはエンゲルスもヘーゲルも眼中になく、一八世紀以後は無視してしまって、古代ギリシアのアトム論者が述べていた機械論的な見解に援助を求めている。科学は因果性が客観的に存在することを主張するのだが、因果性のありかたについてはいろいろな解釈を与えることができる。人間機械論を主張するとすれば、因果性も機械的に解釈しなければならなくなる。パヴロフは「すべてのものは必然的におこる」と偶然性を否定するかたちでの必然性を主張しているが、これは一八世紀の決定論を受けついだものである。この決定論は、フランス唯物論から自然科学にも入りこむことになったのであるが、この考えかたでは自然には単なる直接的必然性だけが支配していることになってしまう。われわれに偶然と見えるものも、すべて必然性なのであって、ただその必然性がまだよくつかめていないのだと考えなければならなくなる。それで、たとえ自然のどの分野でのどんなに微細なできごとであっても、もしそこに偶然性が存在していることが認められようものなら、もはや決定論は根本的にひっくりかえってしまう。それだけではない。パヴロフもいうようにこれこそ自然科学すべてについての「根本的原理」だとされているのであるから、これがひっくりかえるとあらゆる自然科学の理論が根本的に疑わしいという学者も出現してくる。物理学の発展が極微の世界の解明へとすすんだとき、因果性を必然性と同一視することが許されず偶然性をも認めねばならなくなったが、ここで決定論が否定されたことから因果性それ自体が客観的に実在することまで否定されねばならぬと哲学者がさわぎ立て、科学者の側でも決定論が否定されたことから唯物論に疑いを持つというような喜劇的な事態が起ったのである。

　決定論に対して偶然性の存在を認める側からは非決定論が主張された。ヘーゲルはそのいづれもが一面的な発想でしかないことを指摘して、本質的な解決を与えた。必然性と偶然性とを対立物の統一として・矛盾として・とらえたのである。エンゲルスもそれを受けついで、「必然的と主張された物ごとが実はまったく偶然的なものごとから組み立てられていたり、逆に一見偶然的なものごとが実は必然性をその背後に包蔵しているところの形式であったりする」[6]と論じている。意志の自由も、第三章で説明したように、自由と必然性を対立物の統一として・矛盾として・とらえることによって、はじめて解決できる問題であるが、パヴロフは一八世紀的な唯物論の段階にとどまって決定論を固守したし、意志の自由の問題も解決できなかった。学者の中に偶然性を認めたり意志の自由を認めたりする者がいるのを見つけると、彼とその弟子たちはそれに科学に擬装した観念論だというレッテルを貼った。だが意志の自由ということは事実として存在する実際問題であるから、パヴロフとしてもこれを避けて通るわけにはいかなかった。彼も「経験的心理学者」と名のっているからには、心理学者のとりあげているこの事実に彼なりの説明を与えなければならなかった。同じ心理学者に答えた論文の中につぎのような記述がある。ここでは人間機械論の立場をとっていることをも明言している。

「この問題はもちろん、実際上もっとも重要である。しかし、私にはこの問題を研究する可能性――つまり厳密に科学的に（現代の正確な自然科学の範囲で）、同時に人間に共通な感覚と矛盾することなくまたこの問題を生活の上でとりあげるときに混乱を来さないで研究する可能性――はあると思われる。

人間はもちろん自然の他のすべての系と同じく、自然全体にとって避けることのできない統一的な法則に従うところの一つの系（もっと大まかにいえば――一つの機械）である。しかし現代のわれわれの科学的な視野の水準において、もっとも高度の自己調節を行う点で比類のない系である。われわれはすでに、人間の手になる細工の中にいろいろと自己調節をする機械を知っている。この見地から、人間という系の研究方法は他のすべての系の研究方法と同じである。つまり部分にわかち、おのおのの部分の意義を研究し、その部分の関係を研究し、環境との相互関係を研究し、そして最後にこれらすべてを基礎としてその一般的な働きを理解し、もし可能ならそれを支配することである。だが、われわれの系はきわめて高度に自己調節し、自分で自分を維持し修理し、回復し、完全なものとさえするところの系である。われわれの方法で高次神経活動を研究することから受けるもっとも重要なもっとも強い、つねに変らぬ印象――それは高次神経活動の高度の可塑性、その巨大な可能性である。ここには何ものも不変・不動であるものはなく、対応する条件さえととのえられればつねにすべてに到達でき、すべてがよいほうへと変ることができるのである。

この系（機械）とすべての理想・志向・業績をもつ人間と――それは一見何と恐ろしく不調和な比較に見えることか。しかし本当にそうなのか。進化の見地からも、はたして人間は自然の頂上にあるものではないのか。無限の自然が持つ富の最高の表現ではないのか。自然の強力な未知の法則の実現ではないのだろうか。はたしてこういったことが、人間の威厳を保たせえないのだろうか。個人的・社会的・国家的な責任をともなった意志の自由という考えについても、実生活の上から見ればすべて同じことである。つまり自分を知りまたその知識を用いてつねに自己の能力の頂点に立ってふるまうという可能性が私にあり、またそこからそうする義務が私に与えられる。この社会的・国家的な義務と要求こそ、私という系に現われてくる条件、この系の完全さと改善とに利するために適当な反応を私の中に引起すべき条件ではないだろうか。」（強調は引用者）

このようにパヴロフは人間を一つの機械であると考え、そこから人間の研究方法も人間がつくり出した機械の研究方法も変りがないのだという結論へと持っていく。ところがこの結論と現実の人間のありかた・その高度の精神活動とこれにもとづく行動とは、あまりにも大きなくいちがいがあり、機械には存在しない意志の自由が人間に存在していることも疑うことのできぬ事実である。それゆえ彼はこのくいちがいの原因を、「強力な未知の法則」のはたらきに押しつけないわけにはいかなかった。かつてカントもこれを求めて、アプリオリズムへ走ったのであるが、パヴロフにはそのような反省はなかったようである。パヴロフは現実の人間の行動をうながす条件を求めて、個人的・社会的・国家的な「義務と要求」をあげているけれども、これらはいったい生理学的にどういうものなのか、興奮と抑止のどんなバランスをさすものなのか、それについては何も説明していない。それらは「自然科学の範囲」の問題ではないというならば、機械論で精神活動をすべて解明できるという自分の根本的な主張を自分でしめ殺すことになる。おまけに、現実の人間にはこの「義務と要求」に反応して行動しない人びとが存在するということ、これこそまさに意志の自由ということの証明であるにもかかわらず、これについては沈黙している。結局パヴロフは意志論のところで超えることのできぬ壁にぶつかって、解決できないままこの世を去ったのであるが、パヴロフの礼讃者はそれについての反省もなければ、「強力な未知の法則」の解明もしていない。

自分が生理学的に明かにしなければならないものを、前提に持って来て「条件」だときめてしまうのは、逆立ちさせた説明である。個人的・社会的・国家的な義務と要求は、すでにドイツ観念論もそれなりに明かにしたように、観念的に対象化された意志として、契約・道徳・法律などとして成立し、これが個人の独自の意志を規定して行動にあらわれるのである。これを自然科学の解明すべき「未知の法則」であるかのように思いこんでいるのは、パヴロフの独断にすぎないのである。この意志論の欠如は、規範論の欠如となって、彼の言語論の足をもひっぱってくる。パヴロフ理論は第二信号系において言語が成立するといい、これを「信号の信号」だと説明しているが、説明はそこまでで、言語規範の成立やその発展による表現の自由の拡大など、意志の自由の具体的なありかたについては何も語っていない。それに、言語規範は対象との関係において具体的に説明しなければならないものであり、「神経活動の基本法則」に解消させたのでは何ら説明できないのである。

パヴロフは言語の成立についてつぎのようにのべている。

「動物は homo sapiens という種があらわれるまで、多彩な要因から発する直接の印象を通じて周囲の世界と交渉しているだけであった。これらの要因は動物のさまざまな受容器にはたらきかけ、中枢神経系の対応する細胞に伝えられる。この印象が、外界の事物から送られる唯一の信号であった。ところが未来の人間には声に出し、聞き、見ることのできることばのかたちで、第二段階の信号、これら原始的な信号のそのまた信号があらわれた。それは発展をつづけてきわめて完成されたものになった。これらの信号は、ついには人間が外界から直接受けるものと自分の内界から受けるものとを問わず、すべてを標示できるようになった。そして相互の意志伝達の場合のみでなく、自分自身に対しても用いられた。新しい信号にこのような優越性を与えたのは、もちろんことばの非常な重要性のためである。」（一九三五年）

これも逆立ちさせた説明である。言語表現に絵画その他の表現にくらべてこのような優越性を与えたのは、「もちろん」言語表現が規範によってささえられて抽象的な認識を直接に表現できる「ためである。」そこから言語の「非常な重要性」が生れてくるのである。パヴロフは規範を説明できないために、優越性から重要性が生れてくるのを、重要性が優越性を与えたかのように逆立ちさせたのであった。

(1) ゴールドシュタインの『生体の機能』はこの統一をゲシュタルト心理学の立場から試みて、創価学会的な生命観を主張した。R. Ito: History and Logic of Brain Science (1965) の第三章に詳細な批判が述べられている。

(2) スターリンの言語論が発表された直後、一九五〇年六月二八日に、ソ連科学アカデミーおよび医学アカデミー合同学会において、パヴロフの学説および「第二信号系に関する非凡な思想」を礼讃しソ連の医学者たちを攻撃する講演が行われた。これは講演者の一人、イワノフ＝スモレンスキイ教授のことばである。

(3) 以下パヴロフの引用は、すべてコシトヤンツ編『パヴロフ選集』(一九四九年刊)(東大ソヴエト医学研究会訳)によった。

(4) (2)と同じ講演者の一人、アカデミー会員ブイコフもいう。「大多数の指導的医学者たちは、残念なことに、形式的にパヴロフ学説を認めていながら、実際上は、大脳の機能と、他の生体の機能とを切りはなして見る習慣をいまだに持ちつづけている。多くの一般医師がパヴロフ学説を医療の実践に応用しようとする燃えるような希望を抱いている一方では、多数のクリニック、各教室、研究所の指導者たちが、パヴロフの思想を実践面に植えつける点について指導性を欠いていることは多くの例をあげることができる。医学界の学者の中でも、パヴロフの科学的な世界観に立脚して研究をすすめている、先駆的、革新的な研究者はわづかしかいない。ポトキン＝パヴロフ的な考え方に反対し、抗争する外国のブルジョア科学に対する共鳴は、いまなおソ連医学の中にも仮面をかぶったかたちで存在しつづけているのである。」

(5) 決定論はすべての物ごとが神の計画にもとづいて決定され動かされているという神学の主張と論理的に一致することになり、神を否定しているだけで宿命論におちつく点では同じである。それで「識者」や「思想家」でなくても、人間がその意志で自分の道を切り開くことができると信じている人びとは、決定論に疑問を抱かないわけにはいかない。一女学生もいう。「自由意志というものをおじさんは信じますか？　すべての行為はずっと遠くのかけはなれた原因の集ったもので、その結果はどうしても避けられぬ自動的なものだといっている哲学者がいるけど、私は賛成できないわ。こんな不道徳な考えなんて、聞いたこともないわ——どんなことをしても、誰も責任がないことになってしまうんですもの。もし人が宿命論を信じたら、その人は当然すわりこんで『神さまの御心のままに』ととなえて、倒れて死んでしまうときまですわりつづけるでしょうね。私は絶対に、自分の自由意志と、がんばってものをやりぬく自分の力を信じています。――それが山をも動かす信念となるんです。」（ウエブスター『あしながおじさん』）

（6） エンゲルスは『フォイエルバッハ論』第四章で、「いまなお一般に通用して旧来の形而上学では克服されないでいる」ところの対立について、ヘーゲルがすでに批判したことを念頭において簡潔に正しいとらえかたを述べているのである。

二 フロイト理論の礎石

故障したラジオを持ちこまれたとき、ラジオ技師はテスターをとり出してこれを診察してみるけれども、病院に患者がやって来たときは、医者はまず患者に質問する。どんな気もちなのか、どこがどう痛いのかとたづねながら、聴診器をとり出すのである。現に経験的ではあるが、機械の診察と人間の診察とは条件のちがいを考慮して、異った方法がとられている。ところが、人間は一つの機械なのだから機械も人間も研究方法は同じだというパヴロフの方法論を、患者に適用することになると、これも機械と同じように「厳密に客観的に研究」すべきだということになってしまう。さらには、**精神活動の結果として形成される人間の性格まで、機械と同じように物質的に、人間の生理学的なありかたから説明されることになる。**それゆえ、神経の興奮が弱いか強いかが人間の性格を決定するとされ、「動物の神経系を分類する生理学的な基礎の原則性に立脚して、われわれは、古代ギリシア思想がすでになしとげたと同じ型を、人間大衆にも適用しなければならないのである」（一九三五年）と、パヴロフは犬から出発してヒポクラテスの四気質説を支持するところへ落ちついている。

こうなると、科学者と名のっていても、もはや健全な常識すら通用しなくなる。ソ連アカデミーの会員オルベーリは、「医師のあらゆる処置は、主観的状態を問いただすことからはじまる」事実をとりあげて、「生理学的機能の客観的研究とともに主観的世界の研究をも行って、主観的データと客観的世界のデータとを比較することが絶対必要である」とその著書『神経系生理学講義』に述べていたのだが、これにパヴロフの忠実な弟子イワノフ＝スモレンスキイ教授がかみついた。彼も医師が実際にそういう方法をとっていることは認めるが、それは「伝統的」な「極端に図式的な、まったく条件的な」ものだからそれから出発することは正しくないし、患者の述べることも「脳のはたらきの客観的な表現」であるから、両方のデータを比較する必要があると考えるのは「精神生理学的平行論」だと、オルベーリに二元論者のレッテルを貼ったのである。

他方、フロイトによって創始された精神分析療法は、患者に対してその頭に浮んだことを何でもかくさず忠実に話すように要求する。そしてこの「主観的データ」の内容を分析し、患者に説明することによって、その抑圧を除き治癒にみちびく療法である。精神分析学とよばれるフロイトの理論は、精神現象の独自性について多くのことを主張しているのであるから、パヴロフ理論のとっている立場とは本質的に相容れない。しかもフロイト理論は多くの識者と称する人びとから非難攻撃の雨を浴びたにもかかわらず、次第にその影響力を増大し、アメリカやイギリスにおいては医学以外の諸学問にも浸透するに至った。それゆえパヴロフとその忠実な弟子たちは、心理学の中でも特にフロイトの理論に対してははげしい敵意を示し、これは非科学的であり没落する階級の利益を擁護し彼らに奉仕するものだとさけんでいるわけである。パヴロフ理論を受け入れない各国の学者たちは、無能だということになっている。わが国の革新的といわれる学者の中にも、パヴロフ理論は弁証法的唯物論で正しいけれども、フロイト理論は観念論であり宿命論であって、米日帝国主義に奉仕しているのだ、というような考えかたがかなりひろがっているかに思われる。

われわれはフロイトに対してもパヴロフに対すると同様に、彼の開拓者的な研究の成果とその解釈とを区別しながら、批判的な態度で接することが必要である。彼らは自分の研究を通じて体系的な理論をつくり出そうと努力した学者であるから、その仕事を正しく評価するには科学の建設という問題について理解することも必要になってくる。開拓者的な科学者は未知の世界ととりくんで、成功と失敗の中に体系をつくり出していくのであるから、そこにはやはり形成の論理がつらぬかれている。科学者自身がそのことを自覚しているか否かはまた別のことであるが、マルクスは重農主義者を経済学の歴史に位置づけながらこの論理に触れていう。

「彼らは、問題をば、その原基的な形態において解決する前に、その複雑な形態において論じたのである。これは、すべての科学の歴史的過程が、幾多の曲折を経て、はじめてその真の出発点にいたるのと、同じことである。科学は、他の建築師とちがって、ただに空中楼閣を描くばかりでなく、その礎石をすえる前に、建物のうち住居となりうる一つ一つの階層を築くのである。」（マルクス『経済学批判』[1]）

科学者が礎石をすえることに成功しなかったにせよ、階層を築くことには成功したという場合には、それにそれなりの評価を与えなければならない。礎石がすえられていないからという理由で、その仕事のすべてを否定するのは精算主義とよばれるあやまりである。これはパヴロフの犬の条件反射についての研究にも、あるいはフロイトのコンプレックスについての研究にも、いえることである。しかし彼らは何らの出発点あるいは礎石を持たずに仕事をしたわけではなく、彼らなりの礎石を持ってはいたのであるが、それが科学にとって真の礎石でありえたかどうかそこに問題があったのである。われわれはそこまでつっこんで検討してみなければならないし、検討のできない者は本当の評価を与えたり批判を加えたりする条件を欠いていることになろう。パヴロフの場合、その出発点あるいは礎石は、人間機械論の立場に立つところの「反射」理論であって、この機械的唯物論の弱点が彼の仕事の壁になったことはすでに見たとおりである。これと似たことはまたフロイトについてもいえるのであって、彼の出発点あるいは礎石についての検討は、彼の仕事の壁がどこにあったかを明かにするために不可欠なのである。

科学の新しい分野の開拓には、新しい術語の創造が不可避である。パヴロフは興奮と制止のバランスによってすべてを説明しにかかったのだが、その中で「外制止」(受身の制止)「内制止」(能動的な制止)「超限制止」などを区別し、さらに「内制止」の強さから睡眠に「均等相」「逆説相」「超逆説相」を区別するなど、さまざまの新しい術語をつくり出さないわけにはいかなかった。これらの術語がならべられると、まことに科学的に見えるのだが、しかもこれらの説明の前提となりすべての法則がみちびき出されている興奮と制止の関係は、彼にとって未解決であったのである。彼は晩年に告白している。「これは何であろうか。一定の条件において一方から他へ変化する同一のものであろうか。あるいは密接に結合された一対のものが一定条件に回転し、その両面をときには少く、ときには多く、あるいは完全にあらわしているのであろうか。」(一九三二年) この**まわり燈籠的解釈**は、機械論的な発想を持つ人間にしばしばあらわれるところの、機能の実体的なとらえかた以上のものではない。どんなにもっともらしい術語をつぎつぎとつみあげても、その基礎となっている発想が歪んでいたのでは、それらは見かけだけのもっともらしさである。他方、観念論哲学にあっては、色さまざまなこれ見よがしの「最新」用語をちりばめてつくった道化師の衣裳をまとうのがつねであり、この種の哲学の影響を受けるとその「最新」用語を受けついでさらに新しいものをつくり出さなければならなくなる。それゆえ、**科学と称する理論体系に耳なれない哲学的用語がつぎつぎととび出してくる場合には、いかさまと予想してまずまちがいはない。**

観念論的な発想を出発点あるいは礎石としたことが明かな理論に対して、頭からこれを敵視して破りすてようとするのは、パヴロフ学派に限らず俗流唯物論者に共通して見られる態度である。たとえ観念論の上に立っていても、現実の世界ととりくんで研究する学者であるならば、現実の世界のありかたから規定され一定の限界の中で階層を築く仕事に大きな貢献をすることも可能なのであって、われわれはそれを破りすてるのではなく、その中にある真理をすくいとって来ることに努力しなければならない。**もちろん出発点あるいは礎石の歪みは、**問題の解決のしかたないし理解のしかたを規定してくることになるから、それを訂正しつくりかえる必要がある。どんな科学の理論体系にも多かれ少かれ誤謬はふくまれているが、体系の末端に発生し存在しているものは比較的容易に訂正されるのに反し、礎石の部分の誤謬を訂正することは必ずしも容易でない。なぜならば、もし末端の誤謬が礎石の歪みに由来すると思われる場合には、体系全体を再検討して全面的な訂正をやらなければならないから、体系の重みに圧倒されてなかなかそこまでふん切れないのである。そのために、この誤謬が礎石の歪みに由来するように見えても、そう見えるのは何か見当ちがいな見かたであり自分がまだ未熟なせいであるにちがいないと、自分で自分にいいきかせる傾向があらわれる。[2] そしてまた他方では、礎石の歪みだと確信しても、それを訂正して体系全体をつくりかえる方向へすすむのではなく、礎石が歪んでいるのでは全体が意味を持たないと全体を否定する方向へすすんでしまって、すでに築かれている階層までぶちこわす傾向があらわれる。

　フロイトの精神分析学に対しても、やはりこの二つの傾向があらわれている。ある人びとは、そこに従来の認識論ないし心理学で説かれていなかった真理を見出して狂信的にさえなり、フロイトに対する正当な批判さえも拒否しているし、他の人びとは、そこに納得できない解釈を見出して不合理でナンセンスで反動的だと破りすてているからである。どちらにもそれだけの根拠と逸脱があるのであって、どちらが正しくどちらが正しくないといった単純な問題ではない。パヴロフの人間観が人間機械論であるのに対して、これと同じ位置を占めるフロイトの人間観は「本能」(Trieb) 論である。フロイトの理論は汎性論だという印象を与えやすく、経験的に性欲論を基礎理論に持っていったかのように解釈されがちであるが、すべての精神活動の最終原因を本能に求める彼の発想はその哲学的な立場から否応なしにみちびかれて来たものであって、これが経験的に性的本能に大きく傾斜しただけのことである。それゆえ最終的には、彼自身いっているように、「長い躊躇の後に、二つの基本本能 (Grundtrieb) を認めることを決心した」[*3]のである。その一つがエロスまたは愛の本能であり、いま一つが破壊または死の本能である。フロイトはその晩年にいたって、従来の本能論を無生物界とむすびつけ、無生物界を支配しているところの二つの「基本力」*(Grundkraft)を認めて、これらが生物において二つの「基本本能」のかたちをとるのだと主張するようになった。それは、ギリシアの哲学者エムペードクレスが、すでに彼と同じような主張をしていた事実を発見したからである。

「われわれの関心が向けられるのは、エムペードクレスの学説がわれわれの本能論に非常に近いところにまで達していたということである。われわれは、その両者は同一のものであって、ギリシア人エムペードクレスの方は一つの宇宙論的な幻想であるのに対し、われわれの方は生物学的妥当性を要求するにいたってはじめて満足するというような相違は、両者の間に特別に存在してはいないと主張したくなる。……この哲学者は、世俗の生活の中の出来事にも、魂の生活の中の出来事にも、たがいに永遠の闘争を行っている二つの原理があると教えている。彼はその二つを、愛と闘争とよんだ。……エムペードクレスの二つの根本原理――愛と闘争――は、その名称からいっても機能からいっても、われわれの二つの基本本能、エロスと破壊の二つと同じものである。その一方は現に存在しているものをますます大きな統一に包括しようと努め、他のものはこの統一を解消し、統一によって生れたものを破壊しようとする。けれどもこの理論が、二五〇〇年後にふたたび再認識されたのであるから、その間その様相に幾多の変化を見たとしてもそれをわれわれがいぶかしむことはないであろう。」**(一九三七年)

このようにフロイトは、自分の二つの本能論をエムペードクレスの二つの基本力論の再認識であると解釈した。われわれはこのエムペードクレスの原理について、いますこし検討してみようと思う。なぜならば、エムペードクレスはその原理を自分でつくりあげたものではなく、二つの基本力という考えかたはすでにヘラクレイトスの主張していたところだからである。ヘラクレイトスの世界観は、「素朴ではあるが実質的に正しい」(エンゲルス『反デューリング論』)

ものとして、マルクス主義の立場からも評価されているが、彼は「たたかいは万物の父であり王である。」「一つのものは弓やリラの調和のように自己自身と分裂しながら自己と一致する。」と、闘争と調和についての二つの命題を提出した。さらに「全体と全体でないもの、結合するものと分離するもの、調和するものと調和せぬものをむすびつけよ。そうすれば、すべては一となり、一はすべてとなる。」とも述べて、調和するものと調和せぬものとを統一においてとらえることが世界観として必要だと主張している。世界は「永遠に生きる火」として絶えず流動し変化しつつあり、火は風に変り水に変り土に変るというこれらの諸段階において物の多様性があらわれるのだと解釈し、すべては一であり一がすべてであるという論理をつらぬいている。すなわちヘラクレイトスは元素的なものを認めながらも、それらが差異ばかりでなく共通性をも持って相互に転換していると主張し、この質料に内在する原理として闘争と調和の二つを指摘していたわけである。エムペードクレスも元素的なものとしてヘラクレイトスと同じように火・水・風・土の四つを認めはしたが、これらは相互に転換するものではなく、独立して存在する永遠に変化しないものだという見解をとった。すべて変化と見えるのは、これら四元素の混合あるいは分離にすぎないのであって、混合のいかんによって物の多様性があらわれるのだと解釈した。ヘラクレイトスが素朴な元素転換説を立てたのに対し、エムペードクレスは素朴な元素不変説を立てて、質料それ自体に物の多様性を生み出す原理が存在することを否定したのであるから、どうしても質料の他に質料を混合させたり分離させたりする力それ自体が独立して存在すると考えなければ、世界の変化を説明することができなくなる。それゆえエムペードクレスは、ヘラクレイトスの闘争と調和の二つの原理を、質料とは別に存在する力それ自体のありかたとして、いわば自己流にとり入れたのであった。

すでに自然科学の発展は、物質と運動とが不可分の存在であることを、質料とエネルギーを統一において理解すべきことを、われわれに教えている。この意味でエムペードクレスよりもヘラクレイトスの考えかたのほうが正しかったわけであるが、ヘラクレイトスを読む者にあっては闘争の原理だけがクローズアップされてとりあげられる傾向がある(4)のに対して、エムペードクレスにあっては二つの基本力が質料から切りはなされているだけに浮き彫りになっていてすぐ目につくのである。ヘラクレイトス以降の二つの原理の発展は、矛盾論の発展としてマルクス主義に具体化されているのであって、調和する対立物の統一は非敵対的矛盾として、調和せぬ対立物の統一は敵対的矛盾として、世界の変化と発展はこの二種類の矛盾のからみ合いにおいて、理解されているのであるが、ヘラクレイトスを闘争の原理を説いた哲学者として一面的にとらえたのでは、マルクス主義の矛盾論も同じように一面的に解釈しかねない。フロイトがエムペードクレスを支持するにとどまって、ヘラクレイトスへすすまなかったのは、フロイトの発想がヘラクレイトス的でなくエムペードクレス的であったことから規定されたものである。別のことばでいうならば、発想が弁証法的でなく形而上学的であったことから規定されたものである。このことはまた、フロイトの本能論を理解するための重要な示唆となる。エムペードクレスの「愛」の力とは、実現し維持すべき矛盾すなわち非敵対的矛盾を、「闘争」の力とは克服すべき矛盾すなわち敵対的矛盾を意味しているのであるから、フロイトの基本本能論それ自体は歪められたものではあっても、事物の発展の原動力として二種類の矛盾が存在しからみ合っている事実をやはりそれなりに反映しているのではないか、と予想することができるのである。

　フロイト理論におけるエロスとか愛とか性的とかいう概念は、われわれの常識でのそれとは異っているし、フロイトがそのような使いかたをしたのにもやはりそれだけの理論的な根拠があった。これを理解しないと、エロスの本能すなわち性的本能の誇張を正しく批判できなくなる。フロイト理論に反対する人びとはこの性的本能の誇張を非難攻撃するのが常であり、またフロイト理論の支持者にもこの誇張に疑問を持って修正する人びとが見られるが、それらはすこしも本質的なものに触れていないようである。われわれがフロイトの理論体系の礎石の歪みを理解してそれを正しいものにつくり変えるための、もっとも重要な環は、なぜ彼が本能の役割をそれほどまで誇張しなければならなかったか、彼をして誇張させた理由はどこにあったか、である。この理由を明かにしなければ、本質的な批判にはならないのである。ソ連の教科書はいう。

「人間は、たとえばフロイト学派がそうあらわそうとつとめているような、何らかの『潜在意識的な』『非合理的な』力、『盲目的な本能』の作用に従う、何かの自動機械とかあわれな玩具とかいったものではない。理性と意志とが、人間のすべての行為において決定的な役割を演ずるのである。」(ソ連アカデミー哲学研究所著『哲学教程』)

この書物は、パヴロフを礼賛するが、その人間機械論や偶然をまったく否定した決定論の主張などには、ただの一言も触れていない。フロイトもパヴロフと同じ時代の科学者であって、はじめは脳解剖学を専攻していた。フロイトもパヴロフと同じように決定論の立場に立ち、そこから宿命論に通ずるものがあらわれているのであるが、のちに見るとおり意志が「決定的な役割を演ずる」ことを理論的にとりあげているのはフロイトであって、パヴロフではない。「自動機械」論という批判は、フロイトよりもむしろパヴロフにヨリきびしく向けられるべきである。

(1) 科学の歴史においても、単純な直線的な進行ではなく、曲りくねった進行が見られ、さらにのぼりくだりが存在している。階層の建設で行きづまると、礎石の部分にくだって、それを検討しあやまっているところを改作し、また階層の建設にのぼっていく。マルクス自身も経済学の建設において唯物史観という礎石にくだっていって、その上に古典派経済学がつくりあげた諸階層を築き変えるところへとすすんだのであった。

(2) 自称マルクス主義者がレーニンの誤謬の指摘へとすすめない理由の一つもここにある。

(3) 以下フロイトの引用は、いづれも『フロイト選集』(日本教文社版)によった。

*は『精神分析学概説』(一九三八年)から。最後の体系的な叙述であって、理論の検討は主としてこれを対象とした。

**は『終りある分析と終りなき分析』(一九三七年)から。

(4) 階級的矛盾に関心を持っている人びとにこの傾向が著しい。レーニンは『唯物論と経験批判論』の執筆に当って、シュヴェグラーの『哲学史綱要』を読んでいるが、ここでは二つの矛盾として明確にとりあげていないので、彼も矛盾論として調和のありかたをとらええなかったもののようである。

三　不可知論と唯物論との間の彷徨

哲学史は、一八世紀の機械的唯物論が精神活動の解明をなしえなかったために、これに代ってカント主義が登場したことを教えている。このカント主義は、不可知論の一つの形態であった。そしてさらに、一九世紀の五〇年代において、エンゲルスが唯物論の「浅薄化され俗悪化された形態」とよんだところの、ビュヒネル・フォークト・モレショットなどの生理学的な俗流唯物論があらわれ、「俗悪化専門の行商人ども」のこの説教がひろく流布されるに及んで、生理学者の中から同じように不可知論ないし観念論の側へ走る人びとが相ついであらわれることとなった。この俗流唯物論は、肝臓から胆汁が分泌されるのと同じように、脳から認識が特殊な分泌物として出てくるのだと、認識を物質的に解釈したのである。これらは精神活動を生理学的に説明しうると確信していた点で、パヴロフ理論と共通するものがありこれとつながっていった。しかしながら、精神活動は現実の世界の反映であって、現実の世界に対応する構造を持っている。この認識の発展が構造的な発展であることは、反省してみるならば経験的に自覚できるわけである。もし認識が胆汁と似た分泌物であるとすれば、この現実の立体的なありかたに対応してやはり構造を持っているという事実を、どう説明するかが大きな問題になって来る。この認識の構造が、脳それ自体の構造と必ずしも一致しないことも、認識の発展を考え合せて推察しうることである。それゆえ、認識のありかたを研究しようとする学者にとっては、生理学的な俗流唯物論は研究の指針として役立たないばかりか、妨害者でさえあった。それゆえそれらの学者は俗流唯物論を拒否したばかりでなく、さらに唯物論をも拒否して、不可知論ないし観念論へとすすんでいったのである。心理学を独立した科学であると主張したヴントも生理学者であって、『生理学的心理学』(Grundzüge der physiologischen Psychologie) を書いたが、これは観念論の立場に立つものであった。プラグマティズムの創始者の一人であるジェームズもドイツで生理学を研究するうち心理学に心をひかれたのであって、その『心理学原理』(Principles of Psychology) もこれまた観念論の立場に立つものであった。

歴史の大きな流れに位置づけるならば、フロイトもこれらの心理学者たちと同じ系列に属するものということができる。彼もまた生理学的な俗流唯物論では自分のぶつかっている問題を解明しえないことを知って、これと袂を分ったのである。フロイトはパヴロフよりも七年おくれて一八五六年に生れ、オーストリアのウィーン大学で精神医学を学び、ヒステリーの研究のためにフランスへ行った。彼の精神分析療法は、ウィーンの生理学者であり内科医であるブロイエルの発見した、「カタルシス法」[***(1)] (Kathartisches Verfahren) からの発展として生れたものである。ブロイエルはヒステリー症状の女性の治療に当るうちに、症状を起す契機になった事件を催眠状態の中で思い出させ、それに附随している感情をもよびさますことができるなら、ヒステリーが起らなくなることを発見した。最初に起った心理的な過程を、それが発生したときと同じような状態でできるだけ生々と再現させることが、治療法として役立ったのである。フロイトはブロイエルの個人的な激励の下に、この方法を多くの患者に追試した。そして二人は共同研究の中で、これを、抑圧されて意識にのぼらない精神過程の転換であると説明し、抑圧されていた感情が発散することによって治癒するのだと説明した。[(2)] ここから、無意識という精神状態の重要性が、経験的に自覚されることとなったのである。そして精神的所産の能動的な役割としての抑圧を説明しえない、生理学的な俗流唯物論はもはやフロイトにとって無縁なものとなった。

それゆえフロイトが、ハルトマンの「無意識の哲学」などからも影響を受け、受動的な「反射」論ではなく精神の能動性を不可知論的に説く哲学の立場をとったのも、それなりの理由があったといわなければならない。とはいってもフロイトは医師であって、大学の教授でも哲学者でもなかった。研究の対象は生活経験を重ねたヒステリーの女性であって、犬ではなかった。哲学者として机の前で思索しながら唯物論から不可知論へすすんだ人間ではなく、生きた現実の人間の具体的な精神活動ととりくんで、医師としての実践に役立つ理論と方法とをつくり出そうと努力した人間であった。彼のこの態度は、その理論をつねに現実によって規定することとなり、彼の理論体系が露骨な観念論へとつっ走ることに絶えずブレーキをかけたのであった。それゆえフロイトの認識論は、その当時流行した新カント学派のそれとは異って、現実の世界が精神的なものの基盤となっていることを決して否定しないのである。「精神的なものにとっては、現実的な基盤をなしている自然の岩石の役割を演ずるものは生物学的なもの」**だと彼はいっている。彼の科学観にしても、それだけを見れば不合理とか観念論とか文句のつけようのないものである。

「科学的研究によって、われわれの根源的な感覚的知覚に基いて明かにされた研究成果は、外界に存在し、しかもわれわれの思考の内界においてその信頼すべき再現、反映が実現されたさまざまの関連性、従属関係について得られた洞察である。またそれに関する知識は、何でも外界にあるものを了解し、予見し、できることなら、それを改変する能力をわれわれに与えてくれるのである。わが精神分析学においてもそのありかたはまったく同じである。」*

（強調は引用者、以下同様）

何だ、これはりっぱな唯物論ではないか、と思う読者もあろう。この文章の限りではたしかにそうである。だがフロイトは、この文章とならべて、つぎのように明言しているのである。

「実在は依然として『不可知』(unerkennbar)であろう。」*

「われわれは、それ自体は不可知であるたくさんの現象を解明し、それをわれわれの意識内に現われる現象に還元する。そしてもしたとえば、『ここに一つの無意識的な記憶が挿入された』というとすれば、それは、『ここにわれわれにはまったくとらえることのできないものが存在する。しかしもしそれがわれわれの意識に達するとすれば、ただこんなふうに記述することができるのである』という意味なのである。」*

これはまたりっぱな不可知論である。すなわち**フロイトは唯物論の立場をとったり不可知論の立場をとったり、一貫していない**のである。フロイトのこの不可知論も、根拠はカントの不可知論と同じように、現実の世界のありかたと認識のありかたとの間の矛盾を正しく説明できなかったところにあったと思われる。しかしカントの時代にくらべて自然科学はすでに大きな発展をとげており、現実の世界のありかたを広く深くとらえ、さらに多くのことを予見し、技術的に応用されて自然の改変に役立っている。哲学者ならば、哲学は科学以上の学問で科学批判の役割をになっているのだと、自然科学を軽蔑的な目でながめるかも知れないが、フロイトは科学者であって哲学者ではないから、この自然科学のありかたを素直に受け入れたものと思われる。それゆえ一方で反映を認めながら他方で「不可知」を主張するという、くいちがいが生れたのであろう。しかも、現実のありかたを忠実にとりあげようとするかぎり、自然成長的ではあっても唯物論の立場に立たなければならない。従ってこのフロイトの不可知論と唯物論との間の右往左往が、そのままフロイトの理論体系の性格ともなっているのである。

科学者の現実の世界の研究は、直接に目で見手でふれることのできる事物の研究からはじまって、原子核内部の構造にまですすみ、太陽系の外部から地球へふりそそいでいる宇宙線の中で起っている素粒子の変化を霧箱や乾板でとらえることも行われている。現実の世界の研究は、当然に世界全体に対する見かたをつくり出し、確認することになる。そして自然科学者の大多数は、実在が可知的であり、科学の理論体系がこの実在の反映であると認めている。だが、彼らにこの自然成長的な世界観を確認することをためらわせるものとして、唯物論に対する偏見と、宗教的な発想の残存とがある点も見のがすことはできない。そこから、自然科学の理論体系を承認すると同時に宗教的な発想をも容認できるだけの余地を残しておきたいという態度が、世界観としていうならば唯物論をつらぬくのではなく観念論的な発想をも共存させようとする態度が、出てくる。自然科学者として外界あるいは実在を承認しながらも、実在を物であるといい切るのではなく「不可知」であるということによって、観念論を受けいれる抜け穴を設けておくのである。これは科学者の抱いている世界観の矛盾から強いられた不可知論であって、科学者としての業績とは関係のないところで説かれている。「彼が科学の人である限り、彼が何かを知っている限り、その限りにおいては彼は唯物論者」で、「まったく頑固な唯物論者として語りかつ行動する」（エンゲルス『史的唯物論について』）のである。しかし不可知論の成立はこのようなかたちのものに限られるわけではなく、科学の理論体系に入りこんでくる場合もいろいろある。唯物論者として理論体系をつくりあげていく中で、研究過程において認識論的にふみはずし不可知論へ逸脱したものの例として、物理学者ヘルムホルツの不可知論をあげることができる。(3) フロイトの不可知論はさらに深刻に理論体系へ入りこんでいるが、これは研究の対象が現実の世界ではなく精神活動だからであって、精神活動について不可知論的な解釈を持つ以上対象のとらえかたがつねに不可知論的になり、理論体系の基礎に不可知論的な解釈が伏在することになるからである。

現実の世界のありかたを研究する科学者が、おそかれ早かれ現実の世界全体についての見かたをつくり出すのと同様に、精神活動のありかたを研究する科学者もおそかれ早かれ精神活動全体に対する見かたをつくり出すことになる。問題を体系的にとりあげていく必要が、全体像についての反省を求めるからである。**パヴロフにあっては、人間機械に対する「反射」として機械的唯物論の全体像がつくり出されたが、フロイトにあっては、本能がもたらす「精神的エネルギー」のありかたとして不可知論の全体像がつくり出された。**この全体像の成立によって、フロイトのその後の研究の出発点あるいは礎石がすえられたわけである。フロイトはこの全体像を、科学者の謙虚さで「基礎仮説」*(Grundaussetzung) とよんでいるが、死の一年前にこれについてつぎのように述べていることを注意する必要があろう。

「精神分析学は一つの基礎仮説を設定している。哲学的思索によってその仮説を討論することは保留されたままになっているが、むしろこの仮説の妥当性は、経験的研究の結果によって基礎づけられているのである。」*

医師あるいは医学者に共通した特徴として、経験主義的な態度とそれから来る論理的なひよわさをあげることができるが、フロイトもまたその例外ではなかった。「哲学的思索」にひきずられずにすんだという長所は、また同時に仮説のあやまりを死ぬまで反省できなかった短所ともなっていたのである。

不可知論は外界あるいは実在を否定しはしない。物の存在を否定しはしない。ただ認識をその実在の反映として、認識の発展をその実在の反映の深化として、理解することに反対する。この実在の反映の深化を媒介するものが、実践であると認めることにも反対する。認識が発展していくことは事実として否定はしないが、その発展の最終原因を実在に求めることに反対して、実在との交渉を超えたところに求めようとする。これをア・プリオリに、すなわち経験を超えたところに求めようとする。その経験を超えたところがどこであるかは、不可知論の中でのちがいにすぎない。ところで精神活動をながめてみると、それは大きく区別して二つの外界によって規定されている。その一つはその人間の肉体であり、いま一つは肉体外の世界である。もちろんこの二つは相対的に区別されるだけであって、絶対的に区別されるわけではない。肉体外の世界からの規定も感覚器官という肉体の部分を媒介して反映するのであり、また胃袋が空腹を訴えて食欲を起すこともあれば好きな料理を見せられたために急に空腹を感じることもあるというように、二つの外界の相互関係の規定も行われている。フロイトの注目した本能とよばれるものは、いうまでもなくその人間の肉体から規定されてくる精神活動である。彼のいいかたをかりるなら、これは「精神的生活に表現された身体的要求」*であって、肉体から規定されてくるゆえに経験的に獲得したものではなく生れつき身体にそなわっているものであり、その意味でたしかに経験を超えたものだということができる。フロイトは不可知論者として、精神活動の出発点を経験を超えたところに求めにかかり、この本能を出発点であると解釈したのであった。フロイトが人間の精神活動における本能の役割を基礎的なものとして誇張し、肉体外の世界の認識までこの本能の発展として本能から説明したのは、彼の不可知論のもたらす論理的必然だったのである。

肉体を出発点とする精神活動を、精神活動の一部として認めることや、遺伝がこの意味で精神活動に影響を及ぼすことを認めるのは、まったく正当である。ホルモンやアルカロイドなどの薬物ないし毒物が、肉体的に作用し、細胞の活動を媒介として精神活動に影響を及ぼすことも、これまた周知の事実である。しかしながら、フロイトはこの一面を不可知論的に誇張して、肉体外の実在を出発点とするところの精神活動が存在するにもかかわらずこの過程をねじまげてしまい、これもまたその出発点は肉体であるという空想的な過程を設定したために、遺伝とは無関係な精神活動さえもこの空想的な過程にあるものとして、これもまた遺伝的なものだと解釈しなければならぬ破目に追いこまれてしまった。この論理的な強制が、フロイトの夢についての解釈をも歪めることとなった。夜ねむっているときの夢が、肉体を出発点とする精神活動とのかかわり合いのあることは無視されてはならない。決して本能と無関係ではない。しかしそこで夢の世界の中におかれた観念的な自己の見せられる世界像は、生活における実在の認識に大きく依存しているのであり、その無意識での加工の結果と見るべきものであって、夢の起源をその個人の経験と別のところに求めるわけにはいかないのである。フロイトはこれを遺伝的に解釈した。

「夢は、成人生活にも忘れられた幼年時代にも起源を持たない内容を表面に押し出す。われわれはそれを、祖先の経験から子どもが感化を受けこの世に生れる前に子どもの経験以前に身につけた太古の遺産の一部分と見なさざるをえない。この系統発生的な材料に対応するものを、われわれは人類最古の伝説や習慣の遺物の中に見出す。このようにして夢は、人類前史を理解すべき貴重な源泉の一つとなる。」*

われわれが、経験的なものを材料として経験を超えた内容をつくり出すということは、何もねむって見る夢に限られるわけではない。天国・地獄・おばけ・スーパーマン・火星王国等々、すべての空想に共通した事実である。『柳多留』に「唐人を入れこみにせぬ地獄の絵」とあるように、日本人の空想する地獄は日本的であるが、ダンテの空想する地獄はイタリー的で日本人は出てこない。他の遊星からロケットで地球に届けられたスーパーマンは、容貌外観ともにまったく白人と同じで、新聞記者の同僚にも疑われないのである。アメリカ人の空想する宇宙人もこれまたアメリカ人的である。これらは経験的なものを材料としたための空想に対する現実のありかたの浸透であって、内容全体が生活に起源を持たないこととその部分に生活経験が浸透していることとは両立するのである。これらの空想はいずれも作者の精神的な創造であって、夢の中でもこれと似た創造が無意識のうちに行われるだけのちがいである。夢での創造は偶然的な形式をとるけれども、決定論の立場に立つフロイトはそう理解しないで、これを必然的なものと解釈し、その個人の経験を超えた内容を他の人間の精神活動から、「祖先の経験から」遺伝的に肉体を媒介してみちびいてくるのである。

エンゲルスは心霊論者を批判して、あやまった思惟はそれをおしすすめていくと出発点と反対の結論へ到達する、と指摘した。不可知論にもやはりこのような弁証法的な発展を見ることができる。不可知論は、外界にある実在から媒介され反映された認識を、その個人の内的な創造だと主張するあやまった思惟であるが、フロイトはこの立場に立ちながら夢の解釈に至って、その個人の内的な創造を外界にある実在すなわち祖先の経験から媒介され受けつがれたものと主張するという、出発点と反対の結論へと到達して、弁証法の正しさを証明してくれたわけである。もう一人別の人間の批判を借りてくるならば、ルソオが『新エロイーズ』でのべた（そしてポオが『モルグ街の殺人』で警視総監のやりかたを批評するときに引用した）ところの、「あるものを否定し、ないものを説明する」という客観的な矛盾を指摘した端的なことばが、これまたフロイトにあてはまる。彼は実在と認識とが関係があるのを不可知論的に否定してしまい、そこから夢の解釈では、存在しない祖先の経験を受けついだという関係を説明する結果となったからである。

　この遺伝論にも正反対の評価が行われている。フロイト学派の中でも治療に従事している精神分析学者には、これを行きすぎと見て否定的な態度をとる人びとが存在する。他方心理学者あるいは評論家の中には、これを認めるばかりか卓見としてさらに発展させようとする動きが見られる。吉本隆明は『言語にとって美とはなにか』でフロイトに言及し、「夢のなかに原古の事情の幾分が保存されるという見解は、人間の意識発生いらいの意識体験の累積という面がよく把握されていて真であるように見える」とのべている。

（1）＊＊＊は『ヒステリーの研究』（一八九五年）から。

（2）このように把握されれば、もはや患者の催眠状態という問題は一つの特殊性となり、患者にわざわざ催眠術による催眠状態を起こさせるという「カタルシス法」を改良する道も開けてくる。患者と医師との話し合いの中で、患者に自覚をうながし抑圧を取り去る方法へ、フロイトは進んだのである。

（3）レーニンの『唯物論と経験批判論』はこれをとりあげて批判を加えているが、レーニン自身の記号についての理解不足が禍して、これを克服するに至っていない。この点の詳細については、三浦つとむ『レーニンから疑え』を参照。

四　フロイトの基礎仮説——「エス」「自我」「上位自我」

それでは、フロイトがつくり出した精神活動についての不可知論的全体像、すなわち精神分析学の礎石となっているところの基礎仮説はどのようなものであるかを、唯物論的全体像と比較しながら具体的に検討してみることにしよう。いうまでもないことだが、ここでは唯物論に対して偏見を持たぬ読者を想定しているのであって、唯物論は精神の能動的な役割を否定するものだと信じていたり、スターリン批判の名の下に唯物論の諸原則までも抹殺してしまったりしている人びとは論外である。

われわれは本書において、客観的な実在する世界が感覚器官へ反映するところから出発し、感覚から表象へ概念へ意志へと認識が発展していくのを追跡して来た。認識はこのように形態こそ変化しており、ノン・フィクションであることもあればフィクションのかたちをとることもあるが、それらは終始一貫して像である。概念は人間の生れながらにして持っている能力の産物ではなく、物の「思惟的模像」(Gedanken-Abbilder) である。生理学的な俗流唯物論のように、物質的な実体が存在すると考えもしなければ、昔から哲学者が解釈して来たように、そこに「霊魂」のような精神的な実体が存在すると考えもしないのである。だが、像という考えかたは、つねに原型の存在を前提としている。唯物論で認識に対応するところの原型は、実在であるが、フロイトの不可知論にあっては唯物論で原型として認める実在が不可知だと規定され、実在の反映という考えかたが論理的に否定されるのであるから、原型でもなければ像でもないような認識のありかたを論じなければならぬ立場におかれているわけである。すべての認識を本能を出発点として、しかも成長と発展において説明しなければならないのであるが、それは像ではない「何か」の成長と発展として論じなければならないわけである。ここから、フロイトの基礎仮説における認識の全体の構造も、唯物論のそれとは異質のものとなり、**精神的な実体の成長と発展**を説くこととなった。パヴロフの機械的唯物論が、認識の全体の構造を生理学的な興奮と制止のバランスの構造に解消させようと努力しているのとは逆に、フロイトの不可知論は、認識の全体の構造を生理学的な脳の構造から切りはなして精神的な「装置」*(Apparat) にしてしまったのである。精神活動を脳細胞の機能として理解する唯物論に対して、フロイトはこれを彼の想定したこの「装置」の機能だと主張している。

「われわれは、自分たちが精神（あるいは精神生活）とよぶものについて、二種類の系列を知っている。第一のものは身体器官とその舞台である脳髄（神経系統）、第二のものは意識活動である。この意識活動は直接に与えられるものであって、どんな記述方法を以てしてもそれ以上は理解することのできない究極的なものである。この二系列の終端同志の間の直接的な関係は、われわれの知る限りでは与えられていない。もしその関係が成立するにしても、それはせいぜい意識過程の正確な局在性を提供するにすぎず、本質的な理解については何ら資するところがないものである。

われわれの二つの仮説は、われわれの知るところでは、これらの終端、あるいは起始点から出発する。すなわち第一の仮説は精神の局在性に関係している。われわれは、精神生活に空間的な拡りと多数の部分からなる綜合性という性格を与え、精神活動をこのような特徴を具えた一種の装置の機能のあらわれであると仮定する。つまりそれを望遠鏡、顕微鏡、またはそれに類似したもののように考えるわけである。」*

精神活動のありかたにさまざまのちがいがあるという事実を、フロイトはこのように、「装置」のそれぞれ異った部分の機能のちがいとして解釈する。生理学的な脳のありかたと直接の関係のない、これらの異った部分をどうして把握したかといえば、それは経験を通じてであって、精神活動が段階的なものと見られるところから推測したのである。「この精神装置についての知見が獲得されたのは、人間の個人的発達の段階が研究されたことによってで」*あり、幼児から成人への発達において精神活動がつぎつぎと新しい段階へとすすむことから、説明されるのである。

人間はその精神活動において獲得した像を、現実の世界のありかたに対応するかたちで体系化していく。それゆえ認識の構造は究極的には現実の世界のありかたに規定されているとはいえ、認識は頭の中で一つの自立した存在として発展し役立てられていく点で、現実から切りはなされて扱われる可能性を持っている。われわれの現実の生活においては、道具が一つの自立した存在として扱われ役立てられているのであるから、そこから頭の中に道具あるいは装置の存在を主張することも正しいように思われてくる。観念的に対象化された意志が規範のかたちをとって、一つの自立した固定的な認識として独自の意志を規定してくるときも、頭の中で何か固定した存在が機能することを自覚できるだけに、やはり装置が存在しているかのように思われてくる。アメリカの社会学者や心理学者が人間のパーソナリティについて考えるとき、これも経験主義的に行動を規定してくる規範の存在を人間の内部の固定した存在と自覚するところから、フロイトの「装置」論に心をひかれるわけである。フロイト理論がパーソナリティのありかたを解明しているかのように思われてくるわけである。(1)ところでこの「装置」は、発達の段階においてとらえなければならないのであるから、そのもっとも基礎的な部分は人間が生れながらに持っている部分であって、この部分の機能としての精神活動がさまざまな本能だと解釈しなければならなくなる。この基礎的な部分を、フロイトは「エス」(Es)と名づけた。これをいいかえると、人間にはさまざまな本能があるという事実から、フロイトはそのような機能を示すところの実体的な「装置」の部分を想定して、これに「エス」の名を与えたわけである。このように「エス」はもっとも基礎的な部分とされているのであるから、フロイトもその生涯を通じてこれについてさまざま述べてはいるけれども、この「エス」は化学史におけるフロギストンと同じような架空の実体にすぎないのである。それゆえ、フロイトの「エス」が独自の見解であることに心をひかれて、そのたわごとを哲学的に合理化しようとするフロイト解釈の試みは、不毛に終ることを最初から約束されていると知るべきであろう。

われわれは生れてからこのかた、感覚器官を通じて現実の世界を反映して来ている。フロイトは実在を不可知だと考えながらも、それから「刺激」を受けることは否定しない。その意味で彼はカント的であった。それゆえ、われわれは現実の世界からの反映を、本能とは別の出発点を持った本能とは別の過程の認識としてとらえ、これが本能とからみ合うと理解するのに対して、フロイトは別の過程を認めずに、実在からの「刺激」によって「エス」それ自体が変化するのだと解釈した。いいかえれば、本能とは別に現実の世界の反映が成立するのではなく、本能それ自体が現実の世界の認識に変るのだと説明しているわけである。この「エス」の変化は、これまでの「装置」のありかたの変化であり、新しい部分が生れたことであって、この部分をフロイトは「自我」(Ich)と名づけた。情感や意志などは、この部分の機能であると解釈されたのである。

「われわれの周囲にある現実外界の影響の下に、エスの一部は一種の特別な発達を経験する。この部分は、もともと刺激受容の器官および刺激防禦の装置をそなえた皮層として形成されたものであるが、やがてそれはエスと外界とを媒介する一つの特殊な組織として形成されるのである。われわれはこの領域に自我という名称を与える。」*

彼の認識論の不可知論的性格は、この「エス」と「自我」との構造についての説明にもっとも特徴的にあらわれている。われわれはこれからも、しばしばこの構造に立ちもどって問題にすることになろう。

犬を対象とした研究から人間の精神活動のありかたの研究へとすすみ、犬から得た理論を人間に持ちこもうとするパヴロフと、生活経験を重ねた成人の精神的な抑圧を解消させることに努力して、ここから認識論をひき出そうとするフロイトとでは、対象のありかたのちがいが理論体系のちがいとなってあらわれている。比較してすぐ目につく点は、観念的な自己疎外の扱いかたのちがいである。犬には神に対する信仰もなければ、道徳や法律の持ち合せもない。それゆえ犬の精神活動をどんなに研究したところで、そこから観念的な自己疎外の理論が出てくるはずはない。しかも認識論を生理学に解消させることを理想として、犬の持っている神経活動の基本法則なるものを人間に押しつけるパヴロフにあっては、犬の精神活動と人間の精神活動とのちがいは「第二信号系」の有無にもとづくことになって、人間の精神活動の独自性を矛盾の発展としてとらえるという自覚は欠如していた。フロイトは単に人間一般をとりあげたのではなく、医師として特殊な患者をとりあげたのであるから、その人びとの精神活動の特殊性が否応なしにフロイトの理論体系に反映しないわけにはいかなかったのであり、いわゆるコンプレックスについての理論というかたちで観念的な自己疎外の理論が展開されることになった。パヴロフは、精神衰弱およびヒステリーを「人間特有の神経症」と認めたが、それらは「言語とむすびついた純粋に人間的な高次の部分と、動物におけると同じく外界の印象を直接受容し、一定のしかたでそれを分析綜合する低次の部分とに、人間の脳が分裂するから」だと、信号系そのものの生理学的な分裂に原因を求めている。けれどもフロイトは、精神的な抑圧すなわち敵対的な性格を持つ観念的な自己疎外に真正面からとりくんだので、その基礎仮説においてもその精神的な装置の一部分としてこの機能をあらわす部分を想定しないわけにはいかなかった。この部分は「上位自我」(über-ich)と名づけられた。

　フロイトはその精神的な装置を自ら図解している。これは一九三二年に『精神分析入門』の続篇を書いたとき挿入したものであって、おそらく最後までこれと似た想像を抱いていたものと思われるが、この図解も基礎仮説として提出しているだけに、「ある点ではきっと正しくないであろう」という科学者としての謙虚なことばを添えて提出されている。

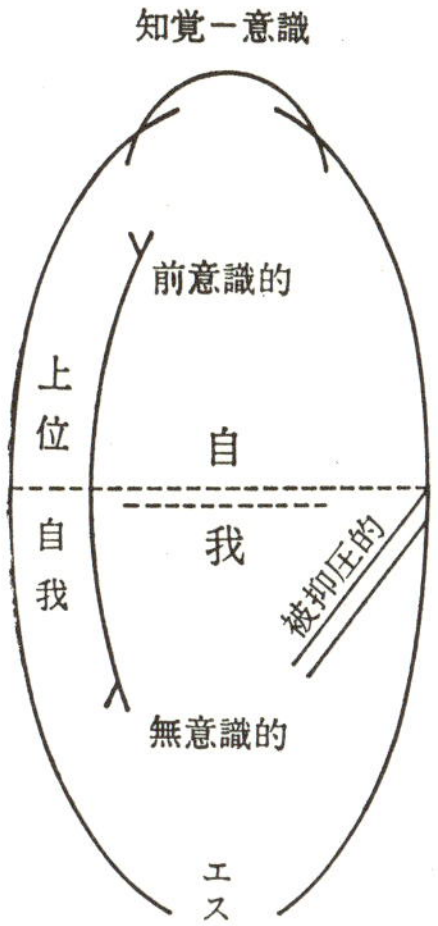

　生物学者や生理学者には、パヴロフの「第一信号系」と「第二信号系」との区別と、フロイトの「自我」と「上位自我」との区別を、それぞれ対応するものであるかのように解釈している者もすくなくない。それは、右の神経症の説明からも、そのような印象を受けるためであ

る。しかしパヴロフの論じている「第二信号系」のはたらきは、フロイトの「自我」のはたらきの中にすでにふくまれている。「上位自我」はそれと異質なものとして問題になっているのであり、パヴロフが扱うことのできなかった意志論がここで展開されているのである。人間はその幼児期において「エス」から「自我」を発達させていく。もちろん言語表現の能力も身についていく。そしてこの幼児期の終りに至って「一つの重大な変化」があらわれる。ここに「上位自我」が生れるのである。

「外界の一部分は、対象としては少くとも部分的に放棄され、それに代って（同一化によって）自我の中にとりいれられる。つまりこの外界の対象は内界の一構成部分となるのである。この新しい精神領域は、外界の人びとが果していた機能を受けつぎ、自我を観察し、自我に命令を与え、自我を裁き、刑罰を以て脅かす。これはまったく両親と同じことであり、両親の役割を引き受けたのである。われわれはこの領域を上位自我と名づけ、その裁判官的な機能によってこれを良心と感ずるのである。」*

「上位自我は内界の一部分となってしまったにもかかわらず、なお自我に対しては外界の役割を演じつづける。人間にあっては、家族との共同生活によってその幼児期が他の動物に比して著しく延長されているが、上位自我は、人間のその後の生活に対して、幼児期の影響、両親の保護、教育、依存関係を代表している。またそれとともに、単に両親の個人的な特性だけにとどまらず、彼らにつづいて教育的に個体に働きかけているもののすべて、彼らの生きている社会状態の傾向や要求、彼らの属している種族の素質や伝統も上位自我に影響力を及ぼしている。」*

本書の読者は、すでに規範についてのくわしい説明を読まれているのであるから、フロイトが「上位自我」と名づけているものが何をさしているかについて、いまさらくだくだしく述べる必要はないであろう。哲学者の多くが、たとえば『現代情念論』を書いた中村雄二郎などにしても、フロイトの上位自我が何をさしているか理解できなかったといわれれば、いったいどこに弱点があったかを直ちに推察できるであろう。フロイトがここで「外界の一部」が「同一化」（Identifizierung）によって「自我の中にとりいれられる」というのも、他の人間の意志あるいはすでに社会的に成立している規範が追体験によって個人の頭の中に複製されるということの、不可知論的な解釈なのである。この個人の頭の中に複製された意志あるいは規範も、やはり彼にとって対象化されたかたちをとり、客観的な意志として存在している。それゆえ「自我に対しては外界の役割を演じつづける」ことになるわけである。

フロイトはその「上位自我」論において、意志論あるいは規範論を展開しているが、これは経験主義的につくりあげられたものであるから、具体的に説かれている点での長所はあっても論理的な展開に欠けている。そこにまたヘーゲルやマルクスの意志論あるいは規範論とのちがいも見ることができる。まず第一に、フロイトは経験主義であるから唯物論に接近していて、ヘーゲルのように意志それ自体が客観的に出ていくなどとは考えない。人間の頭の中にあって「自我」に命令することを認めている。しかし論理的な反省がないから体系的なひろがりを持っていない。第二に、「自我」と「上位自我」の区別も経験主義的に与えたもので、観念的に対象化された意志のすべてを「上位自我」として扱っているのではない。「上位自我は主として他者から引きついだものを表わしている」*といっているように、自分から自発的に対象化した意志あるいは自分で創造した個別規範などは、事実上「上位自我」から除外されている。「自我は一般に自己自身が体験したもの」*によって規定されるのであるから、自分の体験からの観念的に対象化された意志は「自我」のほうに入っているわけである。

「上位自我の主要な仕事は、エスおよび自我とは反対に、むしろ本能満足を制限することにある。」*

「自我が上位自我と完全に一体となって働く限りは、その両者のあらわれを区別することは容易ではない。しかし、両者の間の緊張や疎隔ははっきりと認めることができる。良心の苛責による苦悩は、子ども時代の両親の愛情を喪失する不安が道徳的な精神領域へと転化した結果生み出される。」*

両親が精神的に子どもに対して上位にあることや、子どもの「自我」に対して命令を与える存在であることは、経験的に明かである。「自我」に対する命令がその個人の頭の中に複製されたときも、「自我」に対して上位にあるから「上位自我」とよぶのである。道徳や法律などの規範も命令として、個人の本能の満足を制限するはたらきをしている。良心の呵責を「上位自我」の「自我」に対する緊張関係としてとらえるのは、その意味で正当である。ところがフロイトはさらにすすんで「自我と上位自我の関係の個々のものは、すべて幼児の両親に対する関係に還元することによって理解できるものである」*と主張している。これは経験主義が不可知論によって歪められていくことのあらわれである。不可知論は、認識の多様性を実在の多様性の反映と認めるわけにはいかないのであるから、発展した段階の認識を実在それ自体の段階から説明しようとしないで、認識それ自体の低い段階から発展したという点だけを強調する。そのために、発展した段階の認識のありかたを「すべて」低い段階に還元して解釈しようとする、パヴロフとはちがったかたちの還元論的発想が出てくるのである。「エス」と「自我」の関係も、さきに見たように認識それ自体の発展として説明するのであるから、ここでもまた「自我」のありかたは「エス」に還元することによって理解できるという、還元論的発想をとらざるをえないし、さらには夢の内容をその個人の親の系列をたどって祖先の体験へ還元することにもなっていくのである。

「上位自我」の本能満足の制限のうち、エロスの本能についてはのちにくわしく述べることとして、ここでは破壊本能についての説明を考えてみよう。

「上位自我の発生とともに、自我の内部にかなりの量の攻撃本能が固定化し、内界で自己破壊的に作用する。この状況こそは、人類が文明発達の途上において、身に受ける健康上の危険の一つである。攻撃性を抑制することは一般に不健康であり、病気を惹起するように（有害に）作用するからである。人間は外界に解放することを妨害された攻撃性の変形を、自己自身に攻撃性を向け変えることによる自己破壊の形で表現する。もしその人が激しく立腹して頭髪をかきむしったり、自分の顔を拳骨で打ちのめしたりした時には、明かに彼はこの行為を他人にやりたい気もちがあったのである。」*

一見まことにもっともらしく見えるが、これも一面的なとらえかたから生れた誇張である。第一に、攻撃本能なるものが「自我」の内部に本能それ自体の発展として「固定化」するのでも何でもない。人間はある年齢に達すると社会生活の中で他の人間に対する敵対的な意志が形成されるようになり、これに規定されて目的的に攻撃的な行動が成立するだけのことである。この敵対的な意志の形成は、観念的に対象された意志の形成と期を同じくしてあらわれるために、「攻撃本能の固定化」が「上位自我」の発生とともにあらわれるかのように解釈したのである。第二に、「自己破壊」はすべて現実の他人への攻撃性から「向け変え」たものだというのも還元論である。われわれが自己嫌悪あるいは自己反省において、現実の他人とは関係なしに観念的な自己分裂を行い、現実の自分を観念的に他人の立場に立って客体化してとりあげ、これに攻撃を加えたり苦しめたりする場合のほうが、むしろ多いといわなければならない。それは「攻撃本能の固定化」から生れるものでも何でもなく、その自己分裂において敵対的になっただけのことである。

フロイトも人間の観念的な自己分裂をそれなりにとりあげている。だが彼のいう「自我分裂」*(Ichspaltung)は、フェティシズムの場合に二つの対立した考えかたが同時に並存しつづけることをさしているだけである。(2) 彼は観念的な自己分裂を神経症において、疾患のありかたとして経験的にとりあげているだけで、健康な人間が絶えずくりかえしている認識の矛盾の一つのありかたとして理解してはいない。

（1）パヴロフ理論を信仰している「左翼」学者の中には、フロイトの理論がアメリカに浸透したのを、既成の道徳でタブーにされていた性を大胆にとりあげたり従来の思想に積極的に挑戦したりしたことがいわば俗受けしたのだと、解釈する傾向が見られるようである。これはフロイトの理論に対する無理解だけでなく、高度に発展した資本主義社会の現実に対する無理解をも示すものであって、正常なかたちおよび歪められたかたちでのパーソナリティの発展という問題は現実の社会のありかたからのインパクトとして、学者たちの避けて通ることのできぬ問題であったのである。そしてこれを具体的に解明するには、観念的な自己疎外を扱わなければならないし、それを扱った理論として彼らの手のとどくところにあったのはフロイトのそれでしかなかったのである。

（2）医師としてはいわゆる分裂症の存在は常識的であるが、いづれもこれを観念的な自己分裂の一つの特殊なありかたとは理解しないで、異常な精神現象として片づけてしまう。分裂症の場合には観念的な自己が固定されてしまっているために、分裂が現象的にも明らかなのであるが、われわれが日常の生活の中で行っている観念的な自己分裂は分裂と復帰を絶え間なく繰返していて、固定的なかたちをとっていないために理解しにくいのである。

五　無意識論と精神的エネルギー論

精神分析学は純粋な思惟の産物ではなく、患者の治療を通じてつくり出され経験によって具体化されていった理論であるから、それが不可知論のために歪んだ解釈になっているとしても、その解釈の背後にはやはりそれに相当する現実のありかたが隠されている。フロイトの「無意識」あるいは「潜在意識」に関する理論にしても、ソ連の哲学者たちのようにこれを簡単に破りすててしまうわけにはいかない。

われわれの脳は生理学の対象となる一個の実在である。その生理的な活動は精神的な活動から相対的に独立しているし、精神的な活動はまた意識することから相対的に独立している。現にわれわれは、寝言をいったり、眠りながら歩きまわる夢遊病の状態になったり、あるいは催眠術にかかってしゃべったり行動したりしながら、覚醒状態に立ち帰ったときはそれらを何ら思いおこすことができない。自分では意識しないにもかかわらず、自分の頭はいろいろな活動をするのだということを、これらの事実は証明しているのである。これらも自己分裂の場合と同じように、異常な精神現象として切りはなしてとりあげるべきものではなくて、健康な人間の正常な精神活動のありかたであることを認めなければならない。生理学も事実存在することについて説明を与えなければならないから、母親が「大きな音でも目をさまさないのに、子どもがちょっとした音を立てても目をさます」という事実をパヴロフはとりあげた。そしてこれは脳に「個々の覚醒した点がのこされている」からだと説明し、これを「宿直の点または見張の点」と名づけている。この説明で問題を解決したことになるか否かは別として、この説明は脳の精神活動に不均衡の存在することを生理学的に認めたものである。母親自身は眠っていて、自分の脳に覚醒している点があるなどということは意識していないけれども、意識しなくてもその点が活動していることを認めなければ事実を説明できないのである。フロイトもやはり意識的だということと精神的だということとを同視するやりかたに反対した。

「多くの人びとは、科学の内部にある人も、外部にある人も、意識だけが精神であるという仮定を立てて満足している。従って心理学にとっては、精神の現象学の範囲内で、知覚、感情、思考過程、意志行動の区別をつけることしか残されていないのである。しかし、この意識的な過程は、一般の一致した意見によれば、決して欠陥のない、完全な系列ではない。*」

「無意識の概念は、すでに久しい以前から心理学にとりあげられるべくその門戸を叩いていた。哲学と文学はしばしばそれを扱っていたが、科学はそれを利用することを知らなかったのである。精神分析学はこの概念をわがものとし、それを真剣に受けとり、それに新しい内容を充たした。それを研究することによってわれわれは、無意識的精神について、従来予想されなかった性格を知るに至り、またそれを支配している法則の二、三のものを発見しえたのである。しかし、以上いろいろ述べたからといって、決して意識性という性質が、われわれにとってその意義を失ったというのではない。それは依然として精神生活の暗黒の中でわれわれを照らし導く唯一の光たることに変りはない。」***(1)

ただフロイト理論では、無意識の説明にも例によって不可知論的な解釈が施されることになるから、それを排除するように心をくばらねばならない。まず、本能は身体的な精神活動であり、意識から独立して存在するから、フロイトは「エス」の精神活動をすべて無意識的だと規定する。また、われわれが意識とよんでいるものも、きわめて一時的なありかたであって、一瞬ののちには忘却の淵へと沈んでいくのであるが、それが無に帰したのでないことはあとでまた思い起し意識化されうることで明らかである。それゆえ、この場合の意識と無意識との間には相互移行が存在しているわけであって、このような移行における無意識をフロイトは前意識的と名づけた。精神活動のありかたには、以上三つの性質――意識的・前意識的・無意識的――が区別されるべきだというのである。

言語表現の規範は、幼児のときから両親によって教えられ、はじめは自分の頭の中につくり出された規範を意識して使うけれども、やがては意識することなしに規範による媒介が行われ言語表現がなされるようになっていく。家族の間の生活規律も同様であって、はじめは親から「ぬいだ靴はそろえておきなさい」という命令に従って行動し、そののちも命令を意識化しながら行動をくりかえしているうちに、やがて意識化することなくぬいだ靴をそろえるようになっていく。これは一見犬の条件反射と同じもののように思われ、パヴロフ理論の支持者はそういう解釈を下しやすいのであるが、フロイトはこれらを「上位自我」の活動として正しく区別しており、「前意識的という性格を否定することができない」*とのべている。

「上位自我」における前意識的性格は、「上位自我」それ自体が外界から「同一化」によって与えられたものと解釈されているだけに、一応問題はない。しかし「自我」はそうではなくて、「エス」それ自体が変化し発達したものだとされているのであるから、ここでは意識と無意識との相互移行が不可知論的に歪められることになった。「エス」から「自我」が生れたという論理的な関係を設定することは、これはとりもなおさず本能的な無意識と前意識的な無意識との間にも論理的な関係を設定することでなければならない。フロイトはこのように事実に反した・空想的な・「エス」から「自我」への発展を主張することによって、事実に反した・空想的な・本能的な無意識と前意識との間の相互移行をも認めないわけにはいかなくなったのである。またこのことによって、「自我」において存在する抑圧が、事実に反した・空想的な・「自我」による「エス」の側への抑圧へと誇張されていくことになったのである。

「最初すべてのものがエスであった。自我は外界からの絶えざる影響によって、エスの中から発達して来たものである。この遅々たる発達の中に、エスの若干の内容が前意識状態に変化し、自我の中にとりいれられた。……しかしこの発達過程中、まだ幼弱な自我はすでにとりいれていた若干の内容を手放してふたたび無意識状態に戻し、また自我がとりいれたはずの新しい印象に対してもそのようにふるまったため、これらの印象は閉め出しを食って、ただエスの中にその痕跡を残すのみとなった。このエスの後の方の部分を、われわれはその発生経過を考慮して『抑圧されたもの』とよぶ。*」

ここで問題になっているのは、現実の世界からえられた認識にも、いつでも思い出せるものもあればなかなか思い出せないものもあるという、簡単な事実なのである。ところがこのなかなか思い出せないものが、夢の中その他思いもかけぬところに再現してくるという別の事実をフロイトはからみ合せて、思い出せないものを抑圧の結果と解釈したのである。この「自我」の前意識的なありかたの中で、容易に意識的になれないものを、「自我」から閉め出されて「エス」の中に追いやられてその意味で無意識化したものと考え、ここで「抑圧されたもの」が夢の中では抑圧がゆるめられるためにあらわれて来るのだと説明する。

こうして認識は現実の世界の像であるにもかかわらず、実体的な「装置」の機能であると考えられ、その各部分の間の相互関係が説かれることになると、「エス」から「自我」へさらには「自我」から「エス」へと移行していくところの存在、いい変えるならば**「装置」それ自体の素材ないし実質をなしているものはいったい何なのか、なぜこのような移行が起るのか、**を明らかにしなければならなくなってくる。われわれから見れば、不可知論の論理的な強制の結果として空想的な実体の発達や空想的な移行を説かなければならぬ破目になり、存在しないものについて明かにすることを余儀なくされたのであるから、おかしさがこみあげてくるけれども、フロイトにとっては真剣にとりくんで明らかにしなければならぬ問題をつきつけられたわけである。彼は、「われわれはこれについては何一つ知っていない。」*と正直に告白[2]しながらも、科学者として何とか説明を与えようと努力している。そしてここに、自然科学が認めているところの根本的な存在、すなわちエネルギーが持ち出されるのである。

「しかし、この暗黒の無知の奥底からも、われわれの乏しい洞察がわづかに浮び上ってくる。ここでわれわれは、まだすこしも明らかにされていない精神なるものの秘密に近づいたわけである。他の自然科学において常に行って来たように、われわれは精神の中に一種のエネルギーが活動していると仮定する。しかしわれわれには、他のエネルギー形態からの類推をおしすすめて、これに関する知識をさらに深めていくべき根拠をまったく欠いている。われわれは神経的あるいは精神的エネルギーが、可動的なものと拘束されたものと二つの形態をとって存在するのを認識したと信じている。」*

論理的な強制の結果としての空想は、ついに空想的な「精神的エネルギー」とその可動性にまで行きついた。フロイトはこの設定によって問題を説明できると「信じて」いながらも、しかもそれが「仮定」であるばかりかエネルギー論として発展させる根拠もまったくないことを認めている。彼はここでも科学者としてふるまっており、哲学者や評論家のように大言壮語の空いばりでごまかそうとはしない。フロイトがこのように信じているのも、それなりの根拠がないわけではなく、現実の生きた人間の性生活のありかたを経験的にふまえているからであって、この空想的な精神的エネルギーの中でエロスの本能の発展となっているものを、彼は「リビドー」(Libido) と名づけた。

「リビドーが身体的起源を持っていること、またリビドーが種々の器官、身体部位から自我に流れ入ることは明らかである。このことをもっとも明瞭に認識できるのは、われわれがその本能目標によって、性的亢奮と名づけているリビドー活動である。」*

「エスと上位自我の中でのリビドーのありかたを完全にいいあらわすことは困難である。われわれがそれに関して知っていることは、すべてはじめのうち自由に動かしうるリビドーの全量を貯蔵している自我を通して知り得たものである。」*

この有名な「リビドー」論は、フロイト理論の信仰者にとって何ら疑いをさしはさみえない核心的な主張の一つであるが、これは、**古代の霊気説と本質的に変るところがない**のである。それでは、人間が死んだのちこの精神的エネルギーはいったいどうなるのか、他のエネルギーに転化するのかそれとも精神的エネルギーのままにとどまるのか、という質問がつきつけられた場合、信仰者はどう答えるであろうか。エネルギーは転化するが消滅しないことを、すでに自然科学は明らかにしているから、精神的エネルギーは消滅するのだというわけにはいかない。他のエネルギーに転化するというなら、精神的エネルギーが非精神的すなわち物質的エネルギーに転化することになり、精神が物質に転化するという観念論の主張に一致する。精神的エネルギーのままにとどまるとか、転化はするがやはり精神的エネルギーなのだとかいうなら、霊魂不滅説の現代版以外ではない。これでは八方ふさがりであり、フロイトも精神的エネルギーを認める以上に出られなかったのである。われわれはここに、不可知論にいくら科学的な衣裳を着せかけてやっても、それを展開していくときは観念論的妄想以外のところへ行きつくことはできないし、信仰者の望む望まないとにかかわらずそうなる運命にあるのだということを、またしても見せられたわけである。

人間は現実の世界のありかたを認識していく中で、それが本能との相互関係で独自の意志をつくり出すことになる。食欲をそそられて何かを食べようとすることもあれば、性欲に動かされて異性への接触へとすすむこともある。だがそのときに、意志から行動へとすすむことが望ましくないと判断すれば、その認識の発展を別の意志で抑圧する。性はけがらわしいものだという古い道徳できびしく教育された娘は、偶然に異性の性器や性行為を目撃したとしても、その光景を追想しないように押えつけるであろう。精神分析学で患者の治療を論じて、「エスの中に抑圧されているものの意識化」**というのは、このような意志による押えつけを自らとり去って、本能とむすびつく認識をふたたび意識化させることをさしている。この抑圧を神経症の原因になるものと見て、話し合いの中でこの抑圧を発見し、患者が自らこれをとり去るように指導するのは合理的であるし、またそれなりに成功をおさめたわけである。(3) われわれは意志が社会関係の中で規範となることを理解しているから、この抑圧には社会的な共同利害あるいは幻想的な共同利害が考慮されているのだということをすぐ指摘できる。性道徳も同じであって、そこには家族の共同利害あるいは幻想的な共同利害の上に立った、秩序を維持するための観念的に対象化された意志が存在し、独自の意志を抑圧してくる。本能から意志へ行動へという発展が、秩序を乱すと判断したときは、その判断が正しかろうとあやまっていようと、対象化された意志で抑圧する習慣を持つようになり、道徳を与えられて「上部自我」として成立していない場合でも、自分から個別規範をつくり出している。フロイトもこのような「自我」の活動を経験的に認めていた。

「自我は、快楽原則によってエスと外部世界を媒介し、エスを外部世界の危険からまもる。この努力を行っているうちに、自我が自分自身のエスに対しても防衛的な態度をとり、エスの本能要求を外部世界の危険と同じように取扱うことを学んだとすれば、その理由は、すくなくとも部分的には、自我が本能を満足させてしまうことは外部世界との葛藤をひき起すことだ、と理解するようになったからである。そのような場合には、自我は普通、教育の影響によって、この闘争の舞台を外部から内部へと移し、危険が外的なものとなる以前にそれを内的な危険として支配してしまうものであり、たいていはそれを誤ることなしに行うのである。」**

それゆえフロイト理論では、本能満足の制限を「上位自我の主要な仕事である」ととらえるだけでなく、さらに「自我」による「防衛」のメカニズムを重視するのである。この制限のありかたは、外界から規定されるものと自発的になされるものとのちがいとして区別されている。このこと自体は必ずしも不当ではないのだが、これらは意志の活動として統一的に理解しておくことが必要である。フロイトにはこの統一がなく、「装置」の二つの部分の機能として分解したままになっている。これも経験主義の弱さである。彼はこの「自我」の「防衛機構」**(Abwehrmechanismus)のありかたと成立の過程について、つぎのように論じている。

「防衛機構は、危険を防止しようとする意図のために使用されるものである。そして防衛機構がそれに成功することは議論の余地がない。しかし、自我がその発達の途上で完全にこの防衛機構を放棄することができるかどうかは疑問であって、さらにまた、防衛機構そのものが危険になる場合もありうるということもたしかである。時には防衛機構が自我のためにささげた奉仕に対して、自我があまりにも高い代価を支払いすぎる結果になってしまうという場合も生ずるわけである。自我が防衛機構を保持しておくために要求される力動的な消費、たとえば、どんな場合でも防衛機構の存在にいつもきまって附随する自己の制限というような犠牲が、精神の経済学にとって深刻な負担であることがここで明らかになる。またそれらの防衛機構は、自我の発達過程において、一定の困難な時機を切りぬけるために働いた後でも放棄されたりはしない。もちろん人間は誰でもすべての可能な防衛機構を利用するわけではなく、それらの中のいくつかを選ぶのであるが、その選ばれた防衛機構は、自我の中に固着し、その人の生涯を通じて、最初の自我の発達における幼児期の困難な状況に類似した状況がふたたび経験されるたびに反復されるという、規則的な性格を帯びた反応方法となってしまう。……こう考えてくれば、自我の防衛機構は、次第に外部世界からの疎隔が拡大していくことと自我が絶え間なく次第に弱化していくこととによって、神経症を起りやすくし、神経症の発生を準備するものであると容易に理解することができよう。」**

読者はこの叙述の背後にある事実が何であるか、すでに推察したはずである。それは、幼児がその生活の中で自然成長的あるいは目的意識的に生活規律をつくり出す事実であり、その個別規範が対象化されたかたちで「固着」して生涯維持される事実である。この対象化された意志は、反対の性格を持つものに転化する可能性をふくんでいる。それが「固着」しているだけに、合理的な抑圧から不合理的な抑圧へと転化する場合もあれば、最初から不合理的な抑圧であったためにそれに対する抵抗が起る場合もあるが、いずれにしてもフロイトが引用した詩人のことばにもあるとおり、「道理は不合理となり、博愛は呵責になる」のであり、非敵対的であったものが敵対的になりうるのである。医師が防衛機構のこの不合理なメカニズムをゆるめさせようとする場合にも、患者がこの不合理的な抑圧を不合理的なものと自覚できず、合理的だと信じているときは、医師がメカニズムをゆるめさせようとすることそれ自体を「防衛」し、それに抵抗するような状態も起りうるわけである。(4)

規範が不合理的な抑圧へ転化しうることは、個別規範ばかりでなく外界から与えられる規範についても見られるところである。フロイトも「上位自我」の「過度の厳格さ」*に注意をうながしている。

「上位自我が、実際の母親も現実的にはそのようにふるまわなかったような厳格さをしばしばあらわすという事実は注目に値する。さらにその上、上位自我は単に自我のとった行為についてでなく、自我がそれを知っているらし

くはあるがまだ実行するには至っていないような考えや意図についてまでも、自我の責任を問うのである。」＊

そこで当然問題になってくるのは、この「上位自我」の過度の厳格さと「自我」の「防衛」のありかたとの関係であるが、ここで例のフロイトの還元論的方法がまたもや適用されることになる。彼はこれをエディプス・コンプレックスから説明するのであって、われわれのように対象化された意志の相互関係として理解しようとはしない。これはまたのちにとりあげることにする。

(1) ＊＊＊＊は『精神分析学入門』（一九三八年）から。

(2) 精神分析をすでに四〇年以上もやって来た時点で、このような告白をしなければならないところに、論理というものの恐ろしさがある。

(3) 新興宗教で病気がなおる、といわれる場合にも、これと同じものがある。なやみ苦しんでいる人間が、布教者との話し合いで、すべてをぶちまけた正直な告白をし、布教者がその人間をしばりつけていた命令や個別規範を否定して宗教側の生活規律を与えるようにするからである。精神分析の場合には一応合理的な説明がなされるが、新興宗教の場合には神や仏がもち出され信仰のおかげだと解釈されるだけのちがいである。

(4) 観念的に対象化された意志の持つこれらの弁証法的な性質の分析は、フロイト理論の中のすぐれた部分の一つである。対象化された意志はいわゆる知識から相対的に独立しているから、対象化された意志の内容を否定するような知識を受けとったとしても、それが直ちに否定的な効果をあらわすとは限らず、共存しつづけることもしばしばである。精神分析の実践に当ってもこの問題にぶつからないわけにはいかなかったし、フロイト的な用語と解釈を加えてではあるが彼もこれをとりあげている。

六　夢と想像

フロイトが夢についての独自な理論を提出したことは、通俗的な解説書や映画などによってひろく知られている。彼は一九〇〇年に夢判断に関する大著を公けにした。彼の理論を検討する前に、夢の研究がどういう意味を持つか、まずそれから考えてみることにしよう。

夢とよばれるものは、健康な正常の人間の生活の中で必ずあらわれてくるところの精神現象であって、夢を見ることそれ自体は何ら病的ではない。しかも夢には、はなはだ不合理な・妄想とよぶのがふさわしいような・奇妙な存在や事件があらわれてくる。われわれは経験でこのことをよく知っているから、どんなに奇妙な夢の話を聞かされたときも、その夢を見た人間を精神異常だなどとは思わない。夢は、こういうものを見たいと望んでも見られるとは限らないし、また、こういうものは見たくないと望んでも見せられてしまうという点で、自分の自由にならぬ精神現象である。どの点から見ても、夢は精神現象の中の例外的な存在であるといわなければならない。すでに述べたように、フーリエがそしてエンゲルスが、例外もしくは不明瞭なものに関する理論を軽視することに反対して、この軽視は科学を失敗させると主張したが、夢についてもこのことはあてはまるといってさしつかえない。夢を重視したフロイトが、フーリエやエンゲルスから独立して、やはりそれと似たことを述べているのもこの点で興味深いものがある。彼も現実のありかたに強制されて、それなりに弁証法的な考えかたをしているのである。

「現実の中には、移行状態とか中間状態とかの方が、はっきりと他と対立し区分された状態よりもはるかにしばしば存在している。ところが発達や変化を見る場合、われわれの注意はもっぱら結果にだけ向けられる。……発達や変化に関して、残存現象、つまり以前の段階の現象が部分的に後の段階への進歩からとりのこされて存続するという事態は、つねに一般に認められるところである。物惜しみをしない保護者が時々吝嗇な様子を見せてわれわれを驚かしたり、ふだんは好意的にすぎるくらいの人物が突然敵意ある行動をとったりするならば、これらの『残存現象』は、発生学的研究にとってははかり知れぬほど貴重なものであろう。」**

俗流唯物論は夢について、人間が経験で獲得したものを材料にして頭の中で加工したのだと、説明する。なぜそんな加工がなされるのかと問いかえしても、人間にはそういう能力があるのだと答える以上に出られない。パヴロフ理論は夢について、「それは大脳皮質の働きが完全に停止してはいないが弱まっているときに起る、皮質内の個々の興奮によって説明される」と、生理学的な解説を与えてくれる。[1] だがこれも結果についての生理学的な現象をとりあげたものであって、成立の過程を認識論的に解明したものでも何でもないから、この点ではフロイトよりも後退している。パヴロフは興奮と制止とのバランスから犬を四つの型に分類し、ここから人間を胆汁質・粘液質・多血質・憂鬱質の四つの気質に分類するやりかたを支持し、さらに人間特有の型として芸術家型・思索家型・その中間型という三つをつけ加えた。それゆえ精神病をとりあげるときも、個人の認識の発展過程を具体的に検討するのではなく、これらの型にむすびつけて「弱い型の所産」とか「弱い型と中間型の人に見られる発病形式」などと解釈するのである。これでは夢についても、粘液質の型の夢とか憂鬱質の型の夢とかいう形式を論じなくてはなるまい。

たしかに夢は人間が経験で獲得したものの頭の中での加工にちがいないが、考えてみるとその加工は夢の世界にあらわれる奇妙な存在や事件ばかりでなく、それを見ている人間自身についてもいえることである。**夢を見ている人間は、目をさましているときの現実的な自己とは別の自己として、社会的な位置づけもちがえば時には年令もちがった観念的な自己として、夢の世界の中で生活している**ことも事実である。これらの加工を純粋に偶然的なものとして片づけるわけにはいかない。なぜあれでなくてこれでなければならなかったのか、なぜ自己までこのようなちがった自己にならなければならなかったのかを、現象的な不合理あるいは妄想の背後にさぐっていき、それらの中につらぬかれている必然性を示すのでなければ、問題の解決にはならない。これは夢の内容に関することであるから、生理学的な型としての解釈を押しつけたところでどうなるものではない。ウソ発見器といわれるものも、人間が知っていることをかくそうとするときの生理的な変化を検出する装置であって、その知っていること自体がウソであるか真実であるかを検出する装置ではないのである。知っていることがはじめからウソであったとしても、真実と同じように装置は扱うのである。

われわれが夢を解明しようと思うなら、生理学的な「純客観的な」研究へすすむのではなく、夢の内容を規定してくるところの日常生活における精神活動がどんなものであったかという、この過程を客観的かつ全面的に検討してみなければならない。俗流唯物論が夢を解明できないのは、この全面的な検討をやらないからであり、やりたくてもできないからである。夢というものは、何も夜ねむったときに見るとは限らない。現象にひきずられて、自分の自由にならぬ夢のありかたを誇張してとりあげてはならない。われわれは誰でも日常生活の中で、実践に欠くことのできないものとして、夢であることを自覚した夢をつくり出している。この自分の自由につくれるさまざまの夢は、想像と名づけられているが、これらは現実の世界の忠実な反映と夜ねむったとき見る夢との、いわば中間項をなしているといってよい。なぜならば、これらさまざまな想像をつくり出す能力と夢の世界をつくり出す能力とは同じものであるばかりでなく、さらに自覚してつくり出した想像の世界のありかたが夢の世界のありかたにも浸透してくるからである。それゆえ、この自覚して見る夢とねむって見る夢との関係を無視し、中間項をとびこえて、夢と現実の世界の忠実な反映とを直結する発想は、それが唯物論の立場に立とうとあるいは不可知論的であろうと、混乱をひきおこさずにはすまないのである。

われわれはすでにつぎのことを知っている。想像は能動的につくり出されるにはちがいないが、現実と無関係な純粋な観念上の創造ではないし、また現実の忠実な反映にしても、純粋に受動的になされるわけではない。現実を忠実に反映するためには、どんなに素朴であろうと予想を持ち、現実に問いかけ、未知の世界の扉をたたこうとする態度をとって、ふみ出すことが必要である。直接感覚に与えられていない現実へふみこんでいくときには、さらに能動的に仮説をつくりあげ、それと現実のありかたを照応させていかなければならない。それゆえつねに大なり小なり想像がついてまわることになる。ねむって見る夢のような不合理な空想の世界であっても、そこに使われる材料は日常生活の中で現実から与えられたものであるから、空想が奔放にゆたかに展開されている場合にはやはり現実から多面的に豊富に材料を仕入れて来ているのであって、現実の忠実な反映にバックアップされて空想が成立しているわけである。このような相互浸透が存在している以上、想像についての解明がなければ現実を忠実に反映する過程を十分に明かにすることもできないし、また現実を忠実に反映するという出発点を無視して想像を解明することもできない。いい変えるなら、俗流唯物論も不可知論もすでにここで有効性を持たないことになる。観念論や不可知論は現実がさらに深くさらに広く反映していくのだという、出発点を現実に求めそれに対して受動的な立場に立つことを認めない。認識はすべて能動的な立場での創造だと解釈する。それゆえ現実の忠実な反映と想像との区別が与えられなくなってしまう。エルンスト・マッハのように、現実と幻想との区別は「科学的見地からは何の意味もない」と公言する者さえあらわれてくるのである。(2)

フロイトは、夢を「一種の精神病」*（eine Psychose）ととらえた。疾患として扱われる有害な正常生活を攪乱する精神病とは異って、「その持続時間が短く、無害で、むしろ有用な機能さえそなえた精神病」*であると把握したのである。ここから、疾患として扱われる精神病の発生およびその治療について、夢の研究が手がかりを与えるであろう、という予想が出てくる。この、夢を正常の精神活動と精神疾患との中間に位置づけ、精神疾患を結果としてでなく過程においてとらえようとしたことは、彼の卓見として評価されなければならないが、夢の研究に基礎仮説のあやまりがつらぬかれ歪められた部分があることも、それなりに指摘され訂正されなければならないわけである。彼は夢の内容を研究して、そこには「エス」の中に抑圧されているものがあらわれてくると考え、無意識のかたちで存在するものを意識的な理解しうるものにする方法を、「解釈」(Deutung) と「構成」(Konstruktion) を論じている。夢の研究も患者の夢を解釈し構成して治療に役立てるという実践とむすびついていて、哲学的瞑想ではないから、露骨な観念論までは行っていないのである。彼の基礎仮説では、「自我は外界に関しては刺激を知り、それに関する経験を貯蔵」*するものとして、不可知論的であっても外界との交渉で経験が蓄積されることを認めているし、自覚して見る夢もねむって見る夢も、「自我がその外界との交渉を中断」*し感覚器官にエネルギーの供給を停止したものとして、現実の世界の認識と一応区別している。夢が外界との直接交渉なしに頭の中で創造されたことを、一応認めてはいる。しかしここでも、「自我」は「エス」から発達したものとして、絶えず本能とのむすびつきで説明されるフロイトの不可知論の特徴が、夢の解釈を歪めることになるのである。

　ねむって見る夢の世界像の具体的なありかたは、その人間の経験や欲望と直接の関係を持たない偶然的な条件に規定されて成立するのであるから、思いもかけぬ奇妙なものがあらわれてくる。ところがフロイトはパヴロフと同じく決定論を堅持していて、偶然性を認めるわけにはいかなかった。

　「そのように考える者は、宇宙の現象界の因果律に入れないほど小さなできごとが存在すると、主張するつもりなのだろうか。もし彼が、そのようにして、自然界の決定論をただの一点で破壊してしまうなら、彼は科学的な宇宙全体を無視したことになる。」*****(3)

夢の世界像の具体的なありかたが必然性の発現だとすれば、これはやはり「エス」から規定されているものと解釈しなければならないし、そこに法則を認めなければならない。こうして「夢の仕事とは、主として前意識的思考過程の（無意識界の法則に基く）無意識的な加工の一例」*と解釈され、「太古の遺産」もまた「無意識界の精神過程を支配している法則」*に従って夢の中に再現してくるということになった。

われわれの立場で想像について検討するならば、想像とよばれるものは過去の経験を観念的に再現する追想と、未来における状態を観念的に創造する予想と、実在しないものあるいは実現しえないものと自覚しながら観念的に創作したりあやまって現実を逆立ちさせてとらえたりする空想と、この三つに大別することができよう。もちろんこの三つは浸透しあっているのだが、相対的に区別することが可能だしまた必要である。そしてこれらはそれぞれ特徴を持っている。追想は、過去の経験に近い世界像を再現するわけであるが、それと同時に自己自身もまた過去のそのときの自己に近いものになろうとする。たとえば小学校の教室で学んでいたときの追想は、そこで見た教室のありかたや教師の態度などを思い浮べるだけでなく、自己自身もまた生徒の精神状態に立ちもどって教師に叱られて悲しんだり試験を思っておびえたりしながら、教室の中で友人たちといっしょに席についているのである。すなわち、現実の成人としての自己は依然としてそのままに維持されているにもかかわらず、追想のときは観念的な自己が過去の時代の自己の生活した世界の中に成立するのであって、これは現実的な自己から移行したものにほかならない。すなわち観念的な自己分裂が起るのである。このときの観念的な自己のありかたを、フロイトのいう「上位自我」や「防衛機構」とむすびつけてとりあげることは重要であって、この点においても観念的な自己は現実的な自己と異っている。現実的な自己は誰からの圧迫も受けていないし危険も感じていないのに対して、子どものときには親や教師からきびしく命令されたり仲間からいじめられてそれらを恐れていたことから、追想の観念的な自己のほうが抑圧や抵抗を感じる場合もあろう。またこれとは逆に、現実的な自己は職場における上役からの圧迫や家庭でのトラブルや生活不安で苦しんでいるのに、子どものときは親のすねをかじり餓鬼大将になって自由な気ままな毎日をおくっていたことから、追想の観念的な自己のほうが抑圧や抵抗から解放される場合もあろう。それゆえ、過去を思い出すことをいやがる人間もあり、過去の世界にのがれて楽しもうとする人間もある、というわけである。

予想についてはすでに多くのことを論じて来たが、この未来のありかたを表象として創造する場合にも、自己自身が未来のそのときのありかたに観念的に移行していくばかりでなく、やはり「上位自我」や「防衛機構」とのむすびつきが消滅したり出現したりするのである。現実的な自己はアパート住いの状態で、アパートの持ち主から家賃の値上げを通告されて苦しんでいるのだが、いま自分の家を建築するために奔走中で、この自分の家が完成してその一室にくつろいでいる未来のありかたを予想するとき、この観念的な自己はもはや「上位自我」の圧迫から解放されていることになろう。またこれとは逆に、小企業の経営者が破産して自分の家を手ばなさなければならない立場にある場合、アパート住いの未来のありかたを予想するときの観念的な自己は、アパートの持ち主に家賃を払うために苦しんでいるという「上位自我」の圧迫の下におかれることになろう。それゆえ、さきのことを思うと頭が痛いわけである。空想は、芸術の作家が与えてくれる夢の世界を追体験する場合と、自主的に創造する場合とある。スリラーやスパイ小説のように、観念的な自己が絶えず不安や恐怖におびやかされる世界でも、その世界は自分の意志でいつでもぬけ出すことができるし、持続時間が短く現実と関係のない無害な夢での体験であるから、一つの娯楽ともなりうる。しかし現実的な自己がたえず不安や恐怖におびやかされているときは、夢の世界でさらにそんな体験をすることをきらって、夢の世界での解放を求め、ラヴ・ロマンスやコメディを楽しむことにもなる。自主的に創造する空想にも、この種の現実的な自己のありかたから解放されることを求めたものが多い。現実的な自己の持っている「上位自我」や「防衛機構」とは縁を切った、法律や道徳や伝統や周囲の人びとからの束縛を絶ち切った理想郷で、自由にふるまうことを夢みる場合が多いのである。

人間は生活資料の生産においてもあるいは使用・消費においても、未来のありかたを予想して表象をつくり出す。家を建築するときには設計図を描き、ショーウインドのコートを見ればそれを身にまとった自分のすがたを想像し、料理を見ればその味を想像する。空想の場合には現実的な自己としての実践が伴わないから、想像が実現しないわけであるが、観念的な自己としての観念的な満足感がないではない。想像と欲望との間には深い関係があるから、ねむって見る夢においても、自覚して見る夢である追想や予想や空想が、そしてこれらとむすびついているすでに満たされた欲望やみたしたいとのぞんでいる欲望が、いろいろな変形において浸透してくることになる。中でもねむって見る夢では、みたしたいとのぞんでいる欲望がみたされる場合が多いので、(4) フロイトが夢を「願望充足」(Wünscherfüllung) だと規定したのも、もっともらしく思えるのである。

「形成されつつある夢は、それがエスから発したものの場合は本能満足を、また覚醒生活における前意識的活動の残滓から発するものの場合には、葛藤の解決、疑惑の排除、企図の実現を、無意識の助けをかりて自我に要求する。しかし眠っている自我は睡眠を確保しようという願望に集中しており、これらの要求を障碍と感じてこれを解決しようとする。自我はこのような状況の下では何ら害とならないような願望充足をこれらの要求に対立させ、これらの要求を消去するという、一見譲歩のように見える行動をとることによってその解決に成功するわけである。この要求を願望充足によって置換することは、その後も引続いて夢の仕事の本質的な働きとなる。おそらく、このことを三つの簡単な実例、空腹の夢、快適感の夢、および性的欲求の夢によって説明するのは余計なことではなかろう。睡眠中に食物に対する欲求が生じると、われわれはすばらしい食事の夢を見て眠りつづける。いうまでもなく、目を醒して食事をとるか、睡眠を継続するかという選択もできたはずである。しかし夢を見る当人は後者を選び、空腹を夢によって満足した。これは少くとも一時的なものである。空腹がいつまでも続けば、彼はやはり目を醒さざるをえない。第二の実例では、睡眠者はきまった時間に病院に行くために起床しなければならない。しかし彼はさらに眠りつづけ、自分がすでに病院にいる夢を見るのである。だがそれは患者としてであるので、起きる必要はないのである。あるいはまた、夜間に禁止された性的対象、たとえば友人の妻についての享楽の願望が動く。すると彼は性交の夢を見るが、勿論この友人の妻とのではなく、彼にとってはどうでもいいような別の女との性交の夢なのであるが、それは友人の妻と同じ名まえを持った女なのである。あるいはこの願望に対する彼自身の抵抗が、その愛人がいつでもまったく匿名のままあらわれるというかたちで示されることもある。」*

これに対する疑問として、夢には享楽だけでなく苦痛や不安を与えられる夢がすくなくない事実や、充足を拒否される夢が存在する事実をあげる人びとが出てくることも、フロイトは予想している。明日のピクニックを楽しみにしている子どもが、朝起きたら雨が降って行けなくなりはしないかという予想を持ち、これが夢の中に変形して浸透してくることも、経験的に明かであるが、フロイトはこれらを「エス」と「自我」との矛盾において、「無意識的なエスにとって満足であるものは、まさにそれゆえに自我にとって不安の原因となりうる」*と、あくまでも「エス」とむすびつけて解釈している。しかしフロイトのあげた実例とはまったく逆の場合、現実的な自己としてはすでに願望を充足しているのだが、過去の強い願望を持っていたときの状態が夢の中に復活するという(5)、この夢の中だけでの強い願望をどう解釈するかである。われわれは夢の究極的な根拠を現実的な生活に求めるのであって、追想や予想や空想の場合と同じところに根拠をおくものと理解する。フロイトは不可知論者として現実的な生活の代りに「エス」を持ち出すのであるから、本能と直接むすびついていない夢や願望充足でない夢もすべて「エス」にむすびつけなければならず、空想的な法則による「エス」からの規定として解釈しなければならないのである。

（1）　パヴロフが精神病や夢について論じたのは、「多年にわたる大脳半球生理学の研究を通じて、私は生理学的研究の補助的な分析資料として、精神医学的現象の領域を利用したいと考えていた」ためであった。彼がフロイトその他の心理学的な理論に対立して、そこで扱った問題を自己流に説明したことも事実であるが、精神病や夢をそれ自体として積極的に追求するのではなくて生理学的研究の道具としてとりあげていたのだということは、心にとめておく必要があろう。

(2) マッハの観念論的発言を、レーニンがきびしく批判したことに対して、自然科学者としてのマッハについて知識を持っている科学者たちから、これは不当な蔑視だという不満が出てくる。これも、科学者の研究の成果とその解釈とを区別してとりあげようとしない、とりあげる能力のないところに起る不満である。

(3) ****は『精神分析入門』(一九一七年)から。

(4) その意味では夢の必然性を誰もが承認するわけであるが、この具体的なみたしかたは思いもかけぬ奇妙なかたちをとるのであるから、その面では偶然性を認めなければならない。必然的でもあれば偶然的でもあると把握すればそれでいいのだが、必然的なのかそれとも偶然的か、『あれかこれか』と考えるところに混乱が起るのである。

(5) 大仏次郎の『赤穂浪士』にも、すでに仇討の願望を成就して幕府の処置を待つ浪士が、まだ願望をとげずに苦労している夢を見るというくだりがある。

七 性的象徴

個人の精神活動はさまざまの形態をとっているが、そこには不均衡があり重点的な部分がある。われわれは芸術家型とか思索家型とかいう大ざっぱな区別では満足できないから、生理学ではとらえることのできない認識の内容を具体的にとりあげていく。同じ想像活動でも、青年は未来を持っているから自分の将来の活動についての野心的な計画を立てて華やかな予想をくりひろげるが、老人は未来を持たないために過去の華やかだった生活を追想して楽しむことになり、青年は未来に生き老人は過去に生きるといわれるのも、客観的な生活条件が認識の内容を規定するということの一つのありかたとして理解する。主体的な条件も無関係でないことは、同じように犯罪をおかした人びとの夢のちがいを見ても理解できることである。良心を持ちそれに責められている者は、よくないことだと知りながらも阻止できなかった過去の行為が気にかかり、殺された人間のうらめしそうな顔を夢の中で見たりするけれども、良心を持たず刑罰を与えられる未来のありかたを予想しておびえている者は、警官につかまったり死刑の宣告を受けたりする自己を夢の中で経験するようなことになるからである。過去の生活で大きな精神的ショックになったような事件は、たとえ日常生活の中では忘れていても、あるいは思い出すまいとして押えつけていても、思いがけないときに夢の中にかたちを変えて再現してくることがある。四〇才や五〇才になっても、夢の中では子どものころの自分に帰って、試験の答案が書けずに苦しんだり教科書を忘れて登校してどうしたらいいかとなやんだりするうちに、目が醒めてああ夢だったかとホッとしたような経験を、多くの人びとが持っている。また、現実的な自己と夢の中の観念的な自己とが分裂しているとはいっても、相対的な独立であるから、現実的な自己の生理的条件から観念的な自己のありかたが規定されてくるのであって、これはフロイトのあげた実例にも示されているとおりである。膀胱に尿がたまると、夢の中の観念的な自己も便所へ行くという対応関係があらわれるのである。

このような意味において、夢は合理的な存在であり、夢を解釈することもまた有用性を持っている。フロイトは、「われわれが覚醒後に夢として記憶していることを、実際の夢の過程そのものとしてではなく、むしろその背後に夢を隠した建物の前景のようなものであると仮定する」*といった。このことばは、過程と結果とを混同してはならないという意味において、目が覚めてから記憶しているよりもはるかに複雑かつ立体的な夢の「建物」がその背後に存在したことを無視してはならないという意味において、われわれの考えかたと共通している。けれどもさらにすすんでその「建物」のありかたやつくられかたの問題になると、フロイトとはちがってくるのである。夢の解釈と構成が、神経症の治療に際して有用性を示したからといって、その有用性についての解釈がどこからどこまで正しかったということにはならない。

存在は意識を決定する、とは唯物論的な見かたであるが、これを経験主義者としての存在のしかたはその意識を決定するというかたちで、考えてみたい。なぜならば、経験主義者が普遍的なもの・法則的なもの・として提出しているありかたが、実は特殊的なものでしかなかった例を、いくつも見出すことができるからである。なるほど、彼の経験した範囲では、それはたしかに普遍的であったから、これを普遍的なものと意識したのは無理もなかったのであるが、特殊性はその特殊性を持つものばかりを対象とするかぎりにおいて、普遍性であるということの反省が欠けていたのである。せまい経験の中で普遍性としてとらえたものも、実は正しい観点からは特殊性でしかないのではないか、と反省してみなかったのである。経験主義者が対象のありかたにひきずられて、特殊性と理解すべきものまで不当に普遍化してとらえる逸脱は、フロイトにも見られるところであって、中年の女性のヒステリー患者の持つ特殊性が不当に普遍化されたことを理解する必要があろう。彼女たちは「あらゆる試みも空しく病院で幾年も過して来た患者」であって、「精神分析療法は長い間ずっと生活能力を失っていた患者について、またそうした患者のために創始された」*****(1)のである。一九世紀の末から二〇世紀のはじめにかけて、封建的な支配と宗教的なきびしい戒律の下に生活して来たヨーロッパの中年の女性が対象となったことの意味を無視しては、フロイト理論のありかたを理解することができない。彼女たちは、子どものときから封建的な家風の中で育てられ、宗教的なきびしい戒律を身につけさせられて、死後の世界での生活にまで罰がおよぶという深刻な罪の意識を抱いているばかりか、さらには女性であるために理由のない差別待遇を与えられて、人間的な欲望までもじっと抑圧しつづけて来たのである。このような女性が経験主義的に対象となったところに、フロイトの「上位自我」が「両親を通して伝えられた家族、民族、種族の習慣の影響、ならびにそれらのものに表わされているその時代の環境の要求*」として、「幼児期の両親への依存性の産物*」として、「本能満足を制限する*」存在として、注目され強調された現実的な根拠を見なければならない。

このような女性の患者が精神分析療法を行う医師に対して持つ感情は、精神的に健康な女性の患者が医師に対して持つものとは異っている。精神分析療法は、まず患者の人格を尊重しその医師の人格が信頼されるように、彼女がいつも愛情を受けて来た人びとと同じイメエジを医師についても描かせるように、することからはじめるだけに、容易に恋愛感情に転化しやすいし、性的な意識が入りこみやすい。フロイトはこの患者の恋愛感情を扱った経験から、「感情転移」（Übertragung）についてつぎのように解釈した。

「われわれは、『陽性』感情転移を『陰性』感情転移から、やさしい親愛感情の感情転移を敵対感情のそれから区別し、そしてこの二種類の感情転移を区別して取扱うようにしなければならない。陽性感情転移はまたさらに別れて、意識化しうる友好的な、あるいはやさしい親愛的な感情のそれと、その無意識への延長とになる。後者については、分析によって、それがつねに必ず性愛的な源泉に帰着することが指摘しうるから、われわれは同情、友情、信頼およびこれに類したわれわれの生活に役立てられるすべての感情関係が、発生学的には性的なものと結びついており、われわれの意識的な自己認識にとってたとえどんなに純粋に、非官能的に見えようとも、実は性的な目標の弱化によって純粋に性的な欲望に由来して発達して来たものであるという見解に到達せざるをえない。本来、われわれが知っていたのは、ただ性対象だけであったわけである。精神分析学は、われわれが現実において尊敬や畏敬だけを向けている人びとも、実はわれわれの内部にある無意識にとっては、依然として性対象でありうるという事実をわれわれに示したのである。」******(2)

感情の区別と転化についてとりあげているかぎり、対象の持つ弁証法的な性格は正当にとらえられているけれども、親愛的な感情がつねに必ず性愛的なものにむすびついているというところになると、特殊性として理解すべきものが不当に普遍化されてしまっている。(3) フロイトの不可知論的な本能論は、中年の女性のヒステリー患者の医師に対するやさしい親愛的な感情が、性愛的なものにむすびついているという現実的な根拠において、経験主義的にささえられているのである。

性的象徴は人類にとって何ら異常な存在ではない。未開社会の人びとは、自然の諸力を神秘的なものとしてとらえ、自分たちを支配するものとして崇拝した。人間が人間を生み出すということが、性器崇拝をも生み出すことになった。この性器崇拝における性的象徴には、二つの成立過程を区別することができる。人間は当然に性器についての表象を持つが、自然につくり出された岩石のかたちや洞窟のかたちにこの表象と似たものを認めて、この連想からそれらを礼拝の対象とする場合があり、また、その表象を彫刻や絵画に表現して、表現として創造された象徴を礼拝の対象とする場合がある。現代の社会では性器崇拝は存在しないけれども、性的象徴がこれらの二つの過程をとって成立するという点では未開社会と変りがない。子どもが好奇心から性を問題にする場合にも、この二つがあらわれる。われわれの生活に必要な生活資料は、何も性器の表象とむすびついてデザインされたものではない。それが結果として性器の表象と似たかたちをとったとしても、それは偶然の一致でしかない。けれどもそれは現象的に性器の表象を表現したものと同じように見える。そして、偶然性は存在しないすべてが必然性だという決定論の発想を持つ者は、偶然の一致を必然性がひそんでいると解釈して、そこに無意識の性的本能がはたらいているのだと主張することにもなってくる。

ゴルフ場のグリーンに設けてあるホールのありかたに、女性の性器を連想し、そこからゴルファーの服装をつけた美女九人を舞台で踊らせる、"Nine Holes"という名まえのショウがアメリカのキャバレーで演じられたことがある。これはショウの作者の連想であって、何もゴルフが性器の表象とむすびついて生れたわけではない。けれども現象的には性器の表象を表現したものと同じように見えるから、これもそうなのだと部分的な真理を度はずれに拡大しても、もっともらしく思われてくる。生物が性行為によって子孫を生み出すという自然の部分的なありかたについての認識を、自然全体のありかたに度はずれに拡大すると、現実の世界は造物主の性行為によって生み出したものだという神話になり、日本の国土は男女の神々が生んだのだという『古事記』の叙述にもなってくる。鍛冶屋の使うフイゴは、いわば手で押す空気ポンプであって、ピストンを押したり引いたりして動作させるものであるが、ここから男性の性行為を連想するばかりでなく、そこからフイゴそれ自体が性行為の象徴的表現であると解釈していくところに、日本の音曲の「陰陽和合をかたどり」という説明が生れたわけである。この解釈方法をもってするならば、ゴルフも男性が「ホールに入れる」という性行為をスポーツのありかたに象徴したものだ、と説明しなければならなくなる。

子どもは、オモチャの水鉄砲に、放尿や射精を連想する。病院の女性の患者は、美男子の医師の持つ注射器に、男性の性器を連想する。これらの事実を指摘するのは正しいが、そこから水鉄砲や注射器は男性の性器の象徴としてつくられたものだと解釈していくならば、それはもはや学問ではなくて神話へところがりこんだものである。性的な連想は、想像すなわち夢と自覚した夢にとどまらず、夜ねむったとき見る夢にも浸透していく。女性の患者の夢の中に出現する注射器が、彼女の性的な意識とむすびついていることもありうるのである。けれどもこれが部分的特殊的な場合であると理解しないで、この夢における象徴の解釈を全体的普遍的に度はずれに拡大するならば、それはもはや真理ではなくなる。注射ぎらいの子どもの夢や、インターン生活で苦しんでいる医学生の夢に注射器があらわれて来たのを、すべて男性の性器の象徴と解釈するのはナンセンスである。

フロイトの夢の解釈が、このナンセンスにまで逸脱していることを指摘するのは、別に困難なことではない。フロイトの反対者は、このナンセンスを偶然の逸脱とか思いつきの失敗とか片づけがちであるが、これまで述べて来たところから推察できるように、これも彼の不可知論および決定論から論理的に強制されたものであるから、彼自身この解釈が逸脱ではないかと疑ったとしても、その基礎を疑って訂正しないかぎりどうにもならなかったわけである。フロイトは、無意識的な本能の力による願望充足が夢なのだという理論にもとづいて、夢を解釈した。「夢の中には常にそれが存在していると仮定することがゆるされるのである」*という。したがって、彼が基本本能の一つにかぞえたエロスの本能の願望充足も、夢の中にかならずや存在しているのだということを前提にして、与えられたすべての夢を解釈し構成しなければならないのである。この論理的な強制の結果、性的な連想と無関係な夢の中の事物のありかたまで、性的な意味を持っているかのように誇張して解釈することとなった。人間が生活資料に対する欲望を持ち、それが夢の中にあらわれて来た場合でも、性的な欲望が象徴として示されたものであるかのように解釈することとなった。

フロイトにとって、夢の形成は二つに大別される。一つは「自我」から発生してくる場合であり、いま一つは「エス」から発生してくる場合である。われわれが日常生活でつくり出すさまざまの現実の忠実な反映や、想像や、意志や、これらの間の諸矛盾のありかたが、夢の世界のありかたに浸透していくことは、「自我」からの形成として、「覚醒生活からひきつがれて残存している傾向や、前意識的思考過程が、それに属する一切の葛藤亢奮とともに、睡眠中に無意識的要因による強化を受けた場合」*として扱われている。これはともかくとして、問題は「エス」から発生してくる夢といわれるものにある。

画家の描く抽象画と、ロバのしっぽに絵具をぬってカンバスにたたきつけさせたのとは、現象的に似てはいるが本質的にちがったものである。画家は精神活動でつくり出したかたちをカンバスの上にうつしかえたのであるから、そこには対応関係があり、表現形式として精神活動との具体的なつながりを否定することはできない。ロバの精神活動とカンバスの上のかたちとが、たとえつながりがあったとしても、そこにつくられたかたちはロバの精神活動と具体的なつながりを持たない、偶然的なものにすぎない。われわれが夢と自覚して見る夢も、ねむって見る夢も、現実の世界とのつながりがあり、世界像として似ているが、前者の形成には意識的なコントロールがあり、そこに非現実的な怪物がつくり出されたとしてもそれは目的的に創造されたものであるのに対して、後者の形成には意識的なコントロールが欠けており、そこにあらわれる非現実的な存在は偶然的な創造である。前者は、なぜ創造されたかという理由をたぐっていくことができるが、後者は、現実の反映から変形されたものだということに終ってしまう。ねむって見る夢の内容に必然性があることは事実であるが、すべてが必然性ではない。けれどもフロイトは決定論者で偶然性を認めようとはしないのだから、どうしてもすべてを必然性として説明しないわけにはいかなかった。夢と自覚して見る夢の内容が、たとえば芸術家の空想が、その人間の思想から出てくるのと同じように、ねむって見る夢の内容もやはり思想のあらわれであって、ただそれが無意識のうちに潜在しているものがあらわれてくるだけのちがいだと説明した。そこで「潜在思想*」(Traumgedanken)という概念が持ち出されることになった。そしてこれがさらに不可知論的に、「エス」から出てくるものとして解釈されるのである。

　われわれが目覚めてのちに記憶している夢の内容は、すべてこの潜在思想から生れて来たものであるとすれば、この夢の仕事をしらべることによって夢の内容はすべて説明できるのだという結論にならざるをえない。

「夢の仕事の研究は、いかにして無意識的材料が本来のエスおよび抑圧されたエスの中から自我へと突進し、前意識的となり、自我の抵抗によってかの夢の歪曲として知られる変容を経験するかという、精神過程をわれわれに教えるすぐれた実例である。*」

　ところが、夢の内容をしらべてみると、そこには「成人生活にも忘れられた幼年時代にも起源を持たない内容*」としか思われないものが、存在している。これは偶然的なものだと簡単に片づければいいのであるが、フロイトとしてはあくまでもこれを必然的なものとして説明しなければならない。それで、まず不可知論的に「エス」へ持ちこんだ上で、さらにこの空想的なつながりを外界へ延長して、遺伝的なものだと解釈した。「祖先の体験から子どもが感化を受けこの世に生れる前に子ども自身の身につけた太古の遺産の一部と見なさざるをえない*」ということになってしまった。

睡眠は生理的な条件に規定されて自然成長的にあらわれてくる、脳活動の部分的な停止であり、精神活動もそれによって大きな影響を受ける。催眠術のように睡眠的状態を目的意識的につくり出すことも可能であるが、この場合の脳活動の部分的な停止は深い睡眠の場合とちがって、さらに狭い範囲で起っているだけである。脳細胞は睡眠によってその機能を部分的に停止するとはいえ、これは疲労に対して生物体を防衛するためのものであるから、生命を維持するための機能に変りはない。冬眠とよばれる動物の睡眠のような、きわめて広い範囲での停止であっても、睡眠から醒めたときふたたび正常な精神活動をはじめるだけの条件は維持されている。またそれだからこそ、脳細胞の睡眠中の活動いかんによっては、われわれも寝言をしゃべったり、さらには夢遊病といわれる肉体的な活動を示すことになったりする。これは生理的な必然性として起る脳活動の停止であるが、われわれの意識的な精神活動のありかたからすれば一つの偶然性として、目を開いて見ていなければならないと努力しながらも、肉体的な疲労には勝てずにいつの間にか眠ってしまったというかたちで中断されてくる。

フロイトは決定論をとるのであるから、この場合にも偶然性を認めるわけにはいかないのであって、**この中断も精神活動における必然性のありかたとして解釈しないわけにはいかなかった。**そこで彼は、睡眠をも本能の一つとして、これを「睡眠本能*」(Schlaftrieb) とよんだ。肉体的な条件から精神活動が規定されるという点では、本能と共通しているが、精神活動をポジティヴに規定して対象に向って働きかける役割を演ずるのではなく、ネガティヴに規定するものであるから、これを混同してはならない。睡眠が必要なことを意識して、ベッドへもぐりこんでいくのは、それ自体たしかに行動的にはちがいないが、これは自然成長的に行われることを目的意識的におしすすめただけのことであって、ネガティヴだという本質を否定するものではない。目的意識的に積極的に死を実現させる自殺行為が、生物体にとってネガティヴな変化であることを否定しないのと同じである。フロイトはこのネガティヴな睡眠を、「エス」のポジティヴな規定というかたちで空想的な本能につくりあげたのであった。

睡眠のときは精神活動が中断され、肉体外の世界との精神的な交渉も中絶される。フロイトはこれを、「自我は時折その機能を停止し、自らが以前の状態へ復帰する」*と、「装置」それ自体が「退行」するかのように解釈した。それゆえこの機能の停止は「自我」から「エス」へと復帰したことであって、「エス」の機能とむすびつけて説明されるのである。われわれが睡りたいと思ってベッドに入り、自分の意志によって目をつぶると、そのうちにいつしか睡ってしまうということも経験しているが、これも「自我がその外界との交渉を中断し、そのエネルギー備給を感覚器官から撤回」*すると、ここでエネルギー備給が逆になって、「エスに有害にならない程度の自由を許す」*ために「睡眠本能」があらわれてくると説明されるのである。生理的には脳活動の目的意識的な抑圧が出発点となって、自然成長的な活動の停止がすすんでいくのだと説明されていても、フロイトとしては、すべてを「エス」とのむすびつきで説明しなければならないために、意識的な外界との交渉の中断から睡眠があらわれるという特殊な過程を度はずれに普遍化し、外界との交渉の中断が精神的なエネルギーすなわち「エス」のありかたを変化させるのだという、逆立ちした本質論を提出したのである。そしてこの空想的な本能も、やはり生れる以前の体験から「エス」に持ちこまれたと解釈されている。「出生と同時に放棄された、子宮内の生活に復帰したいという本能、つまり睡眠本能が生じたというのは正しい。睡眠は、このような意味における母胎への復帰である」*生理学者にとって神秘主義としか受けとれないこの空想的な本能論も、フロイトにおける不可知論と決定論とのからみ合いを理解するならば、簡単に片づけることができる。

（1）******『精神療法について』（一九〇四年）から。

（2）*******は『感情転移の力動性について』（一九一二年）から。

（3）これは患者の医師に対する感情の解釈として、出発点は小さな誤謬であったといえよう。しかし「小さな誤謬でも、それに固執する場合、それを深く基礎づける場合、それを『徹底的に追求する』場合、いつでもとてつもなく大きな誤謬がつくり出されるのである！」（レーニン『共産主義における「左翼」小児病』）

八 「幼児期性生活」の正体

フロイトの性に関する理論は、世の人びとの好奇心をそそって関心を集めようとする俗物的根性から生れたものではなく、科学的に正しいという確信から世の人びとの非難も甘受する覚悟で提出されたものである。この理論は大きな注目を受けかつさまざまの非難を浴びることとなったけれども、それらの非難は正当であったともいえるしまた不当であったともいえよう。正当であったというのは、彼が特殊性を度はずれに普遍化する逸脱をおかしたばかりでなく不可知論によってそれを合理化しているからであり、不当であったというのは、この理論を破りすてるだけでその正しい部分をすくいとって理論を建設する方向へすすまなかったからである。

前に述べたようにフロイトは、女性のヒステリー患者の医師に示す信頼や尊敬が性愛的なものとむすびついているという経験的な事実から出発して、不当な普遍化を行った。同情や友情や信頼や尊敬などといわれる存在は、すべて性愛がかたちを変えたものだという解釈へ持っていった。そのために、フロイト理論で「性的」(der Sexuelle) というのは、われわれの概念とちがって不当に拡大されてしまっている。愛イクオール性なのである。

「性的なものという概念は、精神分析学では普通一般にいうよりもはるかに多くのものを包含するのである。それは上に向ってでも、下に向ってでも、あらゆる方向に向って通俗的な意味でいわれる内容を超えている。この概念の拡大は発生学的にいって承認される。われわれは幼児期の性的活動源泉から発生した情緒的な感情の働きをもすべて性生活に数えている。たとえその活動が、その本来の性的な目的を阻止されていても、あるいはその目的が他のもはや性的でなくなった目的に転換させられていても、そう考えるのである。それゆえにわれわれは、むしろ好んで精神的性欲ということばを用いるのであって、この性生活の精神的要素を見落したり過小評価したりしないという点を重視するのである。われわれは性ということばを、ドイツ語の愛するということばと同じように広い意味に用いるのである。われわれはまた以前から、正常な性交が行なわれているときでも、精神的な不満足やそれに伴うあらゆる結果が生じうることを知っているし、またつねづね治療者として、満足されない性的志向が神経症的症状という形で求める代償満足を解決しようとしているわけであるが、そのように満足されない性的志向は、性交かあるいはその他の性行為によってもわずかな程度しか解決されえないことがしばしばであるのを知っているわけである。」******(1)

それゆえ、性欲とは性交欲あるいはその他の性行為についての欲望を意味するにとどまらず、もっと広汎に他の人間に対する非敵対的な情感のすべてをさすものである。それゆえ、性生活ということもわれわれの概念とはちがって、すでに物心ついた幼児の快感はすなわち性的な感情であり、快感のための活動はすなわち性的活動だということになる。いわく

「a、性生活は思春期になってはじめて開始されるものではなく、出生後間もなく認められる明瞭な現われをもってはじまる。

b、性的と性器的という二つの概念をハッキリ区別することが必要である。前者はより広い概念であって、性器とは何ら関係のない多くの活動をも包含している。

c、性生活は、各身体区域からの快感獲得機能を包括しているが、これらの各身体区域からの快感獲得機能は、成長するにおよんで生殖活動という目標の下に統合される。この快感獲得機能と生殖活動という二つの働きが完全には一致しないことも（倒錯の場合の如く）しばしばである。*」

多くの人びとにとってショッキングであったのは、フロイトのaの主張であった。彼も「この主張はすべての人びとにとって思いがけない主張である」*と認めている。しかしフロイトは、性交あるいはその他の性行為が快感ないし満足感を獲得するということから、これを快感ないし満足感の特殊なありかたとしてとらえずに、不当に普遍化したのであった。快感の獲得をすべて性的なものと解釈して、エロスの本能へとむすびつけていったのであった。幼児が指をしゃぶるとき、口に快感を覚えてこれをくりかえすということも、快感につながっているゆえに性的であり、これも幼児の性生活の一つのありかただと解釈した。

「出生のそもそもの初めから快感区域となり、精神に対してリビドー的要求を向ける最初の器官は口である。すべての精神活動の第一の目標は、この区域の要求に満足を与えることである。いうまでもなくこの区域は、第一に栄養によって自己保存に役立つ。しかしわれわれは生理学を心理学ととりちがえてはならない。幼児が早期において頑強に固執する指しゃぶりには、満足を求める要求が現われている。これは食物摂取から発し、またそれに刺激されたものであるにしても、後になると栄養とは無関係に快感獲得を目ざしており、それゆえに当然『性的』とよぶことが許されるし、またよぶ必要がある。*」

口は成長するに従って、異性との接吻のように、性的興奮や生殖活動とむすびついた快感獲得の器官としても使われるようになる。彼はここに、空想的な精神的エネルギーとしてのリビドーを想定して、これが「エス」から「自我」へと移動するのだと解釈した。これが幼児の口の快感の説明にも持ちこまれ、幼児もやはりリビドーが移動するので、「性的」だと解釈していく。

性的と性器的という概念は別のものであるから、当然区別しなければならないのだが、フロイトのようにこの概念のちがいを力説して、自分の理論に対する非難が当っていないことを主張しても、それは有効性を持たない。彼の性的という概念そのものが、すでにまちがった・誇張された・不当なものである以上、これとの関係で説かれる性器的という概念も、やはりまちがった・誇張された・不当な考えかたにならないわけにはいかないからであり、両者の関係についての説明も歪められたものにならないわけにはいかないからである。フロイトは彼のいう幼児の性生活なるものを、「口唇期*」(orale Phase)「サディスティックな肛門期*」(sadistisch-anale Phase)「男根期*」(phallische Phase)に区別する。そしてこの最後の期間において、「早期幼児性欲」(frühkindrische Sexualität) が最高潮に達し、ついで衰退していくのだと説明する。もちろんこれらは、性欲と関係のない幼児の生活のありかたの発展であって、その身体的な快感を行動において楽しむ区域がひろがっていくだけのことであるが、これと平行して幼児の性の区別についての認識も発展していくという事実があり、この事実とむすびつけていくつかの性生活の段階を空想的に設定したのである。それゆえ、幼児の性生活などという主張はナンセンスではあるが、人間が「その知的活動を性の探求に向けはじめる*」時期のあることを否定するわけにはいかないし、幼児のこの種の認識の発展を正しく説明することによって、フロイトの空想的な理論を克服することもはじめて可能になるといわなければならない。唯物論の側からのフロイト批判にはこの説明が欠けているか、きわめて不十分である。

マルクス主義は、すでにこの正しい説明のために必要な方法論を提出していた。それにもかかわらず、自称マルク

ス主義者はこのことを反省しなかった。またこのことが反省できなかったために、マルクス主義では性が正しくとりあげられていないものと判断し、マルクスをフロイトで「補う」必要があると主張したり、フロイトの性の理論をマルクス主義につぎ木したりする人びとも出現した。子どもが性の区別についての認識を発展させるためには、異性を対象としなければならないこともちろんであるが、その場合にはマルクスの『資本論』が指摘しているように、異性が「他の人間という鏡」として媒介関係に入りこむのだということを理解する必要がある。すでに述べたように、俗流唯物論では、この「他の人間という鏡」の媒介を正しくたぐっていくことができない。

　人間は他の人間のありかたを観念的に自分自身のありかたとしてとらえることができる。自分よりも若い人間のありかたに自分の過去のありかたをながめ、自分よりも老いた人間のありかたに自分の未来のありかたをながめることができる。子どもは大人の生活のありかたに自分の未来の生活をとらえるのであって、この点では性生活も変るところがない。**大人の性行為が子どもの目にどんなに異常に映じようとも、それは同時に子どもにとっては自分の未来の生活のありかたの一端としてとらえられ、自分も大人になると同じ行為をするのであろうという結論が出てくる**のである。そんなきたないことはしたくないと思うにしても、おもしろそうだからやってみたいと思うにしても、自分の未来を見せられたととらえることに変りはない。まだ幼いときの子どもにとっては、自分とちがったものを身につけている人間がいるとか、自分とちがった生活をしている人間がいるとかいう現象において、経験的に異性のありかたをとらえるにとどまっている。幼児は、母親の乳房によって栄養的な意味での満足感を与えられ、さらには抱いたり背負ったりしてもらうことで快感を与えられるから、幼児が母親に「なつく」のも当然であるが、時にはミルクで育った幼児が父親に「なつく」ことも起りうる。フロイトは母の乳房が幼児に満足感を与えることから、これを幼児の最初の性的対象であると主張しているが、乳房ははじめ栄養的な意味でとらえられ、そこから父親との差異を自覚するのに役立つ以上のものではない。乳房の大小と性との関係を知るのは、さらに後年のことである。子どもが自分と同じ種類に属する人間とちがった種類に属する人間とを実体的に区別してとらえるのは、性器のありかたとそのちがいを認識したときであって、ここでそれまでの現象的なちがいを止揚し、性的な認識が発展していく。フロイトとは逆に、実体としての性器の認識から本質的な性への認識へとすすむのである。幼稚園で子どもたちに、女の子と男の子とはどこがちがうかと質問すると、「女の子はネックレスをしているが男の子はしない」とか「女の子は人形であそぶが男の子は鉄砲であそぶ」とか、現象的にとらえる子どもも多いが、その中に「女の子はオチンチンがないが男の子にはある」という男の子も出てくるし、そのときにほかの子どもたちからも笑い声が起るものである。

フロイトは、子どもに加えられる「去勢威嚇*」(Kastrationsdrohung)を重視している。母親が子どもに対して、性器を弄ぶことを止めなければ父親にいいつけて性器を切り取ってしまう、と嚇かすことから、子どもがコンプレックスを持つという問題である。彼は「このすべてのものに勝って貴重な部分*」を失うことに、子どもが恐怖するからだと考え、これを例によって発生学的に「太古の遺産」にむすびつけて解釈した。(2) けれどもそれは簡単なことである。貴重だと思っているから失うのを恐れるのではなく、身体を傷つけられるときの苦痛を予想して恐れるのであり、それに加えて現実の他の女の子を自分のありかたと考えたときの未来の生活のありかたを恐れるのである。男の子が女の子を軽蔑している現実にあっては、女の子を自分の未来のありかたと見るときに、軽蔑する自分から軽蔑される自分に転落することを思って恐れるのである。フロイトは異性という外界に実在する鏡と無関係に、エロスの本能からリビドーが移行するというかたちで性の認識を説明するのであるから、まず性的認識が存在し、そこには「太古の遺産」も受けつがれていて、それから現実の性器の認識へすすむのだと、逆立ちした解釈をしないわけにはいかなかった。

われわれの常識では、人間の性生活は思春期においてはじまるものとされている。これが正当である。フロイトは誇張と還元によって、早期幼児期における性生活という、ありもしないものを説明しなければならないことになったから、これが途中で「潜在期」を迎えさらに思春期にいたって復活するのだと主張した。性生活が二度はじまるなどということはおかしいと、常識で反対する人びとのあることも、フロイトは予想している。それはきみたちが忘れてしまっているからだ、「幼児期健忘」(infantile Amnesie) のせいだと彼はいう。

「古くからの偏見によって、性的という名を与えることを拒まれて来たにすぎないような身体的活動の徴候が、早期幼児期に存在することは明かである。それはまた、後になって大人になってからの愛情生活に見出されるような精神現象、例えば特定の対象への固着、嫉妬等の現象と関連がある。しかしそればかりではない。むしろこの早期幼児期に出現する諸現象は法則的な発達に従うもので、規則正しい発達段階を通過し、およそ五歳の終りごろに頂点に達するが、その後引きつづいて休止期間があらわれるということも明かである。この休止期間のあいだに進展は停止し、多くのものが忘れられてゆき、ふたたびもとの状態に戻ってしまう。このいわゆる潜在期が去った後、思春期とともに性生活はふたたび再開される。われわれはここで性生活がふたたび開花したということができる。ここでわれわれは、性生活の二相性（二つの開始期を持つ）という事実に到達した。このことは人間以外には知られていないことであり、また明かに人間の発達にとって極めて重要な事実でもある。早期幼児期の性生活のできごとが『幼児期健忘』のために犠牲になるということは、無関心ですませられる問題ではない。*」

しかもこの主張は、さらに進化論を援用して還元され合理化されている。「人間は五歳で性的に成熟する哺乳動物から進化したものである*」とすれば、遺伝的に考えても当然ではないかというのである。

人間が他の人間という鏡によって性的な認識をはじめる時期は、フロイトの早期幼児期の発達における第三の時期に当っている。彼はこの性的な認識をはじめる時期について、男の子どもは「エディプス期に入る*」ものと説明している。ここで、彼の有名な「エディプス・コンプレックス」(Ödipus-Komplex) の理論の展開がはじまるわけである。彼は誇らしげにいう。「もし精神分析学に、抑圧されたエディプス・コンプレックスの発見以外に何ら誇るべきものがないとしても、この発見だけは、人類にとって価値高い新たな収穫の中にならべ加えることを要求しうるものであると、あえて私は主張するものである。*」もちろん彼のこの「発見」にも、性的な認識の発展という現実的な根拠があり、それはそれなりに重要な意味を持っているのだが、彼はそれを例によって誇張し還元して理論に仕上げているのである。

マルクス主義は、ギリシア神話の理解に関して、バッハオーフェンの功績を評価しながらつぎのように指摘している。

「古典文学は、単婚の前に実際にギリシア人やアジア人の間で、一人の男が多くの女とのみでなく、また一人の女が多くの男と、道徳に反することなしに、性的に交わった状態が存在していたということの証拠をたくさん示している」(エンゲルス『家族、私有財産および国家の起源』第四版序文)

エディプス王が父を殺して母を妻としたというギリシア神話のエピソードも、この一つとして理解すべきものであってそれ以外ではない。ところがフロイトにあっては、これが子どもの性生活としてとりあげられているのであって、子どもの空想にこのような世界が展開されるものと見ている。そしてここから「ギリシア神話は、これを子どもの世界からいわゆる神話の世界に置き換えたもの*」と還元して解釈する。もちろん、前史時代の家族関係に、エディプス王のような行為が現実に存在したであろうことを、フロイトは否定するわけではない。しかしこのような行為は何も前史時代に限られたものではなく、これが「太古の遺産」として「エス」に遺伝しているというフロイトの理論にささえられ、系統発生的なこの「材料」は当然に子どもにおいて個体発生的に再現するのだと解釈されていったのである。このように、遺伝によってすべての男の児にこの神話的空想が発生するわけであるが、父を殺して母を妻とすることが現実に許されはしないから、頭の中に抑圧されたかたちで存在するのだという結論になった。すなわちコンプレックスの成立である。そんな不道徳な空想を抱いた覚えはない、と反対する人びとに対しては、例の「幼児期健忘」が持ち出されるわけである。

「エディプス王の無知（Unwissenheit）は、大人になったときは幼児期の体験のすべてが埋没してしまっているという大人の無知を正当に表現したものであり、主人公を無罪としあるいは無罪としなければならないような神託の強制は、すべての人間の息子はエディプス・コンプレックスを経験せねばならないと判決する運命の不可避性の承認を象徴するのである。*」

（1）　********は『「乱暴な」分析について』（一九一〇年）から。

（2）　彼は古代社会において現実に去勢が行われたという事実を持ち出すのであるが、それではそのようなことが行われなかった民族にあっても同じように子どもが恐怖するのはなぜか、という問題にぶつからないわけにはいかない。もっともフロイトもそのことを意識してはいたようである。

九　「エディプス・コンプレックス」の正体

われわれはすでに何度となくフロイトの方法を問題にして来た。彼の方法はいつも同じであって、その経験した事実を決定論的に誇張しながら不可知論的な基礎仮説へあてはめて解釈していくのである。そこには彼をそのように主張させるだけの現実的な根拠があるのであるから、それを彼の解釈の背後に発見して正しい説明を与えればいいのである。エディプス・コンプレックスについても、同じように扱えばよい。

まずフロイトの説明を聞いてみよう。

「男の児がリビドー発達において男根期に入り、性器に快感を感ずるようになり、これを手で刺激して思いのままに快感をうることを覚えると、彼は母親の愛人になる。彼は性生活について彼が観察し推察しえたかたちで、母親を身体的に所有したいと欲し、自分が誇りをもって所有している男性器を母親に示すことによって、母親を誘惑しようとする。この早期に目ざめた男らしさなるものは、一言にしていえば、母親との関係において父親に代ろうとするものである。男の児にとって父親はその身体的な強さと身につけている権威のためにそれまで羨望の的であった。いまや父親は、彼の行方に立ちふさがる競争者であり、彼は父親を邪魔にして押し除けたいと思う。父親が留守のときは男の児は母親と一緒のベッドでやすむことを許されるが、父親が帰って来ればふたたびそこから追い出される。この父親がいなくなったときの満足と、ふたたび現われたときの失望とは、男の児にとっては深刻な体験を意味している。*」

このような主張だけを目の前につきつけられれば、大多数の人びとは思いもかけぬこととおどろくにちがいない。この主張をそのまま受け入れる人はまずないであろう。しかしながら、事実まったく無根でフロイトの空想にすぎないと思うかどうかと問われれば、無根といい切ることを躊躇する人もあるはずである。男の児が性的な意識を持って母親の身体に接触しようとすることも、事実存在するからである。それゆえ、まず正しい意味における子どもの性生活の具体的なありかたから、考えてみることにしよう。

これについてはフロイトもいっている。

「われわれの注意は、しばしば現われはするがすべての子どもに認められるということはできないようなある種のできごとが及ぼす影響に、まず惹きつけられる。そのできごととは、大人による子どもの性的凌辱、多少年長の子どもによる性的誘惑、さらにまったく予期されなかったことであるが、常識ではまだそのような経験に対する関心も理解もなく、それを後になって思い出す能力も具えていないはずだと思われる時期に、大人たちの間の性行為を目撃したり、盗み聞いたりしたことから受けた打撃等である。そのような体験によって、どの程度まで子どもの性的感覚が興奮せしめられるのか、子どもに特有な性的傾向がふたたびそこから逸脱しなくなるような一定の軌道に乗るのか、という問題を検討することは容易である。これらの印象は、その直後か、あるいはしばらく経ってから記憶となってふたたび想起されるようになり、遂には抑圧を蒙るにいたるものであって、この抑圧の結果、後になって自我が性的機能を支配することを不可能にし、永久にその機能から離反する契機となるかも知れない神経症的脅迫をひき起す条件を生み出すことになる。*」

われわれもここに指摘されたようなできごとがしばしば現われることを認めた上で、子どもの性的体験という問題を考えていくことにしよう。これらをのちの神経症とむすびつけるだけでなく、フロイトのいうエディプス・コンプレックスのありかたをもこれらの発展として考えてみることにしよう。

子どもはその周囲に生活している他の人間という鏡に媒介されて、自分自身のありかたや未来の生活のありかたを認識する。子どもにあっては、遊ぶということが生活であるとともに学習でもあって、そこに社会的な認識が表現される。たとえば、両親の毎日の生活のありかたを鏡として、男の児は自分の父親としての未来を認識し、女の児は自分の母親としての未来を認識し、観念的な自己分裂においてそれぞれ観念的な父親および母親となって空想の世界での生活をすることができるようになる。そして遊びの中に、家庭生活についてのいわば演劇的な創造の表現が、男の児が父親になり女の児が母親になって家庭生活のままごとをするかたちが、現われてくる。この子どもたちのホーム・ドラマでは、父親の出勤を見送ってのちに母親が掃除や洗濯や炊事をするような場面が展開されている。これと同じように、子どもたちが大人たちの性行為を目撃したり、大人たちの話し合いに暗示を受けたり、年長の子どもたちに教えられたりして、性生活についてのある程度の認識を持ったとき、家庭生活のままごとから性生活のままごとにまですすんだとしても、それは異常でも何でもない。なぜなら、そこには好奇心にもとづく空想の世界が形成されたにとどまっているからである。成人の想像のように性的欲望から生れた、いわば何もかも知りぬいた人間の異性に対する現実的な行動の原型とは、異質だからである。

　フロイトが、男の児に、母親の愛人になろうとする行為を見たのも、実はこの性生活のままごとの一つの特殊なありかたを見たにすぎなかった。彼にしても、この男の児の行動が他の人間という鏡に媒介されていることを、事実上認めている。「性生活について彼が観察し推察しえたかたちで」母親に接しようとするのだと述べているからである。性生活のままごとでは、同じ年ごろの男の児と女の児とが演じることもあるが、この場合二人ともままごとについての意識を持っていることを必要とするから、女の児が意識を持っていなければ男の児の側から説得して同意させなければならない。これはそれほど容易ではなく、このような組合せでのままごとのチャンスにつねにめぐまれているとは限らない。母親はこれとちがって、子どもといっしょに睡っていることが多いから、男の子の側の一方的な想像で睡っている母親に身体的な接触を試みるチャンスにめぐまれている。それで男の子はそのような行為の深い意味も理解せずに、ままごとの相手として母親を選ぶわけである。これを現象的に見ると、たしかに男の児が「母親の愛人」になって、「身体的に所有したい」と意識して行動しているように思われるのである。

　演劇の俳優を論じるときに、現実の俳優相互の関係と、空想の世界での人物相互の関係とを区別しなければならないことは、わかり切った話である。現実にはまったく他人である俳優たちが、舞台の上では親子や夫婦として演技するし、これと逆に現実には親子や夫婦でありながら、舞台の上ではまったくの他人として演技することもある。俳優たちが現実的な自己から観念的な自己を異質なものとして分裂させることは必然的であっても、観念的な自己がどのように変るかは偶然的であるから、現実の親子が舞台の上で恋人役を演じたとしてもそれは偶然であって、別に「太古の遺産」から規定されているわけではない。子どものままごとも演劇の一つのありかたであるから、現実の子どもたちの相互の関係とままごとの世界の中での相互の関係とを区別しなければならないだけでなく、ままごとの世界の中でどんな役を演じるかもそれは偶然的なものだと理解するのが正しいわけである。フロイトは現実の世界とままごとの世界を正しく区別できなかっただけでなく、決定論に禍いされて子どもの演じる役割を偶然的なものと理解することができなかった。そのために彼はエディプス・コンプレックスの主張へとつっ走ってしまったのである。

家庭生活のままごとで、男の児の相手役になる女の児は現実には単なる遊び仲間にすぎないが、空想の世界の中では彼の妻として存在している。これと同じように、性生活のままごとでも、男の児のそばに現実に存在しているのは睡っている母親であるが、空想の世界の中では単に一人の異性として存在しているにすぎない。また家庭生活のままごとでは、現実の女の児にたとえ両親があり兄弟があっても、空想の世界の中では孤児の少女をあわれんで自分の妻にしたかのように扱っている。これと同じように、性生活のままごとでも、現実の母親には父親があるにもかかわらず、空想の世界では夫のいない独身の異性であるかのように扱っている。空想の世界では現実の家族がネグレクトされるということも、別に異常なことでも何でもないのである。しかしこれは男の児の空想の世界でネグレクトされるだけで、現実的にはやはり厳として父親が存在しているのであるから、フロイトは男の児の空想の世界のありかたと現実の世界のありかたをいっしょくたにし、男の児がこの場合に母親と父親を意識しているもののように、「母親の愛人」として「父親に代ろうとする」もののように、解釈した。

男の児が、母親に関して現実に「父親を邪魔にして押しのけよう」とし、「競争者」あつかいにする事実もたしかに存在する。しかしこれは右にとりあげた性生活のままごととは直接関係のないことである。だがフロイトはままごとの空想の世界と現実の世界とをいっしょくたにして、そこで父親が排除されるという現象にひきずられたために、ここでの父親が邪魔にされる事実とむすびつけて解釈したのである。この事実は、きわめて単純な愛情の問題なのであって、いわば子どもが愛情を独占したい欲望を持つことから生れた嫉妬以上のものではない。ひとりっ児で親の愛情を独占して来た子どもが、新しく弟や妹が生れたとき、両親がその新しい子どもの世話をしなければならなくなったのを経験的に知って、自分のこれまでの独占が破られたことに不満を持ち、親の愛情を奪った弟や妹を嫉妬したり憎んだりすることは、きわめて多くの人びとが経験する事実である。母親の愛情の下に育てられて来た子どもも、やがて父親と母親との間に愛情が存在することに気づいてくる。母親の愛情が自分だけでなく父親にも向けられているし、母親が子どもにこまかく世話をやく必要が次第になくなってくることが、現象的には父親が母親を自分から引きはなすようにも見えるところから、父親を嫉妬したり憎んだりするのである。父親と母親との性生活が、母親といっしょにねている男の児を母親から引きはなすことも事実であるが、このときに男の児は性生活の意識を持って父親を「競争者」あつかいするのだときめてしまうわけにはいかない。けれどもフロイトとしては愛情は性的なものだという前提があるから、子どもの愛情についての不満や嫉妬もすべて性的なものだと解釈しなければならないし、ここから否応なしに単なる愛情をめぐっての現実の父親に対する嫉妬や憎しみが、性生活のままごとの現象的なありかたとむすびつけられることとなった。

性生活は「ひめごと」とされ、公けのところで日常生活のできごとと同じように語られていないだけに、子どもの性生活の見聞や、ままごとをふくむ具体的な経験などが、精神生活の中で特殊な扱いを受けることは、フロイトもいうように学問的にも実践的にも重要な問題である。この系列の経験から受けた精神的な傷あとが、無意識の底に沈んでいて、成人になってからの精神生活をいろいろ規定してくる場合があることも、彼のいうとおりである。われわれは、この意味でフロイトの問題意識を受けとめるとともに、その子どもの精神的な傷あとを規定している社会的な条件を、やはりそれなりに反省してみる必要があろう。たとえ性生活についての意識を持たない子どもであっても、手で性器をもてあそんでいるのを母親が見れば、これを叱ってやめさせるであろう。性生活のままごとをしているのを発見した場合も、自分が対象にされていることに気づいた場合も、やはり叱ってやめさせるであろう。問題はその叱りかたである。叱りかたは、母親がその事実をどう理解するかできまるのであるが、この理解はさらにその時代のその階層の人びとの性についての思想によって、イデオロギー的に制約されている。歪められたイデオロギーから、不当な叱りかたがなされる場合には、たとえ母親が主観的に子どものためを思って叱ったとしても、結果は精神的な深い傷あととなって一生に禍いを及ぼすことにもなろう。しかもそれだけではない。性についての思想が歪められていて子どもが不当に叱られるような社会にあっては、家族関係・夫婦関係についての思想もまた歪められたものになっている。その子どもの家族においても、女性は男性から・妻は夫から・母親は父親から・不当な非人間的な扱いを受けており、子どもも毎日の生活でそれを経験しているわけである。それゆえ子どもは、自分の行為に対する母親からの不当な叱責で精神を大きく傷つけられるだけでなく、他方ではもし父親が知ったらその叱責は母親の比ではないことを予想して恐怖を抱くし、また母親もこのときに、「やめないとお父さんにいいつけますよ」といいかねないのである。子どもは毎日の生活経験で、自分を愛し育ててくれた母親が父親から不当な待遇を受けていることや、そのために母親がつらい苦しい思いをしていることなどを、大なり小なり感じとっている。このこともまた精神的な傷あとになりやすいが、性的な行為に対する不当な叱責や叱責への恐怖は、この両親についての認識と微妙にからみ合うことになる。そこから父親に対する嫌悪感の根が植えられることにもなる。もちろんこの二つは独立したことがらであるから、かならずしもからみ合って傷あとを深いものにするとは限らないが、フロイトにとってはこの二つを区別できない立場におかれている。子どもが性生活を意識することなく手で性器をもてあそぶことも、エロスの本能からリビドーの移動によって行われる性生活として、「幼児手淫」として説明しなければならないし、子どもが母親の愛情に心を動かされたり母親が父親から不当な待遇を受けていることに怒ったりするのも、やはりエロスの本能のあらわれで性的なものとして説明しなければならない。二つを区別した上でからみ合いを考えるのではなく、はじめからいっしょくたにした上で現象的なちがいが生れたかのように解釈しないわけにはいかなかった。

女の児の性的な認識に対するフロイトの解釈も、本質的には男の児のそれと同じである。女の児もまた、男性という他の人間を鏡とすることによって、男性との性的な区別を認識していく。はじめは現象的なちがいを知るだけであったのが、自分の肉体には陰茎が欠如しているという性器的な認識においてそれまでの認識が止揚され、性的な認識が発展する。フロイトはここで、男の児に「去勢威嚇」の結果としての「去勢コンプレックス」(Kastrationskomplex)を認めたように、女の児には「陰茎願望」(Peniswunsch)を認めた。[1] また男の児に父親を邪魔者として排除したい気もちを認めたように、女の児には母親を邪魔者として排除したい気もちを認めた。この女の児についての解釈も、男の児の場合と同じように、すべてを性的に説明しようとするところから不可避的に出て来たものである。男の児が女の児を軽蔑している現実では、女の児が自分も男の児に生れていたらと思うのも当然であって、自分に欠如している陰茎それ自体への願望から出てくるわけではない。[2] また他方では、毎日の生活体験で母親が父親から不当な待遇を受けていることや、そのために母親がつらい苦しい思いをしていることが、女の児の場合には必ずしも母親に対する同情や父親に対する嫌悪感になるとは限らないのである。母親のありかたは女の児にとって自分の未来を認識するための鏡となるから、自分も同じような待遇を受け同じように苦しまねばならぬのだと、女性の宿命ともいうべきものを意識することにもなっていく。そしてそこから、「お母さんはなぜ自分を女に産んでくれたのだろう」と、母親に怨みや憎しみを持つことにもなるのである。フロイトはこれを性的に解釈するのだが、女の児が遊戯のとき母親になるのを、想像の世界での母親にすぎないとは理解していない。

「女の児はちょうど遊戯のときいつもそうしているように、自身自身を母親の立場におく。そして父親に対する母親の立場を自分が代って獲得しようとして、以前には愛していた母親を、嫉妬と自分に陰茎を与えてくれなかった怨みの二重の動機から憎むことになる。*」

母親が男の児を欲しがるという事実も、社会的な条件を無視してとりあげるわけにはいかない。男の児は経済的に頼りになるという気もちにもなるし、自分の経験から女の児をこしらえて同じような苦しみをさせたくないと思う女性もある。フロイトはこれをも「陰茎願望」から説明しようとする。

「父親に対する彼女のこの新しい関係は、はじめのうちは父親の陰茎を自分の思うとおりにしたいという願望を内容とするかも知れないが、やがてそれは父親からの贈物として子どもをもらいたいという願望に至ってその頂点に達する。子どもが欲しいという願望はこのような経過を経て、陰茎願望の代りにあらわれるか、あるいは少くとも陰茎願望から派生して生じてくるのである。*」

「鎮めることのできない陰茎への願望は、子どもおよび陰茎を有する男性への願望にならざるをえない。**」

女の児は父親を二重の目で見るのであって、その一方は親としてでありいま一方は男性としてである。自己の未来の性生活のありかたについての認識が発展していくとき、父親をも一個の男性として、時には父親のような男性を夫としたいという意識を持って、見ることになったとしても不思議はない。しかしこれは空想の世界においてであって、現実の父親に対する願望ではないのだが、フロイトはこれを区別せずいっしょくたにする。母親が自分の男の児に、かつての父親もしくは愛人のおもかげを認めることから、空想の世界での異性として扱うこともありうる。フロイトの対象とした患者に、そのような女性がいたであろうことも、想像可能である。これは母親が男の児を性的な感情で扱うものにはちがいないが、それも特殊性にすぎない。この特殊性を不当に普遍化したり、「陰茎願望」と解釈したりすることが、正当化されるわけではない。

（1）思春期近い女性に性的な欲望を伴わない男性への尊敬あるいは友情がまず存在して、それが性的な欲望を伴った恋愛に転化するという過程をわれわれは認めるのだが、フロイトはこれをまったく逆立ちさせて解釈する。つまり、女性自身意識してはいないが「陰茎願望」を持っていて、これが尊敬あるいは友情のかたちをとってあらわれるのであり、陰茎に対する「愛」がその人間の人格に対する「愛」にまで高められることによって「陰茎願望」は真に満足されるというのである。

（2）フロイトの理論を学んだ女性が、自分の男性に対する見かたをふりかえってみて、フロイトのこのような解釈に批判的になったとしても、それは当然のことである。ドイツの医師でアメリカに亡命したカレン・ホルナイもその一人であった。

十　エロスの本能と破壊本能

われわれは何か失敗すると、「穴があったら入りたい」ような気もちになる。精神的な苦痛は時にその人間の生涯を決定する。たしかに大部分の人びとは死を恐れ生に執着するが、肉体的・精神的な苦痛を負いながら生きることに堪えられず、それからのがれるために死の道をえらぶ人びとも存在する。この場合にも、道をえらばせたものは利害関係であって「エス」でも何でもない。男女が「あの世で幸福にくらそう」と心中するのは、死ぬことによって幸福が獲得できるという幻想を持ったからであって、結局はやはり利害関係からえらんだ道である。

精神的な苦痛にもいろいろある。理由のない社会的な差別を受けて前途の希望をすべてふみにじられることもあれば、芸術家が自己の才能の限界を知って絶望することもあり、これまでもてはやされ高い地位についていたのが人気を失い地位から転落して冷たい目で見られるようになることもあれば、犯罪を犯した者が良心に責められることもある。これらが原因で自殺する人びともあるが、宗教が自殺を重大な罪と規定しているときには自殺さえできなくなる。精神的な苦痛から神経症を起している患者の中には、自分が道徳に反する行為をしたことを悔い、そのつぐないとして精神的な苦痛に甘んじる者もあれば、それによって死後の生活に光がもたらされると宗教に教えられたために、進んで苦痛の道をえらぶ者もある。フロイトの対象とした患者は、封建的な道徳を身につけている女性たちであり、ダンテが地獄篇で描いたようなイメェジを自分の未来の生活として幻想している女性たちであった。彼女たちが、精神的な苦痛に甘んじようとする意志を持つことは、当然に医師がこの苦痛を除いて神経症を除こうとすることへの、抵抗となってあらわれる。

「分析治療の仕事のあいだ、あらゆる手段を用いて治癒を拒み、あくまでも病気と苦しみに執着しようとする力ほど、強い印象をわれわれに与える抵抗は他に認められない。この力の一部をわれわれは、罪責意識、処罰要求と考え、自我の上位自我に対する関係の中にのみ限局して存在するとみなしたのであったが、これはたしかに正しい見解であった。」**

道徳や宗教的生活規律は外界から受けとった観念的な自己疎外であって、これが患者の独自の意志を規定して抵抗があらわれるのであるから、これをフロイト的に「上位自我」から「自我」への規定と解釈したわけである。けれども「上位自我」は「自我」に命令を与えたり裁いたり刑罰を以て脅かしたりするだけであって、そこから抵抗する力そのものや苦痛に対する要求そのものが出てくるわけではない。これらはやはり「自我」の側に求められなければならない。そうなると、「自我」のありかたは「エス」から発展して来たという基礎仮説に従って、この苦痛に対する要求も本能から説明することが必要であるが、これは性的でないことも明かである。

「しかし、これらは、いわば上位自我に精神的に結合している、あるいはまたそのようなありかたによってわれわれに知られている部分にすぎない。この同じ力は、他のどこか特別に限定されない場所で、制約された形式あるいは自由な形式のいづれかをとって働いているのかも知れない。……これらの現象を全体として取り出してみるならば、われわれはもはや、精神現象がもっぱら快楽追求によってのみ支配されるという見解を信ずることができなくなってくる。これらの現象は、われわれがその目的に関して、攻撃本能または破壊本能とよび、生命に最初から存在している死の本能をその根源としているある力が、精神生活の中に存在しているという事実を示す指標なのである。**」

経験的に、同情や友情や信頼や尊敬などはすべて性愛のかたちを変えたものだと考え、快感を求めることもやはり性的なものだと解釈したフロイトは、それとまったく対立した敵対的な闘争にぶつかり苦痛を求める事実にぶつかって、これを性的なエロスの本能とはまったく対立した他の本能のあらわれと解釈しないわけにはいかなかった。ふりかえってみれば、人間は生きるために食物をとらなければならないが、これは植物や動物を破壊し死をもたらす行動であって、人間の生活はつねに闘争と破壊を伴っている。

「破壊本能が内部で死の本能として作用している間は、この本能は沈黙している。それは破壊本能として外界に向ったときにはじめて姿を現わすのである。このように破壊本能が外界に顕在化して現象となることが個体の維持に不可欠なことのようである。*」

「その最終目的は、生物を非生物状態に還元することにあるように思われる。*」

こうして経験から、エロスまたは愛の本能と、破壊または死の本能と、二つの基本本能を認めざるをえなくなったフロイトは、「性生活の衝動の大部分のものが純粋にエロス的な性格のものではなく、破壊本能も加わったエロス的本能の合成物に由来している」*と両者を並列的に結合させ、さらにわれわれが「可愛さあまって憎さが百倍」というような情感の対立した性質のものへの転化も、これまた空想的な精神的エネルギーそれ自体の質的な転化と解釈したのである。

「生物学的機能の中では、この二つの基本本能が相互対立的に、また結合的に作用している。一例をあげれば、食事という行為は、その食物を摂取しようという最終目的のために対象を破壊することである。また、性行為も、もっとも密接に対象と結合しようという意図に支配された攻撃性である。*」

「われわれは本能が移動することによってその目標を変更することができるし、また相互に変換しあうこともできる、すなわち一つの本能のエネルギーが他の本能のエネルギーのそれに転化することができるということを、経験から知っている。*」

望月衛は、フロイト理論が第一次世界大戦後に普及したことと、その本能論とをむすびつけて、「なんとか戦争を合理化するために考えついたのが死の本能だったのかも知れない」といった。これは自然科学者の学問に対する態度がどうであるかを考えず、自分流の思いつきをふりまわす態度をフロイトにも押しつけたものである。フロイトは対象の弁証法的なありかたを正しくとらえることができず、不可知論的に歪曲し詭弁に転化させてしまったのであった。さらに、この本能論は決定論的に生物以外に延長させられ、無生物界のありかたに直結されていった。

「さらにこの類推は生物の領域を超えて、無生物界をも支配している引力と反撥力との対立にまで拡大されるのである。*」

そこで前に述べたように、彼はエムペードクレスの説いた二つの力の原理が自分の主張と同一のものだという考えかたに到達した。

フロイト学派が哲学者のグループならば、教祖の説くところはそのまま忠実に弟子たちによって受けつがれたであろう。現に、破壊本能または死の本能は、それを主張するだけの現実的な根拠を提示されているのであるから、哲学者ならばそのまま受け入れることもむづかしくはない。そして机の前で思索がすすめられ、二つの基本本能論が体系化されていったであろう。しかしながらフロイトの弟子たちは医師であった。患者の症状ととりくみそこから理論をひき出しこれを応用して治療していくという、実践の中で理論を体系化しようとする人びとであったから、この実践は破壊本能論の体系化を妨害することとなった。患者の治療にとって重要な役割を演じるのは、夢の解釈および構成であって、夢における象徴が実践的に大きな問題になる。もし二つの基本本能が存在するならば、破壊本能も罪責意識となってあらわれるだけでなく、夢の中に象徴としてあらわれてくるはずである。ところが患者から具体的に語られる夢を、性的なものとして解釈することは容易でもあり、また過去の生活から考えて真実と思われるのだが、破壊的なものとして解釈することはいろいろ困難にぶつかるのである。フロイトのとりあげた例でこのことを考えてみよう。

「われわれとは遠く距ったある心理学者から、われわれの一人に向って、あなたがたはどうも夢の中に隠された性的な意義ばかりを高く評価しすぎるようだといって来ました。彼が一番ひんぱんに見る夢は梯子をのぼる夢だそうですが、その背後に性的なことがある筈はないというのです。この反対意見によって注意を喚起されましたので、われわれは夢の中に出現する階段、梯子に気をつけてみますと、まもなく階段は確実に性交の象徴を意味しているという事実を確かめることができたのであります。この象徴関係の基礎を発見することは困難ではありません。高いところへのぼるとき、われわれはリズミカルにはづみをつけて次第に息をつまらせながらのぼっていくのですが、降りるときには二、三回すばやく跳躍すればたちまち下についてしまいます。こういうふうに、性交のリズムが階段をのぼるということとなって再現されるのであります。われわれはここで、この登るということばが、日常どんなふうに使われているかを思い出してみる必要があります。それによると、登る（steigen）ということばは、そのまま性行為を意味する代理名詞として使用されているのです。」＊＊＊＊＊＊＊（1）

この解釈はまことにもっともらしくきこえるのだが、ここで問題になっている夢を破壊本能の象徴として解釈しようと思えば、それもまた可能だということに注意する必要があろう。破壊には危険を伴うものであり、自殺という死のための行動は高いところからとびおりるという方法をとる場合も少くない。それゆえに、夢の中で梯子をのぼるということは危険を意味するばかりでなく、高いところへと進んでいくのであるからこれは自殺の象徴であって、破壊本能のあらわれだと解釈することができる。フロイトはことばの使いかたを持ち出したが、同じ発想法をとるならば、「楽になる」とか「別世界に旅立つ」とかいうことばは死ぬことを意味しているのであるから、休息する夢や旅行する夢はすべて死の象徴であると解釈することもできよう。いろいろな解釈が成立する場合に、いったいどれが正しいかは現実のありかたと相応するか否かで決まるのであって、解釈する人間の主観で決まるものではないくらい、科学者は心得ている。それゆえ夢の解釈にしても、患者の現実のありかたがどうであるかをしらべることによって、その正否を決めることになる。患者の現実の精神状態をありのままにとらえることは不可能であるにしても、過去から現在への生活条件を考えてみれば、大体近似的にとらえることは可能である。性的な象徴かそれとも死の象徴かとしらべてみれば、どうしても前者のほうが思い当るところが多いのに反して、後者のほうはほとんど根拠がないように考えられ、放棄しなければならなくなる。

フロイトの理論に深い関心を持ち、そのエロスの本能についての解釈を支持する人びとの中にも、右のような経験から、破壊本能をエロスの本能とならべて同列に位置づけることにはためらう人びとが少くなかった。ここでフロイトの不可知論の論理は、現実とのくいちがいを露呈することになり、現実に忠実であろうとする人びとが批判的な立場をとることとなった。フロイトとしては、自己の論理から否応なしに出てくる強制であるから、これに対する学者たちの批判的な態度に不満を持っていたわけである。そういう状態にあったとき、エムペードクレスの主張を見出したのであるから、思いもかけぬ支持者をうることができたとよろこんだのも無理はない。

「死の本能、攻撃本能を、リビドー中に示されるエロスと等価なものとしてならべようとする二元論は、一般に大した反響をよびおこさず、さらにまた精神分析学者のあいだにも決してよく浸透したとはいえなかったことを、私もよく知っている。それだけに、最近われわれの理論をあるギリシア初期の大思想家の中にも見出したとき、私は非常によろこんだのであった。」**

それゆえ、フロイト理論における破壊本能論は、一つの重要な分岐点であったということができる。あくまでも現実のありかたに忠実に、現実のありかたに相応するかたちに理論を是正していこうとする実践的な科学者の態度をつらぬくか、それとも、理論に内在するところの論理に強制されあくまでもその論理を発展させていこうとする哲学者の態度をつらぬくか、の分岐点である。フロイトは、エムペードクレスの助けをかりて二つの基本本能を合理化したところで、その生涯を終っている。だが彼ののこしたこの本能論を、患者の治療に役立てながら具体化していくのではなく、机の前で哲学者的に解釈学的におしすすめていくことも可能である。そこにまた、フロイト左派とフロイトの忠実な信者との分裂も次第に明らかになっていったわけである。

われわれの生活における闘争は、精神的な敵対関係から出てくるものだけでなく、現実の敵対関係から規定されてくるものが多い。現代の社会ではこれが特に重要な役割を負っている。フロイトは不可知論であるから、実在の敵対的な関係の反映として扱うべき問題を「エス」を出発点とするものにして、本能の問題として扱わなければならない。

フロイトの忠実な信者にとっては、実在の敵対的な関係である階級関係を出発点とする階級闘争や戦争などの問題も、破壊本能の問題として扱わなければならない。第一次世界大戦を破壊本能から説明したフロイト主義者がいたとしても、それはフロイトの論理から出てくるものであって、個人の思いつきではない。フロイト自身は破壊本能の精神的エネルギーについては何も説明していないし、(2) 特別に体系的な階級闘争論を述べてもいなかったようである。彼はヒトラーの圧迫からのがれて一九三八年にイギリスに亡命し、その翌年この世を去ったのであるが、ヒトラーの文化の破壊および戦争の準備に一貫して反対の態度をとっていた。だが彼がどう戦争を考えていたかと関係なく、その理論には非科学的・反動的な戦争論や階級闘争論への道が用意されていたことも事実である。

(1) *********は『精神分析療法の今後の可能性』（一九一〇年）から。

(2) これを「モルティドー」(Mortido) と名づけた学者もある。もちろんリビドー説を支持しているわけである。

十一　右と左からのフロイト批判

パヴロフの神経症の説明は、認識論ではなく生理学の立場からのものである。それは「弱い神経系、ことに皮質細胞の弱さ」に基礎づけられているものであって、「力不相応の興奮のあとで不可避的に過労状態に移る」ところにもっとも重要な刺激の一つがあると説かれている。ではその興奮は認識としてどんな形式と内容を持っているか、それは生理学の立場ではとらえることができない。脳の信号系の活動をとりあげて、どこに重点があるかということから芸術家型と思索家型とを大まかに区別してはいても、その芸術家型の人間の信号系の活動を生理学的に研究したところで、芸術の内容を具体的にとらえることができるわけのものではない。フロイトはともかく認識論的に認識の形式と内容について考え、そこから神経症の成立する過程を問題にしたのである。夢についても、その世界像である象徴の成立する過程を問題にしたのである。それゆえ、夢の解釈と構成、およびそこから患者を理解する方法は、夢と自覚して創造した夢すなわち芸術における空想の世界のありかたの解釈と芸術家を理解する方法としても、応用できることになる。フロイトはこのようにして、芸術の内容を精神分析学的に検討した芸術論をも展開している。そこに例の誇張と還元が行われていることは、いうまでもない。

すでに哲学史がカント哲学のありかたについて語っているように、不可知論はその性格からして右からも左からも批判さるべき運命を負っているし、つねに批判されて来たのである。不可知論は唯物論的認識論の出発点を否定することによって、観念論へ一歩ふみこむ結果となったものの、外界の実在まで否定してしまったわけではないから、唯物論と完全に手を切ったということでもない。一言でいうなら、不可知論はまだ唯物論に未練を持っている中途半端な理論、どっちつかずの理論である。それゆえ観念論者の側では、不可知論が自分の立場に近づいて来たことを歓迎しその点を支持しながらも、まだ唯物論的な考えかたがのこっている点を指摘して、そんな未練はすててしまえと批判する。唯物論者の側ではそれと逆に、不可知論者が観念論へ一歩ふみこんでいることを指摘して、その道は科学をはなれて神秘主義へ行く道であり信仰への道であるから、科学の立場を反省して唯物論からはなれるなと批判する。右からは観念論の立場に、左からは唯物論の立場に、どちらにしてもつっつかれるのをまぬかれるわけにはいかないのである。フロイトの不可知論にしても、かつてのカント哲学と同じ運命を負うこととなった。

右からの批判としては、ハイデッガーやヤスパースの哲学的な見解、いわゆる実存主義の立場からする精神医学者[1]たちの批判をあげることができよう。彼らにとっては、フロイトが人間の身体と精神との間に連関を持たせること自体が、そもそも気にいらない。フロイトが本能から出発してすべてを説明しようとし、これを「精神的生活に表現された身体的要求」として自然科学者と同じように身体的なものからみちびいていることが、そもそも気にいらない。

彼らの哲学的な立場からすれば、人間の身体の機能とはまったく無関係に人間の精神的生活が存在することになるからである。左からの批判としては、いわゆるフロイト左派からの修正や自称マルクス主義者の攻撃をあげることができよう。フロイト左派といわれる人びとの修正は、経験にもとづく疑問あるいは批判(2)であるだけに、理論の誇張および還元のほとんどすべてにわたって問題にされており、破壊本能、リビドー説、太古の遺産論、エディプス・コンプレックスなどが大なり小なり問題になっている。フロイト自身がきわめて重要視した基本的な仮説に疑問を提出しながら、しかもフロイトを支持してその理論を発展させようと努力しているところにも、それらの人びとにとってフロイト理論がどんなに魅力的なものとして映じているかを知ることができよう。ただしフロイト左派の修正は、そのもっともすぐれた人びとにあっても、フロイトの欠陥を完全に克服できずに、やはりその弱点を受けついでいるようである。

フロイト左派のもっともすぐれた学者の一人であるフロムは、マルクス主義に深い関心を持ってフロイト理論とマルクス理論との綜合を試みているだけに、彼のフロイト批判はかなりつくべきところをついているが、フロイトがなぜあやまったかの本質的な指摘がやはり欠けている。これはまた彼のマルクス主義についての理解が、自称マルクス主義者のそれとあまり変らぬ水準にあることと関係している。フロムはマルクスの史的唯物論が、人間の性格を、道徳や倫理の持つ役割を、軽視ないし無視していると考えて、この点でフロイト理論の正しい部分を附加・修正すべきだと主張した。マルクス主義を自称マルクス主義者の水準で受けとめたり、あるいは自称マルクス主義者の解説するマルクス主義の説明をそのまま受け入れたりすれば、フロムのような発想になることは無理もない。またたとえそのような水準であってもマルクス主義を受けとめれば、フロイト理論が社会的・文化的諸条件からの規定を無視してすべてを身体的諸要求から出発させていることに、批判的になることも無理もないのである。

自称マルクス主義者からすれば、フロイト理論には学びとるべき何らの積極面もなく、反動的な観念論として破りすてるべき存在である。だが彼らは、それに代るものとしての夢の理論も神経症の理論も子どもの性的認識の発展の理論も、何ら創造しようとはせず、せいぜいパヴロフ理論を信仰してふりまわす程度にとどまっているのである。

（1）　精神医学者と称する人びとには、さまざまな立場の者があって対立しているし、露骨な観念論が科学の名の下に説かれている。

（2）　アメリカの学者はプラグマティックであるだけに、亡命したドイツの学者やアメリカのフロイト支持者は左派の系列に属することになった。

認識と言語の理論　第一部

1967年7月20日　第1版第1刷発行
1986年3月25日　第1版第15刷発行
2002年5月30日　新装版第1刷発行
2008年6月10日　新装版第2刷発行

著者　三《み》浦《うら》つとむ

発行者　井村寿人

発行所　株式会社　勁《けい》草《そう》書房

112-0005 東京都文京区水道2-1-1　振替 00150-2-175253
（編集）電話 03-3815-5277／FAX 03-3814-6968
（営業）電話 03-3814-6861／FAX 03-3814-6854
総印・青木製本

ISBN978-4-326-10012-5　Printed in Japan